KB059605

H 팩터의 심리학

THE H FACTOR OF PERSONALITY
by Kibeom Lee and Michael C. Ashton

H 팩터의 심리학

정직함의 힘

이기범 · 마이클 애쉬튼 지음

문예출판사

차례

감사의 말

이 책을 출간하는 데 큰 성원을 보내주었으며 초고를 세심히 읽고 유용한 것들을 지적해준 동료들과 친구들, Derek Chapman, Gordon Hodson, Paul Tremblay, Reinout de Vries, Narnia Worth에게 고마움을 전합니다. 또한 이 책에 대해 긍정적이고 건설적인 의견을 보내주신 Robert Mackwood, Taya Cohen, 그리고 익명으로 검토해주신 두 분께도 감사의 마음을 전합니다. 이분들의 통찰력이 더해져서 더 나은 책을 만들 수 있었습니다.

오레곤 지역 표집에서 수집된 가히 놀랄 만큼 풍부한 자료 및 성격 어휘 자료를 무제한으로 공유하게 해주시고, 지난 몇 년간 인간 성격 구조에 대한 귀중한 통찰을 제공해주신 Lewis Goldberg와 Gerard Saucier에게도 감사를 전합니다.

미국 대통령 성격에 대해 부가적인 자료를 보내주시고 그 내용을 이 책에 실을 수 있도록 허락해준 Steve Rubenzer에게도 감사드립니다.

이 책의 영문판 출간을 위해 온 힘을 쏟아준 윌프리드로리에대학교 출판사 편집부의 노고에 감사드립니다. Rob Kohlmeier는 신속하고 효율적으로 편집을 해주었고, Leslie Macredie는 훌륭하게 마케팅 작업을 해주었습니다. 또한 Ryan Chynces는 우리를 믿고 이 책의 출간을 결정하는 용기를 보여주었습니다. Matthew Kudelka는 뛰어난 실력으로 원고를 정리해 책이 더 쉽게 읽힐 수 있도록 도와주었습니다.

이 책의 한국어판을 출간하는 데 큰 도움을 주신 김상현 님께 감사드립니다. 또한 이 책을 한국에서 출간하게 되기까지 많은 격려와 응원, 그리고 귀중한 조언을 주신 캘거리 인터넷 마당 모임과 캘거리대학교의 한인 친구들에게 감사와 우정의 마음을 전합니다. 끝으로 멋진 책을 만들어주신 문예출판사에 감사드리며 출간과 편집 전 과정에서 큰 도움을 주신 박선미 님과 박유진 님께 깊이 감사드립니다.

이기범은 지난 몇 년간 저녁 밥상에서 인간 성격 구조에 대한 이야기를 마다않고 들어준 아내와 두 딸의 성원을 고맙게 생각합니다. 언제나 끊임없이 지원해주는 어머니, 형, 그리고 가족에게도 이 기회를 빌려 감사의 마음을 전합니다. 끝으로, 살아계셨다면 너무나 읽고 싶어하셨을 이 책을 아버지께 바칩니다.

마이클 애쉬튼은 항상 성원을 아끼지 않는 그의 모든 가족, 부모님, 여동생과 그녀의 가족, 그리고 아내의 가족에게 감사드립니다. 특히 아내의 열성적인 지원에 고마움을 전하면서 이 책을 그녀에게 바칩니다.

들어가는 말

성격의 또 다른 차원, 정직성을 만나보세요

혜원 씨와 지영 씨는 공통점이 많습니다. 둘 다 법조인이 되기를 꿈꾸며 법학 대학원에 다니는 젊은 여성이지요. 둘 다 중산층 가정에서 부모의 보살핌 아래 자랐습니다. 그러나 이 두 여성은 여러 면에서 다른 점이 많습니다.

혜원 씨에게 법을 공부한다는 건 마치 무술을 익히는 것과 같습니다. 복잡한 기술로 무장해서 상대방을 패배시키는 것이지요. 그녀는 돈을 많이 벌 수 있고 경우에 따라서는 큰 권력을 누리는 사람이 될 수 있다는 것이 법을 공부하는 매력 중 하나라고 생각합니다. 그래서 돈을 많이 버는 데 관심이 많고, 졸업 후 사법시험을 통과하면 국내 굴지의 법률 회사에 들어가는 것을 인생의 1차 목표로 삼고 있습니다. 이런 목표를 이루기 위해 이미 영향력 있는 법대 교수들이나 그분들의 법조계 친구들과도 교분을 쌓기 위해 노력 중이지요. 물론 그녀는 나이답지 않은 처세술과 타고난 언변, 예쁜 외모를 한껏 이용합니다. 남들은 출세를 위한 아부라고 부르겠지만, 그녀는 졸업 후에 이룰 목표가 있기 때문에 이런 평판에 신경 쓰지 않습니다. 그렇게 떠들어대는 사람들을 열

등감에 사로잡힌 패배자라고 생각하는 편이고, 사회에 나가서 이들을 반드시 자기 밑에 굴복시킬 자신이 있지요.

반면 지영 씨가 생각하는 법 공부는 혜원 씨와는 상당히 다릅니다. 그녀는 현실보다는 이상을 중요시합니다. 지영 씨는 법이란 정의를 바로 세우는 수단이라 생각하고, 사회적 약자를 돕거나 공공을 위해 무언가 기여하기 위해서 법을 공부해야 한다고 생각합니다. 그녀는 사회정의를 위해 힘쓰는 비영리 조직에서 일하거나 약자를 위해 법률적 조력을 줄 수 있는 위치에 서고 싶어 합니다. 지영 씨도 여러 교수님을 찾아가 질문을 하고 배우며 토론하는 걸 좋아하지만, 교수님 눈에 들기 위한 인위적인 행동은 그녀에게 너무 부자연스러운 것이라 전혀 내키지 않습니다. 교수님의 재미없는 농담에도 크게 웃어주는 일 따위는 체질에 맞지 않습니다.

혜원 씨와 지영 씨 모두 미혼이고 언젠가는 배우자를 만나서 가정을 꾸릴 생각을 하고 있습니다. 혜원 씨의 장래 신랑감은 사회에서 인정받는 명예로운 직업과 최고의 학벌을 가지고 있어야 하며 부자여야 하는 것도 빠질 수 없는 조건입니다. 그녀에 걸맞게 스타일도 품격 있어야 하지요. 조금이라도 처지는 구석이 있으면 일단 신랑감에서 제외됩니다. 반면 지영 씨가 남자 친구나 배우자를 선택하는 데 돈이나 지위는 그렇게 중요하지 않습니다. 그녀에게는 자신을 이해해주는 사람, 그리고 그녀가 사랑할 수 있는 사람을 만나는 것이 무엇보다 중요합니다. 배우자의 집안이 부자인지 명문가인지 등에는 아무런 관심이 없고, 이런 걸 중요시하는 사람들과는 왠지 가까이하고 싶지 않습니다. 의식적으로 느끼지는 못하겠지만, 지영 씨가 찾는 남자는 그녀가 지향하는 이상과 철학을 공유할 수 있는 사람입니다.

···

정수 씨와 철수 씨도 비슷한 점이 많은 남성입니다. 둘 다 중년에 이른 기혼 남성이고, 동네에서 자동차 수리점을 하고 있지요. 둘 다 젊어서부터 열심히 일해온 탓에 사업상 꽤 성공을 한 편입니다. 그러나 혜원 씨와 지영 씨처럼 이들도 어떤 점에서는 180도 다릅니다.

이들은 사업 경영 정신이 서로 아주 다릅니다. 정수 씨의 사업 철학은 '잘못 구매한 책임은 구매자에게 있다'입니다. 고객의 차량이 꼭 수리될 필요가 없어도 겁을 주어 고치게 하고, 겉에서 보이지 않는 부품은 중고 부품을 사용하기도 합니다. 현금을 내면 깎아주겠다고 흥정을 하기도 하고, 현금 수입은 당연히 소득 신고에서 누락시킵니다.

반면 철수 씨는 고객을 속이거나 세금을 탈루하겠다고 생각해본 적이 없습니다. 필요한 수리만을 추천하고 언제나 영수증에 적시되어 있는 부품만을 사용합니다. 모든 거래는 투명하게 하고, 수입은 빠짐없이 신고합니다. 철수 씨는 고객이든 국세청이든 조금이라도 속이면 마음이 편치 않아서 더 괴로울 뿐이라는 교훈을 아주 오래전에 터득했지요.

정수 씨와 철수 씨는 둘 다 적극적인 성격이라서 여러 단체의 활동에 열심히 관여하는 편입니다. 하지만 지역사회를 위해 일하는 스타일 역시 매우 다릅니다. 정수 씨가 지역사회의 작은 스포츠회 회장으로 뽑히자마자 한 일은 자기가 얼마나 중요한 사람인지를 동네방네 알리고 다니는 것이었습니다. 정수 씨는 조직의 활동과 별로 관계없는 회식 비용을 조직 운영을 위한 사업비로 처리하기도 합니다. 여기저기서 공로패를 받기 위한 로비에 많은 시간과 돈을 쓰는데, 이 역시 가능하면 활동비로 청구합니다. 자신의 업적을 홍보하는 신문기사를 손수 작성해 정기적으로 동네 소식지에 기고하는 것도 일과가 되었지요.

반면 철수 씨는 그가 몸담고 있는 소년소녀 스포츠 재단에 많은 시간 자원봉사를 하지만, 그때마다 지출되는 비용은 주로 자신의 주머니에서 나옵니다. 재단을 위해 많은 기부를 해왔지만, 그가 그렇게 해왔다는 걸 아는 사람은 거의 없습니다. 철수 씨가 이 재단의 회장이 된 후에 기금이 많이 모였지만, 그 공은 언제나 다른 재단 관계자나 자원봉사자들에게 돌아갑니다. 이렇듯 언제나 손해 보는 생활을 한다는 걸 잘 알고 있는 아내가 가끔 타박을 하는데, 그때마다 "우리는 먹고살 만하잖아" 하며 동네 고깃집에서의 조촐한 외식으로 아내를 달래줍니다. 물론 이럴 때면 그의 아내는 철수 씨를 지원하는 든든한 후원자로 어김없이 돌아오지요.

정수 씨와 철수 씨는 둘 다 결혼을 했지만 배우자 외에 다른 여성을 대하는 방식도 하늘과 땅처럼 다릅니다. 지난 몇 년간 정수 씨는 알고 지내던 주변 여성들과 바람을 피웠습니다. 자기처럼 돈 많고 성공한, 그리고 건강하기까지 한 남자가 바람을 피우지 않는다면 어딘가 모자라는 사람이라고 생각하지요. 그러나 철수 씨는 아내 몰래 다른 여자를 만난 적이 없습니다. 그도 남자인지라 다른 여성에게 매력을 느낀 적도 있고 그중 몇 명은 그에게 관심을 보인 적도 있었지만, 철수 씨는 아내에 대한 믿음을 배반할 수 없었습니다.

· · ·

책을 시작하며 두 쌍의 인물을 소개한 이유는 이 책에서 이야기하려는 어떤 성격의 반대되는 두 극단을 묘사하기 위해서입니다. 혜원과 정수는 이 성격에서 한쪽 극단을 나타내고, 지영과 철수는 다른 쪽 극단을 나타냅니다. 우리가 말하고자 하는 이 성격은 다름 아니라 정직성과 겸손성입니다.

정직-겸손성(앞으로 이 책에서는 정직성이라 줄여 부르겠습니다)은 인간이 지닌 수많은 성격을 효율적으로 요약해주는 성격 요인 여섯 개 중 하나입니다. 심리학자들은 이 성격 요인 여섯 개에 대해 서로 원활하게 소통하기 위해 HEXACO라는 이름을 붙여주었는데, 그것은 각 요인의 첫 알파벳을 따 조합한 것입니다. 이 요인들이 과연 어떤 성격을 나타내는지 이제부터 자세히 이야기할 것입니다. 이 책은 HEXACO 요인 중 재미있는 이야깃거리가 제일 많은 정직성에 대해 집중적으로 다룰 것입니다.

정직성은 2000년대 초반까지만 해도 심리학자들이 성격을 이루는 중요한 차원으로 인식하지 않았던 요인입니다. 심리학자 대부분은 인간에게서 나타나는 수많은 성격 특성이 단지 다섯 가지 요인—여섯 가지가 아니라—으로 아주 잘 요약될 수 있다고 생각했거든요. 이 다섯 가지 성격 요인은 5대 성격 요인(Big Five Factor)이라 불려왔는데, 이 요인을 받아들이는 이론을 심리학에서는 '5대 성격 모델'이라고 부릅니다. 우리가 보기에 이 성격 모델이 지닌 가장 큰 문제는 이 책의 주제인 정직성을 빠뜨리고 있다는 점입니다. 5대 성격 모델로 인간의 성격을 개념화한다면, 위에서 묘사한 혜원과 지영의 성격 차이, 그리고 정수와 철수의 성격 차이를 잘 구분해낼 수 없겠지요.

이런 차이를 잘 구분해주지 못하는 성격 모델은 매우 불완전한 것입니다. 왜냐하면 정직성은 삶의 여러 분야에서 실로 중차대한 역할을 하기 때문입니다. 정직성은 사람들이 돈, 권력, 섹스에 어떻게 접근하는지에 큰 영향을 줍니다. 이 성격은 범법 행동이나 준법 행동에도 영향을 줍니다. 또한 이 성격은 우리의 정치적 이념, 사회정책에 대한 태도 및 종교에 대한 태도에도 영향을 줍니다. 이 성격은 우리가 어떤 배우자나 친구와 사귀고 싶어 하는지에도 부지불식간에 영향을 줍니다. 이 책은 이처럼 정직성이 어떤 방식으로 삶의 여러 분야에 영향을 주는지를 재미있는 심리학 연구들을 소개해가면서 하나하나 설명해나가려고 합니다.

정직성이 이렇게 중요한 성격이라면, 어떻게 그토록 오랫동안 심리학자들의 성격 모델에서 누락되어 있었는지, 또 2000년대 초반에 갑자기 정직성이 성격의 주요 차원이라는 주장이 대두하게 된 이유가 무엇일지도 궁금할 것입니다. 이런 궁금증에 대한 이야기는 이어지는 1부에서 다룰 예정입니다. 먼저 우리가 어떻게 정직성을 '발견'하게 되었는지, 그 기대하지 않았던 우연한 사건에 대해 이야기하려고 합니다. 이 이야기는 90년대 중반, 필자들이 둘 다 성격심리학을 배우고 있던 대학원생 시절에서 시작됩니다.

1부

성격심리학과 HEXACO 성격 모델

성격심리학자들은 인간의 수많은 성격 특성이 다섯 가지 광범위한 성격 요인으로 잘 요약될 수 있다고 믿고 있습니다. 이 요인들은 '5대 성격'이라 불리며 학계에서 널리 수용되고 있습니다. 그러나 최근에 'H 팩터', 즉 정직성 요인을 새롭게 포함하는 6-요인 성격 모델이 떠오르기 시작했습니다. 1부에서는 새로이 제안된 HEXACO 성격 모델을 이 모델이 출현하게 된 뒷이야기와 함께 소개합니다.

FACTOR

1장

성격심리학의 잃어버린 고리, H 팩터

1996년 여름 우리는 캐나다의 웨스턴온타리오대학교 심리학과 대학원생이었습니다. 이전에 1년 정도 알고 지냈지만, 그해에 대학원생 사무실을 재배정하는 과정에서 같은 사무실을 사용하게 되었지요. 그 아름다운 웨스턴온타리오대학 캠퍼스에서 가장 볼품없던 사회과학 건물 8층, 그 사무실에서 우리는 3년간 대학원 생활을 함께하게 됩니다. 사무실을 같이 쓰자마자 우리에게는 공통 관심사가 아주 많다는 걸 알게 되었습니다. 사람들의 개인차 변수, 즉 능력, 태도, 흥미, 특히 사람의 성격에 대한 연구에 관심이 많았던 것이지요.

1990년대는 성격심리학을 공부하는 사람들에게 아주 고무적인 시대였습니다. 그때는 성격심리학으로서는 암흑시대라고 할 수 있는 70~80년대의 침체기에서 벗어나 인간 성격에 대한 연구가 서서히 회복되는 시기였습니다. 70~80년대에는 많은 심리학자들이 인간 성격을 과학적으로 연구하는 것을 어림없는 일로 생각하고 거의 포기 상태에 있었거든요. 하지만 캐나다의 웨스턴온타리오대학은 성격을 공부하기에는 안성맞춤인 곳이었습니다. 사람들이 거들떠보지 않던, 성격에 대한 과학적 연구를 꾸준히 발전시켜온 교수님들(샘 파우넌Sam Paunonen이나 작고하신 더그 잭슨Doug Jackson)이 그곳에 계셨거든요. 따라서 인간에게서 나타나는 다양한 성격 차이를 과학적으로 연구하는 데 대한 우리의 관심도 커져갔습니다.

5대 성격 모델의 등장

그 시절에 성격심리학에서 제일 잘나가던 이론은 5대 성격 요인 이론이었습니다. 이 이론에 따르면, 사람의 수많은 성격 특성, 즉 '가식적' 성격에서부터 '희생적' 성격 사이에 존재하는 모든 성격 특성은 결국 다섯 개의 큰 집단(또는 요인)으로 나눌 수 있습니다. 즉 한 사람의 성격을 아주 포괄적으로 이해하려면, 그 사람이 다섯 가지 성격 요인에서 각각 어떤 수준을 보이는지만 알아내면 된다는 것이지요.

5대 성격 모델이 학계에서 자리 잡으면서 많은 성격심리학자들이 흥분하게 되었습니다. 이 모델로 인해 복잡하게만 여겼던 인간 성격을 아주 효율적으로 측정할 수 있게 되었기 때문이지요. 즉 성격의 5개 집단을 측정한다는 것은 거의 몇백 개에 달하는 성격 특성을 다 측정한 것만큼의 정보를 (큰 손실 없이) 얻을 수 있게 된다는 걸 의미하는 것이었습니다. 이론적 측면에서도 5대 성격 모델에 의거할 때 인간 성격이 지닌 의미를 더 잘 파악할 수 있게 됩니다. 과연 무엇이 이런 개인차를 일으키는 원인(생물학적이건 사회적인 것이건)이 되는지 또는 이런 개인차 변수가 우리 삶에서 얼마나 중요한 역할을 하는지 등에 대한 연구의 기초가 마련된 것입니다.

5대 성격 요인이 무엇인지 궁금하시지요? 가장 많이 사용되는 명칭으로 그 요인들을 간략히만 소개하겠습니다.

외향성(활달함 vs 수줍음)
원만성(친절함 vs 매정함)
성실성(규율적이고 치밀함 vs 게으르고 신중치 못함)
신경증(불안함 vs 평온하고 느긋함)
개방성(창의적임 vs 관습적임)

5대 성격 요인은 사람에게서 나타나는 다섯 가지 성격 유형이 **아니라** 성격 특성들의 모임입니다. 즉 이 세상에는 이런 다섯 유형의 사람이 있는 게 아닌 것이지요. 5대 성격 이론이 의미하는 것은 이 세상 모든 사람을 다섯 가지 요인으로 측정할 수 있고 그렇게 함으로써 그들의 성격을 가장 잘 요약할 수 있다는 것을 의미합니다. 사람들의 신체 유형은 매우 복잡하지만 키와 몸무게를 가지고 그 유형을 꽤 잘 요약할 수 있는 것과 같은 이치입니다.

1990년대 후반 우리의 대학원 시절로 다시 돌아가보지요. 그때는 5대 성격 모델이 맹위를 떨치고 있어서 여러 분야 심리학자들이 이 모델을 사용해서 연구하고는 했습니다. (사실 이 책을 쓰고 있는 지금도 이 모델을 성격심리학의 주류 모델로 봐야 합니다.) 갑자기 심리학자들은 인간의 모든 심리 현상을 5대 성격 모델로 이해하고 싶어 하는 듯 보였습니다. 우울증에서부터 직무 수행, 사회 동조에서부터 청소년 비행 문제까지 말이지요. 5대 성격에 대한 연구가 폭발하게 된 또 다른 이유는 이 5대 성격 요인을 측정해주는 믿을 만한 성격검사지가 개발되었다는 점이라는 것도 빼놓을 수 없습니다. 미국립보건연구원의 심리학자들인 폴 코스타(Paul Costa)와 로버트 매크래(Robert McCrae)가 개발한 성격검사지가 성격 측정 분야를 주도하기 시작했습니다.[1]

우리는 성격 연구의 이론적 발전을 아주 재미있게 지켜보며 공부하고 있었습니다. 우리는 언제나 점심을 함께 먹었는데, 이때 5대 성격 모델에 대해 많은 생각을 나누었지요. 그리고 이런 요인들이 의미하는 것이 무엇인지 토론하고 의견을 교환했습니다. 왜 정확히 다섯 가지 요인이어야 하는가? 그때만 해도 이 이론에 대해 지지자들과 반대자들의 토론이 활발했거든요. 이런 토론을 따라가기 위해서는 도대체 5대 성격이 애당초 어디서 나온 건지 정확히 이해해야 할 필요가 있었고, 그래서 그에 대한 많은 논문을 읽기 시작했습니다.

우리는 5대 성격 요인이 누군가 '발명해낸' 아이디어가 아니란 걸 금방 알아낼 수 있었습니다. 인간의 성격이 이 다섯 가지 성격 묶음으로 이루어져 있다고 혼자 생각해서 자기 마음대로 결정한 심리학자는 없

---

1 Costa & McCrae(1992).

었습니다. 그보다 5대 성격은 몇백 개에 달하는 인간 성격이 서로 어떻게 관련되어 있는지를 연구하던 심리학자들에 의해서 '발견된' 요인이라고 보는 것이 더 타당했지요. 즉 심리학자들의 머릿속에서 나온 이론이 아니라 수많은 성격 특성을 측정한 자료에서 저절로 '드러난' 요인들이라는 것입니다.

그렇다면 5대 성격은 도대체 어떤 연구를 통해서 드러난 것일까요? 자, 이제 5대 성격 요인을 출현시킨 연구들에 대해서 아주 간단히 설명하고자 합니다. 인간 성격 요인을 이루는 기본적 차원을 발견하기 위해서 해야 할 첫 번째 과제는 인간이 지닌 아주 포괄적인 성격 특성을 목록으로 만드는 것입니다. 눈치채셨겠지만 이 과제가 그렇게 단순한 것은 아닙니다.

성격심리학자들이 생각해낸 가장 좋은 방법은 사전에 나와 있는 수많은 형용사 중 인간의 성격을 기술할 때 사용할 수 있는 용어를 모두 추려내는 것입니다(물론 애매하거나 사람들이 잘 모르는 흔치 않은 용어는 빼고요). 그러고 나서 이 용어들을 이용해서 여러 사람의 성격을 측정하는 것이지요. 즉 '정직하다', '부지런하다', '활동적이다'와 같은 여러 특성 용어가 자신이나 자신이 잘 아는 타인을 얼마나 정확히 나타내주는지 5점 척도 또는 7점 척도를 사용해서 반응해달라고 합니다. 예컨대 5점 척도라면 1은 '전혀 나타내지 못한다', 3은 '중간 정도다', 5는 '아주 잘 나타낸다'에 해당하겠지요.

사실 성격을 정확히 측정하려면 방대한 경험적 자료에 근거해서 개발된 전문 성격검사지를 사용해야 합니다. 부록에 제공해놓은 HEXACO 성격검사지처럼 말이지요. 그러나 여기서 그 정도 정확성까지는 필요하지 않습니다. 하나의 성격 특성이 몇백 개에 달하는 다른 성격 특성과 어떤 관련을 보이는지를 계산하기 위한 자료를 모으는 것이 지금의 목적이니까요. 개개인의 성격을 임상적으로 판단하는 것이 목적이라면 당연히 더 정교한 측정이 필요합니다. 3부에서 자세히 언급하겠지만, 사람들은 자신의 성격을 보고하는 데 상당히 솔직한 편입니다. 특히 연구를 목적으로 완전한 익명이 전제될 때는 자신의 장점을 극대화하거나 단점을 극소화하는 데 따른 득이 없으므로 매우 솔직하게 반응하게 되는 편이지요.

여러 사람을 상대로 성격을 나타내는 여러 용어에 대한 반응을 구했다면, 그다음에는 하나의 성격 특성이 다른 많은 성격 특성과 얼마나 강하게 관련되는지를 알기 위해서 심리학자들 및 통계학자들이 오래전에 개발한 방법인 상관계수를 계산합니다. 심리학자들은 상관계수에 근거해서 서로 관련을 보이는 성격 특성들이 과연 몇 묶음(즉 요인)으로 요약될 수 있는지를 찾아내려고 하는데, 이때는 요인분석이라는 통계적 기법을 이용하게 됩니다(상관계수와 요인분석에 대한 개념은 이 책에서는 깊이 다루지 않겠습니다. 아주 간략한 소개는 Scene 1-1에 있습니다).

연구자들은 성격 특성에 대한 요인분석적 연구를 1930년대부터 시작했습니다. 그런데 1960년대 들어 일부 연구자가 연구 결과들의 어떤 패턴에 주목하기 시작했습니다. 대학생 표집을 사용하든 공군 항공기 조종사 표집을 사용하든, 성격 특성 몇 가지를 측정한 뒤 이 자료를 사용해 요인분석을 실시하면 어떤 집단에서도 매우 비슷한 성격 특성 묶음 다섯 가지가 반복적으로 나타나곤 했던 것이지요.

변수들 간의 관련성을 말해주는 상관계수

두 변수 사이의 상관계수는 그 두 변수가 한 표본 내에서 얼마나 밀접하게 관련되는지에 대해 말해줍니다. 예를 들면 '활달함'에서 평균을 웃도는 수준을 보이는 사람들은 대개 '명랑성'에서도 평균을 웃돌 가능성이 매우 큽니다. 또 이들은 '수줍음'에서는 평균을 밑도는 수준일 가능성이 큰 편이지요. 반면 '활달함'은 '치밀함'이라는 성격특성에 대해서는 별로 말해주는 게 없습니다. 즉 '활달함'은 '치밀함'과 전혀 상관이 없는 것이지요.

이때 '활달함'은 '명랑함'과 강한 정적(正的) 상관을, '수줍음'과는 중간 정도에 달하는 부적(不的) 상관을, '치밀함'과는 거의 0에 달하는 상관을 보인다고 말할 수 있습니다.

두 변수 간의 상관은 −1~+1로 표현될 수 있습니다. 변수 A와 변수 B 간에 상관이 0보다 크면 이 두 변수 간에는 정적 상관이 있는 것이고(A가 증가하면 B도 증가), 0보다 적으면 둘 간에 부적 상관이 있는 것이지요(A가 증가하면 B는 감소). 일반적으로 성격심리학 연구에서는 상관의 절대값이 0.1이면 적은 효과, 0.3 정도면 중간 정도 효과, 0.5 이상이면 상당히 큰 효과로 간주합니다. 상관이 매우 높아서 0.7 또는 0.9에 다다르면 두 변수가 극히 비슷한 것이거나 실제로 같은 개념을 나타낸다고 보기도 합니다.

두 변수의 상관을 정확히 계산하려면 많은 사람들에게서 그 두 변수를 측정하여 계산해야 합니다(적어도 몇백 명은 되어야 하지요). 작은 집단에 근거해서 계산하면 전집에서의 상관값과는 매우 다른 값이 우연히 나올 가능성이 커 결과를 신뢰하기 어렵습니다.

변수들을 같은 집단으로 분류하는 요인분석

요인분석은 변수들의 상관에 기초해서 그 변수들을 각 집단으로 묶는 통계적 기법입니다. 즉 서로 상관이 높은 변수들을 같은 집단(즉 요인)으로 분류하는 것이지요. 그래서 각각 관련이 없는 변수들은 서로 다른 요인에 속하게 됩니다. '요인'이라는 말은 '숨어 있는 영향'이라는 뜻을 함축하는데, 여러 변수가 서로 관련되는 이유가 바로 이러한 숨어 있는 영향 인자, 즉 요인에 있다고 가정합니다.

서로 '부적으로' 상관이 있는 변수들도 같은 집단에 포함될 수 있습니다. 즉 '수줍음'과 '수다스러움'은 서로 부적으로 관련되는데, 바로 이러한 이유로 두 성격 모두 외향성이라고 불리는 한 가지 성격 집단에 포함되는 것이지요. 이렇듯 성격 요인은 한 차원에서 반대되는 양극단을 갖게 됩니다. 예컨대 '빠르다'와 '늦다'가 서로 반대되는 개념이지만 한 가지 차원, 즉 '속도'를 나타내는 것과 같은 이치입니다. '빠르다'와 '늦다'는 서로 관련 없는 두 집단에 속하는 것이 아니라 같은 한 집단 내에 포함되는 상반되는 양극단이라고 보아야 합니다.

요인분석의 결과는 사실, 늘 명료하거나 간단한 것은 아닙니다. 어떤 변수들이 한 개 이상의 요인에 영향을 받는다면 그 변수들은 요인 여러 개에 동시에 속하게 될 수도 있습니다. 그리고 어떤 주어진 자료를 요약하는 데 요인 집단이 몇 개나 필요할지 결정하는 것이 언제나 명약관화하지는 않습니다. 이런 결정을 돕는 기준이 몇 가지 있기는 하지만, 요인이 몇 개가 되어야 하는지에 대한 결정은 여러 연구 결과를 종합해서 내려야 하는 어려운 판단 과정을 요합니다. 요인분석이 지닌 이런 어려운 문제들은 본문에서 성격 요인 탐색에 대해 논의할 때도 언급될 것입니다.

70~80년대 오레곤대학의 루이스 골드버그(Lewis Goldberg)는 이런 성격 특성을 체계적으로 연구하기 시작했습니다. 그는 이전에 수행된 연구들에서 사용됐던 성격 특성 목록보다 훨씬 큰 목록을 만들고 더 많은 사람을 대상으로 이들 성격 어휘를 측정해 부지런히 요인분석을 수행했습니다. 그 결과는 놀랍게도 앞서 말한 1960년대에 관찰된 다섯 가지 요인과 매우 흡사한 다섯 가지 요인을 반복적으로 보여줍니다. 1960년대에 관찰된 성격 요인 다섯 가지는 일부 연구에만 국한되어 우연히 발견된 요인들이 아니었던 것이지요. 이 다섯 가지 성격 요인을 영어로 Big Five라고 부르기 시작한 연구자도 골드버그였습니다.[2]

그렇지만 5대 성격 이론이 성격 구조 이론에서 최종 이론으로 받아들여지기에는 두 가지 이유에서 시간이 더 필요했습니다. 첫째, 이제까지 서술한 5대 성격과 관련된 연구들은 모두 영어를 사용한 것들이었습니다. 이 5대 요인이 다른 언어를 바탕으로 한 성격 형용사 어휘 분

---

2 Tupes & Christal(1961) ; Goldberg(1990, 1993).

석에서도 발견될지 어떨지는 아무도 알 수 없었지요. 둘째, 그때까지만 해도 5대 성격을 발견한 연구는 상대적으로 적은 형용사 어휘 목록을 사용했습니다. 그 이유 중 하나는 70~80년대에는 속도가 빠른 컴퓨터가 많지 않았는데, 변수 몇백 개를 요인분석하려면 계산을 상당히 빨리해주는 컴퓨터가 필요하거든요. 몇백 개에 이르는 성격 형용사 어휘 목록일수록 인간 성격의 전체성을 더 공정하게 대표해주고, 따라서 이처럼 포괄적인 형용사 어휘 목록에서 발견되는 요인 구조가 더 믿을 만한 답을 줍니다. 하지만 80년대까지만 해도 이런 연구가 많지 않았지요.

웨스턴온타리오대학에서 새로운 사무실로 이동할 무렵, 위에 제시한 두 문제를 해결해주는 연구들이 막 나오기 시작했고, 우리는 큰 관심을 가지고 그 연구들을 읽기 시작했습니다. 몇몇 연구팀은 유럽 언어를 바탕으로 한 성격 형용사 어휘 목록을 가지고 성격 구조 연구를 수행했습니다. 네덜란드어, 독일어, 이탈리아어, 폴란드어, 헝가리어 등이 그 언어들입니다. 90년대에는 이미 계산이 빠른 컴퓨터들이 심리학과 실험실에 배치되어 있었고, 덕분에 이 당시 유럽 성격심리학자들은 몇백 개에 이르는 형용사 어휘 변수를 사용해서 요인분석 연구를 수행할 수 있었습니다.

이들 연구 결과는 매우 흥미롭고 어떤 면에서는 상당히 놀라운 것이었습니다. 유럽에서 행해진 그 연구들에서도 성격의 기본적 요소가 5대 성격 요인임을 강력하게 시사하는 결과가 나타났거든요. 영어에서 발견된 5대 성격 요인과 매우 비슷한 다섯 가지 요인이 이들 언어에서도 독립적으로 확인된 것이지요. (헝가리어는 예외입니다. 헝가리어에서는 5대 성격 요인 중 네 가지만 관찰되었고, 나머지 다섯 번째 요인은 매우 생소한 것이었지요. 이 의아한 발견은 나중에 속 시원히 설명됩니다.)

언제나처럼 우리는 점심을 먹으며 이런저런 대화를 나누다가 유럽 언어들의 성격 구조 연구에 대해 이야기하게 되었습니다. 그러면서 5대 성격 요인이란 것이 서구 사회에서만 발견되는 것은 아닐까 하는 의문을 품게 되었습니다. 그때까지 성격 특성에 대한 요인분석적 연구는 모두 유럽 아니면 북미에서만 수행되었거든요. 우리가 비서구 문화에서 비슷한 연구를 하게 된다면, 5대 성격이 과연 동서양 문화에서 보편적으로 타당한 인간 성격 특성을 나타내는지 더 명확해지겠죠. 다행히도 우리는 이런 연구를 수행하기에 아주 좋은 조건이었습니다. 우리 중 한 명은 캐나다에 건너오기 전 한국에서 태어나 30년 인생을 그곳에서 보낸 한국어 능통자였고, 필요한 연구 자료를 구하는 걸 도와주시겠다는 교수님도 한국에 계셨거든요. 우리는 한번 해보자고 의기투합했고, 성격을 기술하는 한국어 형용사 어휘 목록에서 5대 성격 요인을 찾아보겠다고 작심했습니다.

이런 연구의 좋은 점은 결과에 관계없이, 즉 5대 성격 요인이 발견되거나 발견되지 않더라도 중요한 발견으로 간주될 수 있다는 점입니다. 즉 학술지에 논문을 출간하는 데 있어서는 꽃놀이패라고나 할까요? 그러나 우리는 학술지에 논문 한 편 출간하는 것보다는 실제로 동양어에서 5대 성격 요인이 나올 것인지 아닌지 진짜 궁금했고, 바로 이것이 1997년 성균관대학교 학생 400명을 대상으로 우리나라 사람들에게 친숙한 성격 특성 어휘 약 400개에 대해 설문을 시행하게 된 이유입니다.

1997년 한국에 계신 교수님께서 자료를 보내주시던 날 우리는 7층에 있는 대학원생 실험실로 쏜살같이 뛰어내려 갔습니다. 그러고는 자료를 컴퓨터에 읽힌 후 요인분석을 시작했지요. 우리는 '슉슉' 하는 컴퓨터 작동 소리를 들으며 숨을 죽이고 침을 꼴깍 삼킨 채 계산 결과를 기다렸습니다. 당시만 해도 PC로 몇백 개가 넘는 변수를 요인분석하는 데는 시간이 좀 걸렸거든요. '5대 성격과 비슷한 요인이 나올까?' '안 나오면 논문은 어떤 방향으로 쓰지?' 아마 그런 잡생각들을 하고 있었을 겁니다. 계산이 끝나고 나서 마우스로 화면을 내리며 재빨리 결과를 훑어보았습니다.

계산 결과를 보자마자 우리는 안도의 한숨을 쉬었고, 또 그 결과에 놀라게 되었습니다. 한국어 성격 형용사 어휘들도 서구 언어에서 발견되었던 5대 성격과 너무도 비슷한 5개 요인으로 분류될 수 있었던 것이지요. 우리는 곧바로 논문을 쓰기 시작했고, 5대 성격은 단지 서구 사회에만 국한되어 나타나는 현상이 아니라는 것을 성격심리학계에 알릴 꿈에 부풀었습니다.

한국어 요인분석 연구 결과에 대한 논문을 쓰면서 우리는 자료를 더 자세하고 깊숙하게 들여다보았습니다. Scene1-1에서 볼 수 있듯이 요인분석에서 요인의 숫자를 정하는 것은 어려운 과제입니다. 처음 자료를 받았을 때는 5대 성격이 관찰될지 확인하는 것이 관심사였기에 다섯 가지 요인을 추출해서 결과를 확인한 것이었습니다. 그러나 나중에는 한국 성격 형용사 어휘가 다섯 개를 넘는 또 다른 집단으로 의미 있게 분류될 수 있는지도 궁금해졌습니다. 그래서 여섯 가지, 일곱 가지, 여덟 가지 요인을 추출했을 때 나타난 결과를 들여다보게 되었습니다. 사실 논문을 작성하다 보면 상당히 지루하고 힘들어지거든요. 그래서 좀 쉬어가는 일환으로 이런 분석을 해본 것이었습니다. 물론 궁금증도 한몫했다는 건 자명한 사실이었고요.

확실한 건 7-요인 솔루션과 8-요인 솔루션에선 이렇다 할 만한 발견이 없었단 점입니다. 일곱 번째 또는 여덟 번째 요인은 아주 적은 수의 형용사에 의해서 정의되는 미미하고 모호한 집단이었습니다.

그러나 6-요인 솔루션은 매우 흥미로웠습니다. 여섯 번째 요인은 상당히 컸고, 해석이 명료했습니다. 이 요인의 한쪽 끝을 정의하는 형용사는 '진실한' '솔직한' '정직한' '숨김없는' '양심적인' 등이었고, 다른 한쪽 끝은 '교활한' '계산적인' '위선적인' '젠체하는' '자만하는' '아부하는' '가식적인' 등이었습니다.[3]

이전에 헝가리어 연구에서 이상한 요인 하나가 5대 성격 요인 중 하나를 대체했다고 했지요? 바로 그 헝가리 언어 연구에서 나타난 다섯 번째 요인이 한국어에서 나온 이 여섯 번째 요인과 매우 비슷했습니다. 헝가리 연구자들은 그 요인을 '도덕성' 요인이라고 불렀습니다.

3 Hahn, Lee & Ashton(1999).

새로이 발견된 여섯 번째 성격 요인

처음에 이 요인을 보았을 때 그렇게 큰 여섯 번째 요인이 있다는 것에 약간 놀랐습니다. 이전에 이루어진 여러 영어권 연구에서는 다섯 개 요인만이 일관적으로 나올 뿐 이렇다 할 여섯 번째 요인이 발견되지 않았거든요.

우리는 유럽 언어를 사용한 연구들에서도 이런 비슷한 요인이 나오지 않을까 궁금해졌습니다. 연구 대부분은 5대 성격 요인에만 관심이 있었기 때문에 5-요인 솔루션만을 보고한 경우가 많았습니다만, 일부 연구는 여섯 번째 요인을 지나가는 말로 언급한 경우도 있었습니다.

놀랍게도 이들 연구에서 간략히 언급되고 있던 여섯 번째 요인은 '진실한' '겸손한' vs '정직하지 못한' '탐욕스러운' '젠체하는' 등과 같은 형용사로 정의되는, 한국어 연구에서 보았던 요인과 너무나도 비슷한 것들이었습니다. 우리는 이에 고무되어 여섯 번째 요인을 전혀 언급하지 않은 연구자들과 직접 접촉해서 그분들에게 자료를 보내주거나 부가적 분석을 해서 결과를 알려달라고 요청하기로 했습니다.

이들에게 이메일을 보내면서 이분들이 과연 우리에게 자료를 보내줄지 또는 시간을 들여서 분석을 더 해줄지 확신이 서지 않았습니다. 이름없는 대학원생 두 명이 한 요청이니 받은 메일함에서 대단치 않게 지워질 수도 있겠거니 생각했습니다. 그러나 연구자 몇 명은 우리를 아주 기쁘고 또 놀라게 해주었습니다. 피오트르 샤로타(Piotr Szarota, 현 폴란드과학아카데미 소속)는 우리의 요청이 있은 지 불과 몇 시간 만에 답을 주었고, 이탈리아의 성격심리학자 마르코 페루기니(Marco Perugini, 현 밀라노 대학 소속)도 거의 같은 시간대에 결과를 보내주었습니다.

이렇게 해서 알게 된 이들의 연구 결과 역시 놀라웠습니다. 이들이 보내준 6-요인 솔루션은 우리가 한국어의 성격 형용사 어휘에서 찾은 것과 매우 비슷했습니다. 즉 요인 여섯 개 중 다섯 개는 5대 성격 요인과 비슷했고, 나머지 하나는 '정직과 겸손'을 나타내는 요인이었던 것이지요.

우리는 당시 성격에 대한 요인분석적 연구를 집중적으로 실어주던 《유럽 성격 학술지(European Journal of Personality)》에 한국어 형용사 요인분석 연구를 싣게 되었습니다. 이 보고서에는 여섯 번째 요인에 대한 결과를 주요 발견으로 싣지 못하고 논의에서 간략히 언급하는 정도에 그쳐야 했습니다. 그러나 우리는 이때부터 이미 여섯 가지 성격 요인의 중요성에 큰 관심을 갖게 되었고, 다음번에는 이에 대한 결과를 반드시 논문의 주요 결과로 보고하리라 절치부심하게 됩니다.

2년 후에 우리는 캐나다 퀘벡 주에서 온 다른 대학원 친구인 캐슬린 보아(Kathleen Boies, 현 콩고디아대학 소속)와 함께 프랑스어를 사용해서 성격 어휘 연구를 다시 한번 수행하게 됩니다. 캐나다 몬트리올에서 수행된 이 연구에서도 한국어와 유럽어에서 발견되었던 그 **아름다운** 여섯 번째 요인이 관찰됩니다.[4] 이 보고서의 결론에서 비로소

---

4 Boies, Lee, Ashton, Pascal & Nicol(2001). 여러 언어에서 발견된 6-요인 솔루션 결과들에 대한 리뷰는 Ashton, Lee, Perugini, Szarota, de Vries, Di Blas, et al.(2004)에 제시되어 있습니다.

6-요인 솔루션의 중요성을 논의했고, 이것을 다시 《유럽 성격 학술지》에 보고했습니다.

이런 모든 발견들로 인해 영어를 기반으로 한 성격 어휘 연구를 다시 생각하게 되었습니다. 초창기에 이루어진 영어권 연구에서는 컴퓨터의 계산 능력이 부족해서 몇백 개에 이르는 형용사를 요인분석하기가 어려웠고, 그래서 상대적으로 형용사 수를 적게 이용했다고 말씀드린 바 있습니다. 우리는 더 크고 포괄적인 영어 형용사 어휘 목록을 사용하면 우리가 관찰했던 여섯 번째 요인이 추출될 수 있을지 궁금해졌고, 영어를 기반으로 한 연구를 다시 해보기로 작정하게 되었습니다. 그러던 차에 골드버그가 그의 동료 고(故) 워렌 노먼(Warren Norman)과 1970년에 수집한 자료를 보내주어서 분석해볼 것을 제안했습니다(이 자료의 요인분석 결과는 이전에 출간된 적이 없었거든요).[5] 또 다른 연구에서는 가장 빈번히 사용되는 영어 형용사 500개 정도를 모아서 직접 자료를 수집했고, 그에 따른 요인분석 연구를 실시했습니다.[6]

이 두 연구에서 우리가 찾고 있던 여섯 가지 요인과 기본적으로 같은 여섯 요인들이 나타나게 됩니다.[7] 이 연구들이 출간될 무렵, 우리는 더는 '인간 성격은 여섯 개의 기본 차원으로 구성되어 있다'는 신념에 의문을 갖지 않게 되었습니다.

---

5 Ashton, Lee & Goldberg(2004).

6 Lee & Ashton(2008).

7 최근 De Raad(2010) 등은 여섯 개 또는 다섯 개 요인 모두 이들 언어에서 반복 관찰되었다고 말할 수 없다는 주장을 펴기도 했습니다. 관심 있는 독자들은 이 주장의 문제점을 논의한 Ashton, Lee(2010), Ashton, Lee, de Vries(2012) 및 Saucier(2009)를 참고하세요.

아마 이쯤 되면, 이들 성격 어휘 연구에서 일곱 개(또는 여덟 개, 아홉 개, 열 개…) 요인을 추출하면 비슷한 요인 일곱 개가 관찰되는 것이 아닌가 하는 의문을 가지는 분들이 있을 겁니다. 우리도 똑같은 의문을 가졌거든요. 모든 언어에서 공통으로 발견되는 일곱 번째 요인이 있다면, 당연히 인간의 성격은 7차원으로 개념화되어야 할 것입니다. 그러나 이들 연구에서 공통적으로 발견되는 일곱 번째 요인은 없었습니다. 현재까지 연구된 언어에서 보편적으로 발견되는 성격 특성 요인들은 여섯 개뿐이었습니다.

여러 언어에서 관찰된 여섯 가지 성격 요인을 확인한 후에 우리는 5대 성격 모델도 이런 새로운 연구 결과에 비추어 수정되어야 한다고 생각했습니다. 어떤 의미에서 우리는 약간 늦었습니다. 왜냐하면 5대 성격 모델은 이미 많은 심리학자들이 아주 광범위하게 수용하고 있었고, 성격에 대한 많은 과학적 지식들이 이 모델을 기반으로 축적되어가고 있었거든요. 그러나 우리는 지금이라도 인간의 성격을 더 효율적으로 개념화하는 모델로 성격 연구가 확대되어야 한다고 믿었고, 새로운 성격 모델을 제안하기로 결정합니다. 이 새로운 모델은 5대 성격 모델의 주요 특성을 지니지만 성격 어휘 연구의 최근 발견에 따라 여섯 번째 요인을 주요 성격 차원으로 포함하게 됩니다.

우리는 이 모델을 모델에 포함된 여섯 개 요인의 알파벳 첫 글자를 따서 '성격 구조의 HEXACO 모델'이라고 부르기로 했습니다. HEXACO란 정직-겸손성(**H**onesty-**H**umility), 정서성(**E**motionality), 외향성(e**X**traversion), 원만성(**A**greeableness), 성실성(**C**onscientiousness), 경험 개방성(**O**penness to

Experience)을 뜻하는 것이지요.[8] 그런데 말이지요, 'HEXA'는 그리스어로 '6'이란 뜻이기도 합니다. 이렇듯 HEXACO 성격 모델은 우리의 '운명'이 아닐까요?

표 1-1에 이 여섯 가지 요인을 정의하는 몇 가지 대표적인 형용사를 제시해놓았습니다. 다음 장에서는 과연 이 6대 성격 요인이 무엇을 의미하는지 더 자세히 살펴볼 것입니다.

---

8 HEXACO 모델에서 정서성 요인은 5대 성격 모델에서의 신경증 요인과 비슷하기는 하지만 같은 것은 아닙니다. HEXACO에 포함된 이 성격 요인의 특성을 살펴보면 신경증이라는 부정적인 이름보다는 정서성이라는 이름이 더 잘 맞습니다. 그런데 성격 요인의 이름을 너무 심각하게 생각하지는 마세요. 이런 이름을 붙이는 것은 소통의 편의를 위해서입니다만, 그 성격 요인을 너무 과하게 단순화하기도 하지요. 각 성격 요인을 더 잘 이해하려면 그 요인에 포함된 여러 성격 특성을 잘 살펴보는 것이 좋습니다.

표 1-1 성격 어휘 연구에서 발견된 6대 요인을 정의하는 형용사의 예

H	E	X	A	C	O
정직-겸손성 (Honesty-Humility)	정서성 (Emotionality)	외향성 (eXtraversion)	원만성 (Agreeableness)	성실성 (Conscientious-ness)	개방성 (Openness to Experience)
진실한	감정적인	활동적인	참을성이 많은	치밀한	지성적인
정직한	여린	쾌활한	용인하는	자기 규율적인	창조적인
충실한	센티멘털한	외향적인	평화스러운	부지런한	비관습적인
충성적인	겁이 많은	사회적인	온화한	효율적인	상상력이 풍부한
겸손한	걱정이 많은	수다스러운	원만한	신중한	혁신적인
가식적이지 않은	불안한	명랑한	관대한	철저한	복잡한
공정한	의존적인	적극적인	신사적인	정확한	깊은
윤리적인	상처받기 쉬운	자신감이 있는	용서하는	완벽주의적인	탐구심이 풍부한
vs	vs	vs	vs	vs	철학적인
교활한	터프한	수줍은	성마른	대충대충 하는	vs
가식적인	겁 없는	수동적인	싸움 좋아하는	소홀한	깊이가 없는
탐욕스러운	감정이 없는	나서지 않는	완고한	무모한	단순한
젠체하는	독립적인	내성적인	화 잘 내는	게으른	상상력이 부족한
위선적인	강인한	조용한	성질 있는	책임감이 없는	관습적인
자랑하는	용감한	말수가 적은	고집 센	잘 잊어버리는	폐쇄적인
자만심이 센		침울한	퉁명스러운	지저분한	
자기중심적인					

FACTOR

2장

HEXACO 성격 모델

이전 장에서 설명한 대로 우리는 인간의 성격 특성이 광범위한 여섯 가지 범주로 구성되어 있다고 생각하고 있으며, 이를 근거로 HEXACO 성격 모델을 제안했습니다. 즉 인간의 수많은 성격은 이 여섯 차원의 수준을 측정함으로써 상당히 정확하게 요약될 수 있다는 것이지요.

그런데 과연 이런 성격 요인들의 존재는 무엇을 의미할까요? 왜 하필 이런 성격 요인들이 인간 성격의 기본 차원으로 나타났을까요? 이런 질문은 5대 성격 요인에 대해서도 할 수 있는 것으로 성격심리학에서 가장 기본이 되는 물음 중 하나입니다. 이번 장에서는 이런 물음들에 관련한 이야기를 해보려고 합니다. 먼저 HEXACO 요인 각각에서 높고 낮은 수준을 보이는 사람들은 행동 및 감정에서 과연 어떤 차이를 보이는지 자세히 설명할 것입니다. 그리고 각 성격 요인에서 높은 수준이거나 낮은 수준인 것이 현대사회에서 어떤 장단점을 갖는지 설명할 것입니다. 나아가 이 성격 차원들에서 높고 낮음을 보인다는 것이 진화적 관점에서 어떤 득실 관계를 가지는지도 함께 따져볼 것입니다.

HEXACO 성격이 의미하는 것에 대한 이해를 높이고자 좀 더 자세한 특성들을 표 1-2에 제시했습니다. 표 왼쪽에는 이 요인의 수준이 높을 때 나타나는 특성을, 오른쪽에는 이 요인의 수준이 낮을 때 나타나는 특성을 제시했습니다. 이 성격 요인들의 특성은 '차원', 즉 연속선상에서 이해해야 함을 유의하세요. 이 책에서는 편의상 특정 성격 차원이 '높은 사람' 또는 '낮은 사람'으로 기술하겠지만, 이는 인간을 두 가지 성격 집단으로 명확히 나눌 수 있음을 의미하지 않습니다. 사람들 대부분은 성격 요인의 수준에서 중간 정도에 위치하고, 성격 요인 점수가 매우 높거나 낮은 극단적인 점수로 갈수록 거기에 속하는 사람 수는 줄어듭니다. 인간의 성격 분포는 그림 1-1과 같이 통계학자들이 말하는 '정상 분포'를 보입니다.

HEXACO 성격 요인은 사람들이 자신이 직면한 인적·물적 환경에 대처해나갈 때 나타나는 서로 상반되는 '전략'으로 생각하면 이해하기 쉽습니다. '전략'이라는 용어를 사용했지만 인간이 특정 행동 경향을 의식적으로 선택한다는 말은 아닙니다. 진화적 관점에서 보면 키가 '작다' 또는 '크다' 같은 특성도 신장이라는 차원에서 나타나는 대비되는 전략이라고 생각할 수 있지만, 사람들이 의식적으로 작은 키나 큰 키를 고를 수는 없지요. 한 성격 차원에서 반대되는 두 극단도 마찬가지입니다. 어떤 환경에서는 성격의 한쪽 극단에서 나타나는 행동 방식, 어떤 환경에서는 반대쪽 극단의 행동 방식이 더 좋은 전략일 수 있습니다. 어떤 성격 차원의 한쪽 극단에서 나타나는 행동 방식이 반대쪽 행동

표 1-2 HEXACO 성격 요인이 높고 낮음에 따라 나타나는 행동 특성

	높음	낮음
정직 겸손성 (H)	• 타인을 조종하지 않고 가식적인 것을 싫어함 • 공정하고 준법적 • 부와 사치를 중요시하지 않고 청렴 • 자신이 특별히 우월하다고 생각하지 않음	• 목적을 위해 친교/개의치 않고 아부 • 개인 이익을 위해 법 규정을 무시 • 부·명품·사회적 지위를 추구 • 다른 사람 위에 있다는 특권 의식
정서성 (E)	• 물리적 위험을 두려워함 • 사소한 일에도 걱정이 많음 • 다른 사람에게 많이 의지 • 친구, 가족 등에 대한 강한 애착과 걱정	• 고통이나 물리적 위험에 신경 쓰지 않음 • 스트레스 상황에서도 걱정이 없음 • 타인의 정서적 도움이 필요 없음 • 타인에게 감정적 애착을 못 느낌
외향성 (X)	• 자신에 대한 긍정적 평가와 자신감 • 집단을 이끌어나가는 데 자신감 • 사회적 교류를 즐김 • 열성적이고 활동적	• 자신이 인기가 없다고 느낌 • 다른 사람의 주목을 받는 게 불편함 • 혼자 있는 것을 좋아함 • 열의가 적고 수동적
원만성 (A)	• 화를 내지 않고 원한을 품지 않음 • 다른 사람에게 관대함 • 남의 의견을 존중하고 편의를 봐줌 • 짜증 나는 일에도 참을성이 많음	• 남을 용서하기 어려움 • 다른 사람의 단점을 매정하게 비판 • 자기주장을 완고하게 유지 • 쉽게 화를 냄
성실성 (C)	• 정리 정돈과 시간 관리를 잘함 • 목표 달성을 위해 열심히 노력 • 정확성과 완벽성을 추구 • 신중하고 조심스럽게 행동	• 정돈과 계획이 어려움 • 어려운 일이나 목표를 회피 • 일을 대충대충 끝냄 • 결과를 생각하지 않고 충동적으로 행동
경험 개방성 (O)	• 자연과 예술의 아름다움을 잘 느낌 • 지적으로 알고 싶은 게 많음 • 상상력과 창의력이 풍부 • 남들과 다른 생각을 좋아함	• 심미적 또는 예술적 관심이 적음 • 사회과학, 자연과학에 관심이 적음 • 창의성을 요구하는 일을 회피 • 전통과 관습을 따르는 것을 선호

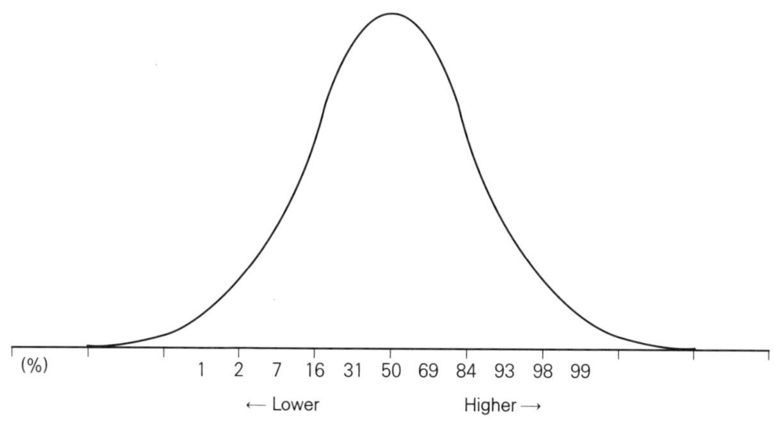

그림 1-1 정상 분포

방식보다 '언제 어디서나' 생존과 재생산에 유리한 것이었다면, 거의 누구나 그 성격의 한쪽 극단을 가지도록 적응되었을 것이고, 이럴 경우 이 행동 방식에 관한 한, 성격이라는 개념이 적용될 수 없습니다. 모든 사람이 거의 똑같은 방식으로 행동할 테니까요.[9]

이제부터 HEXACO 성격 범주를 우리가 살아가면서 마주치는 물리적·인적 환경에 어떻게 대처할 것인지를 나타내는 두 가지 다른 전략으로 설명해나갈 것입니다. 더불어 여섯 가지 성격 차원 각각에 대해 그 차원들의 높은 수준과 낮은 수준이 지닌 장점과 단점을 지적해나갈

9 여기서 제시되는 '전략'들은 성격적 기질을 나타내는 것이지 사람들의 의식적 선택을 나타내는 것이 아닙니다. 사람들은 자신이 직면한 환경에서 언제나 마음대로 전략을 바꿀 수 있는 것이 아닙니다. 물론 사람들은 환경 조건에 따라 행동을 바꾸기도 하지만, 그 행동이 자신의 원래 성격과 완전히 일치하지 않는다면 환경에 맞추어 행동을 적응시키는 일은 상당히 어려울 수 있습니다. 공부에 취미가 없는 사람이라면 아무리 내일이 시험이라도 마음을 다잡고 공부하기가 쉽지 않은 것도 이 때문입니다.

것입니다. 이러한 장단점들은 현대사회뿐 아니라, 먼 조상이 아주 오래 전에 맞닥뜨렸을 법한 상황의 맥락에서도 논의될 것입니다.

활동 및 노력과 관련이 있는 '개방성 · 성실성 · 외향성'

먼저, 개방성, 성실성, 외향성을 생각해봅시다. 앞서 제시한 표 1-2에서 이들 성격 요인의 높고 낮은 수준에 해당하는 행동 방식을 보고 다음 물음에 답해보세요. 이들 요인 중에서 어떤 쪽의 활동이 더 '바쁘게' 보이나요? 어떤 쪽이 더 많은 활동을 요구하는 것처럼 보이나요? 세 가지 성격 요인이 모두 높을 때 더 '바쁜' 활동이 요구된다는 생각이 드나요? 그렇습니다. 개방성, 성실성, 외향성의 경우, 각 차원에서 점수가 높은 사람들이 여러 분야에서 더 왕성한 활동을 보입니다. 이런 공통점이 있음에도 각기 다른 세 가지 성격 요인이 관찰되는 이유는 이 활동들이 전혀 다른 세 영역 내에서 이루어지기 때문입니다.

먼저 개방성을 생각해보지요. 개방성이 높은 사람에게 내재하는 공통적인 요소는 생각 및 사고와 관련된 활동입니다. 이런 사람들은 예술과 자연에 대한 감흥에 쉽게 빠져듭니다. 이들은 인간과 자연 세계를 더 잘 이해하고 싶어 하는 열망이 강합니다. 이들은 새로운 생각들을 창출해내고 과거부터 내려오는 문제들을 새로운 방식으로 해결하고 싶어 하는 열망도 큽니다. 그러므로 개방성이 높은 사람은 좀 색다르고 이상한 관습이나 방식을 수용하려는 자세에 마음이 더 많이 열려 있지요.

개방성이 높은 사람이 개방성이 낮은 사람보다 사고 활동에 더 집착한다는 사실은 이들이 더 많은 지식을 습득하는 편이며, 남들이 모르던 것을 발견할 가능성이 더 크고, 새로운 것을 창조하는 성향을 지녔음을 의미합니다. 현대사회에서 개방성이 높은 사람은 자연, 과학, 지리, 역사 등에 대한 지식과 어휘력이 남보다 뛰어납니다. 그들은 새로운 지역으로 여행하면서 자기가 몰랐던 문화적·물리적 환경을 탐구하는 것을 좋아합니다. 그들은 또한 예술가, 과학자, 발명가 등 창의성이 필요한 직업을 추구할 가능성이 높습니다.[10]

현대사회에서 개방성이 높아 나타난 결과들을 생각해보면, 이 성격특성이 인간의 진화 과정에서 어떤 중요한 역할을 했는지 짐작해볼 수 있습니다. 똑같은 조건이라면, 이웃하는 다른 민족의 언어, 상이한 자연환경의 특성, 새로운 장비나 기술에 대해 더 많이 아는 사람이 생존이나 재생산에 필요한 자원을 더 잘 획득할 수 있었을 것입니다. 개방성이 높다는 것에 이런 장점이 있다면 그에 따르는 손실은 무엇일까요? 새로운 환경을 탐험한다든지, 아무도 해보지 않은 방식을 시도해본다든지, 사회적 통념과는 다른 자유로운 사상을 추구한다든지 따위의 개방성이 높은 활동을 할 때 생기는 문제는 물리적 위험이 수반된다

---

10 개방성이 높은 사람이 개방성이 낮은 사람보다 지식이 풍부한 이유는 그들의 지적 능력이 더 뛰어나기 때문이 아닙니다. 개방성이 낮은 사람이나 높은 사람이나 논리, 수학과 같은 어려운 문제를 푸는 평균 능력에서 차이를 보이지 않습니다. 단지 개방성이 높은 사람은 여러 가지 방식으로(책을 읽거나 교육방송을 보거나 '어려운' 대화를 즐기거나) 어휘나 다양한 정보 환경에 노출될 기회를 더 많이 만들며, 이로 인해 사용하는 어휘와 이 세상에 대한 지식을 더 풍부하게 쌓게 됩니다.

는 점입니다. 또 다른 손실은 우리 뇌를 항상 '켜놓고' 있어야 해서 소모되는 에너지입니다. 끊임없이 생각하고 지적으로 몰두해 있으면 뇌는 더 많은 포도당을 소비합니다(뇌는 몸무게의 2% 정도지만 전체 에너지 소비의 16%를 차지한다고 합니다).[11]

다음은 성실성에 대해서 살펴봅시다. 이 요인의 공통 특성은 일이나 노동과 관련된 활동에 몰입하는 성향입니다. 성실성이 높은 사람은 시간 관리에 뛰어나고, 정리 정돈에 능하며, 일을 열심히 아주 오래 합니다. 그들은 치밀하고 세밀한 곳에 정성을 쏟으며 여러 가지 가능한 선택을 세심히 검토하고 계획을 세웁니다.

성실성이 높은 사람은 현대사회에서 중요한 이점을 지닙니다. 이들은 학교나 직장에서 성실성이 낮은 사람들보다 학업 및 직무에서 탁월한 능력을 보입니다. 이들은 충동을 잘 조절하므로 흡연, 약물, 음주에 탐닉할 가능성이 낮습니다. 위험한 행동으로 사고를 저지르거나 충동구매를 하거나 도박을 해서 재산을 탕진하는 일도 별로 없습니다. 그러므로 성실성이 높은 사람들은 낮은 사람들에 비해서 재정적으로 더 견실하고 더 오래 살며 신체적으로 더 건강한 상태를 보인다고 알려져 있습니다.[12]

---

11 Aiello & Wheeler(1995). 어떤 연구자들은 개방성이 높은 사람은 정신분열증이나 망상 질환 등 정신 보건적인 면에서 취약하다고 주장하기도 했습니다. 그러나 개방성과 이런 질환들 간의 관계는 매우 미약한 것으로 나타났고(Ashton & Lee, 2012), 따라서 이런 질환은 개방성이 높아서 갖게 되는 손실로서는 그렇게 중요한 부분으로 보이지 않습니다.

12 성실성이 높은 사람들이 지니는 이런 이점들은 역시 그들의 지능과도 아무런 관련이 없습니다. 성실성이 높다고 해서 성실성이 낮은 사람보다 더 똑똑하지는 않은 것이지요. 물론 똑똑한 사람들이 학교와 직장에서 더 나은 수행 능력을 보이는 것도 사실이지만, 지능과 성실성 요인은 서로 관련되지 않으므로 학업 및 직무 수행이 어떨지는 지능과 성실성

이런 특성은 아마 선사시대에도 이점으로 작용했을 것입니다. 성실성이 높은 사람이 지니는 작업 윤리와 신중함은 식량이나 주거 공급을 안정적으로 만들고, 여러 형태의 재난에 뛰어나게 대처하도록 했을 것입니다. 성실성이 높은 데 따른 이점은 힘든 노동과 계획적 노동이 많은 성과를 보장해주는 환경에서 더 컸을 것입니다. 반면에 재난을 방지할 뾰족한 방법이 없거나 식량 조달이나 주거 공급이 수월해 부지런한 계획성을 크게 요구하지 않던 환경에서는 성실성이 높은 데 따른 이점이 그렇게 크지 않았을 것입니다.

그렇다면 성실성이 높은 데 따른 손실은 무엇일까요? 이것 역시 에너지 소모입니다. 성실성이 높은 데 필요한 에너지 비용은 앞서 개방성 요인을 논의하면서 언급했던 비용보다 더 클 것입니다. 성실성이 높을 때 하게 되는 신체적 노동은 개방성이 높을 때 하게 되는 정신적 활동보다 더 많은 에너지를 필요로 하기 때문이지요. 또한 성실성의 주요 특징 중 하나인 계획을 세우거나 충동을 억제하는 활동도 뇌에 많은 에너지를 부과하는 것으로 알려져 있습니다(흥미롭게도 자기 규율적 행동이 뇌의 포도당 저장량을 줄인다는 보고가 있습니다).[13] 현대사회에서는 에너지 손실 문제가 크게 중요하지 않을지 모르지만, 모든 것이 부족했던 선사시대에는 성실성이 높은 데 따르는 에너지 소비 문제가 매우 중요했을 것입니다. 열심히 일하고 계획하는 것이 그에 대한 보상을 언제나 담보해주지 않는 환경에서는, 성실성이 높아 초래되는 에너지 비용이

을 동시에 고려할 때(둘 중 하나만을 고려할 때보다) 더 잘 예언할 수 있습니다.

13 Gatilliot & Bausemeister(2007).

성실성으로 인해 생기는 이득을 초과하는 경우도 있었을 테니까요.[14]

다음은 외향성으로 넘어가보지요.[15] 외향성 요인의 공통된 특성은 사회 활동에 몰입하는 성향입니다. 외향성이 높은 사람은 다른 사람이 자신을 좋아한다고 가정합니다. 이들은 다른 사람을 이끌어나가고 자신의 주장을 펼치는 것을 아주 좋아합니다. 친구를 많이 사귀기를 좋아하고 자주 만나는 것을 즐깁니다. 이들은 명랑하고 활동적이면서 또한 매사에 열성적이지요.

외향성이 높은 사람은 다양한 사회적 활동을 즐기고, 바로 이러한 이유로 인해 다른 사람들이 긍정적으로 생각하는 사회인이 될 가능성이 큽니다. 현대사회에서 외향성이 높은 사람은 학교, 기숙사, 동호회, 직장 등에서 인기가 많습니다. 또한 이들은 여러 집단에서 지도자로 활약할 가능성이 높지요. 이들은 일반적으로 외모나 성적인 면에서 매력적으로 지각되는 편입니다.[16]

---

14 어떤 연구자들은 성실성이 높은 사람들이 너무 '충동적'이지 않아서 좋은 기회를 포착해 활용하지 못한다고 주장하기도 합니다. 이런 주장은 두 종류의 '충동성'을 혼동한다는 맹점이 있습니다. 충동을 통제하지 못하는 것은 성실성이 낮음을 나타내지만, 매력적 기회를 포착할 준비를 갖추는 행동은 실제로 외향성과 성실성에서 높은 수준을 나타냅니다(성실성과의 상관은 아주 크지는 않습니다만). 이에 대해서는 Dickman(1990)을 참조하세요.

15 이 책에서는 외향성이 높거나 외향성이 낮다고 말하고 있지만, 이는 우리가 일상생활에서 '외향적이다' 또는 '내성적이다'라고 말할 때와 같은 성격을 의미합니다.

16 외향성이 높은 사람이 더 매력적으로 지각되는 까닭은 무엇일까요? 애초에 신체적으로 매력적인 사람들은 어려서부터 다른 사람들에게 많은 관심을 받고 그로 인해 외향적 성격을 발달시켰을 수도 있습니다. 또는 외향성이 높은 사람들은 그들의 재기발랄함과 사회성 덕분에 더 매력적으로 지각될 수도 있습니다. 또는 외향성이 높은 사람은 외모에 관심이 많고 외모를 향상시키기 위한 노력을 많이 하기 대문에 신체적으로 더 매력적인 사람이 되기도 합니다.

선사시대에도 외향성이 높은 사람은 더 많은 친구와 연합 세력, 배우자를 가졌을 가능성이 높고, 그래서 사회관계를 선택하는 폭이 훨씬 더 컸을 것입니다. 이렇듯 사회적 자원의 네트워크는 외향성이 높은 사람의 생존 및 재생산에 긍정적인 영향을 주었을 것입니다. 하지만 높은 외향성에도 역시 에너지 비용 문제가 따릅니다. 언제나 활동적인 생활을 하면 집에만 틀어박혀 있는 사람들에 비해 큰 에너지를 소모하게 됩니다. 또 다른 불리한 점은 이들이 사회적 관심을 획득해가려 할 때 사회적 관심을 원하는 또 다른 외향적인 사람과 경쟁해야 한다는 것, 그리고 이런 경쟁이 때때로 적대적으로 전개되기도 한다는 것입니다. 이런 적대적인 경쟁은 신체적 위해나 사회적 왕따를 초래할 수도 있습니다.[17]

위에 제시한 세 가지 성격 요인이 모두 다 높은 사람들은 과연 어떤 사람들일까요? 그런 사람은 언제나 무언가에 몰두하고 언제나 '스위치가 올라가 있는' 사람으로 인식될 것입니다. 그렇지만 이 세 가지 성격 요인은 모두 독립적이므로(서로 관련이 거의 없지요) 이들 성격 모두에서 매우 높거나 낮은 사람은 흔치 않습니다.

---

17 외향성이 높은 것에 따르는 득실 관계는 다른 사람들이 이 성격 차원에서 어떤 수준을 보여주는가에 따라 달라지게 됩니다. 주변 사람들 대부분이 외향성이 낮다면, 외향성이 높은 사람은 별로 힘들이지 않고 친구, 연대 세력, 배우자를 획득할 수 있겠지요. 그러나 주변에 외향성이 높은 사람이 가득하다면, 외향성이 높은 사람의 희소가치가 떨어지고, 그러므로 상대적 매력은 감소하게 됩니다. 이 경우 외향성이 높은 데 따르는 이점은 그것이 초래하는 에너지 비용과 과도 경쟁으로 인한 위험을 보상할 만큼 충분히 크지 않을 수도 있습니다. 이런 환경에서는 내향적인 사람들이 생존과 재생산에서 더 큰 이점을 가지게 되지요. 이와 같이 어떤 특성의 적합성이 그 특성을 갖는 개체 수가 적을수록 증가하는 현상을 진화생물학에서는 '부적 빈도 의존 선택'이라고 합니다.

이타성 및 대립성과 관련이 있는 '정직성 · 원만성 · 정서성'

이제부터 여섯 가지 중 나머지 성격 요인인 정직성, 원만성, 정서성에 대해 논의해보겠습니다. 표 1-2에 이들 성격 요인을 대표하는 행동 방식을 제시해놓았습니다. 앞서 논의했던 세 가지 성격 요인에 비해서 정직성, 원만성, 정서성에서는 양극단 중 어떤 쪽 극단이 더 바쁘고 많은 활동을 요하는지 결정하기 어렵습니다. 대신 이 요인들의 한쪽 끝은 남을 배려하는 친화적이고 이타적인 성향을 보이고, 다른 한쪽은 남과 대립하는 성향을 보이는 것 같습니다. 이 세 요인이 독립된 차원으로 나타나는 이유는 이러한 이타성 및 대립성의 표출 방식과 맥락이 다르기 때문입니다.

먼저 정직성을 살펴보겠습니다. 정직성이 높은 사람은 타인을 이용하거나 착취하지 않는다는 공통 특성이 있습니다. 정직성이 높은 사람은 남을 속이거나 조종하려고 하지 않습니다. 그들은 남의 것을 훔치거나 빼앗는 걸 아주 싫어합니다. 이들은 남보다 더 많이 차지하려는 탐욕이 적어서 무언가를 이루기 위해 타인을 이용할 동기가 애초부터 크지 않은 사람들입니다.[18]

다른 사람을 이용하려 하지 않는 이들의 특성은 여러 가지 방식으로

---

18 사람들은 정직과 겸손이 같은 범주에 속하는 서로 밀접히 관련되는 성격이라는 점에 놀라곤 합니다. 그러나 낮은 겸손성과 정직성은 타인을 착취하고 이용하려는 성격을 만들어내는 최적의 조합입니다. 특권 의식과 우월성으로 무장하는 것은 자신의 탐욕을 채우기 위해 남을 조종하고 기만하는 것조차 당연하게 만들기 때문입니다.

나타납니다. 정직성이 높은 사람은 여러 유형의 범죄행위에 가담하지 않으며, 상대방을 이용해 이득을 취할 수 있는 상황에서도 무엇이든 공정하게 나누어 가지려는 습성이 있습니다. 이들은 개인의 이득보다는 타인과 더불어 살기 위해 지켜야 할 윤리를 중시합니다. 이들은 배우자에게 충실하며, 힘과 권력을 이용해 취약한 대상을 성적으로 착취하려 하지 않습니다(4부에서 섹스와 관련된 이야기를 하겠습니다).

정직성이 높은 데 따르는 이점에는 무엇이 있을까요? 가장 중요한 이점은 다른 사람들을 공정하게 취급함으로써 다가올 미래에 그들에게서 협력과 호의를 돌려받을 수 있다는 것입니다. 즉 다른 사람을 속이거나 이용하지 않으면 사람들의 신뢰와 협동을 얻을 수 있고, 이는 미래를 위한 큰 자산으로 남습니다. 타인과 협력하고 그들에게서 신뢰를 얻는 것이 현대사회에서 매우 중요한 이점인 것은 두말할 나위가 없지만, 이는 선사시대에도 생존과 재생산에 매우 필요한 자산이었을 것입니다. 타인을 공정하게 상대한다는 것은 '신뢰라는 통장'을 갖는 것과 같습니다. 언젠가 타인의 신뢰가 필요한 상황에 처했을 때 여러분이 그간 상대방을 도와주거나 공정하게 대우함으로써 '저축'해놓은 신뢰를 '인출'하는 것이지요. 반면에 정직성이 낮은 사람은 타인의 선의나 남과의 협력의 중요성을 경시하며 타인을 이용하고 착취함으로써 미래에 필요하게 될지도 모를 협력의 기회를 잃고, 더러는 보복을 당하기도 합니다.[19]

---

19 정직성이 높은 사람들은 협력과 신뢰라는 긍정적인 결과를 얻고자 의식적으로 혹은 계산적으로 '착한' 행동을 하는 것이 아닙니다. 이런 사람들의 행동은 그들 자신만의 개인

정직성이 높은 데 따른 대가는 자명합니다. 이들은 도덕적 양심으로 인해서 남을 착취하거나 이용하는 걸 꺼리는 사람들이기에, 개인적인 이득을 볼 기회를 많이 놓칩니다. 이들은 들통날 위험이 거의 없는 때라도, 또 상대방이 보복할 능력이나 의도가 전혀 없을 때도 양심에 거리낄 행동을 하지 않습니다. 흔히 '양심이 밥 먹여주냐?' 등의 말로 정직성이 높은 사람을 힐난하는데, 실제로 이 말은 정직성이 높을 경우 손해를 볼 수 있음을 잘 표현해줍니다.

이제 원만성으로 넘어가겠습니다. 원만성이 높은 사람은 타인이 완전히 호의적이거나 협력적이지 않아도 그 사람을 배척하지 않고 여전히 그에게 협동할 의향을 보이는 편입니다. 이들은 이전에 자신을 속였던 사람들도 기꺼이 용서할 준비가 되어 있고, 남에게 매정하거나 비판적이지 않으며, 남의 의견에 맞추어줄 의향이 있는 사람들입니다. 이들은 참을성이 많아서 웬만한 일에는 화를 내지 않습니다.

원만성이 높은 사람들은 온화하고 점잖은 사람들입니다. 여러 심리학 연구에 따르면 이들은 행복한 결혼 생활을 누리는 편이며, 배우자 역시 행복한 결혼 생활을 누릴 가능성이 높습니다. 원만성이 낮은 사람은 결혼 관계나 친구 관계가 오랫동안 지속되지 못할 가능성이 높다고 알려져 있습니다. 반면 원만성이 높은 사람은 건강 측면에서도 관상성 심혈관계 질환에 걸릴 가능성이 적고, 걸렸더라도 더 좋은 예후를 보인다고 알려져 있습니다.[20]

적 윤리에 의해서 지배됩니다. 그들은 나쁜 짓을 하면 양심에 의해 처벌받는 것같이 느끼므로 그 나쁜 짓이 탄로가 날 염려가 없는 경우에도 정직한 행동 방식을 고수합니다.

현대사회건 선사시대건 원만성이 높을 때의 주요 이점은 협동적 관계에서 얻는 이득을 지속적으로 유지할 수 있다는 것입니다. 예컨대 여러분을 공정하지 못하게 대우한 사람들 중에는 처음부터 악의를 가지고 행동한 것이 아닌 사람도 종종 있습니다. 이런 경우 이들에게 관용을 베푼다면 이들과 미래에 더 많이 협동할 수 있을 것이고, 이로 인해 생기는 상호적 협동은 미래에 더 지속적인 이득을 보장합니다. 원만성이 낮은 사람들은 눈 밖에 난 사람은 단칼에 끊어버리므로 미래의 협력 관계에서 오는 잠재적 이득을 놓칠 가능성이 높지요.

그러나 원만성이 높은 데 따른 문제는, 이러한 관용이 애초에 악의를 가진 사람들에게 적용될 때 관용을 베푼 이들이 지속적 착취 대상이 될 수 있다는 것입니다. 말하자면 착취와 기만을 일삼는 등 정직성이 낮은 사람에게 원만성이 높은 사람의 선의는 되갚아야 할 빚이 아닙니다. 그들에게 원만성이 높은 사람은 다음에 또 써먹을 먹잇감으로 보일 뿐이거든요.[21]

---

20 결혼 관계에 대한 연구는 Watson et al.(2004), 심장 질환에 대한 연구는 Chida, Steptoe (2009)를 보세요.

21 원만성이 높고 낮음에 따른 득실 관계 또한 주변 사람들이 어떤 성격인지에 따라 달라집니다. 그런데 이때는 남들이 지닌 원만성의 수준보다는 정직성의 수준이 더 중요한 역할을 합니다. 어떤 지역 사람들 대부분이 정직성이 낮다면, 자신은 원만성이 낮은 편이 유리합니다. 여러분이 화를 잘 내고 '내 사전에 용서는 없다'는 신호를 보내야만 정직성이 낮은 사람들이 여러분을 착취하려는 시도를 막을 수 있으니까요. 그러나 지역 이웃들의 정직성이 높다면 여러분의 원만성도 그에 따라 높은 것이 유리합니다. 이들이 설령 여러분에게 잘못을 했더라도 그건 의도한 바가 아닐 가능성이 높고, 그러므로 한번 용서하면 미래에 맞이하게 될 수많은 협력에서 오는 이득이 장기적으론 더 클 테니까요. 마찬가지로 정직성의 득실 관계도 주변인들의 정직성 수준에 따라 달라집니다. 정직성이 낮은 사

정직성과 원만성은 쌍방 간에 일어나는 협동과 대립의 두 측면을 나타내주는 성격 요인으로 이해될 수 있습니다. 정직성이 높은 사람은 여러분을 아무 탈 없이 착취할 수 있는 경우에도 그렇게 하지 않음으로써 여러분과 '협동'합니다. 원만성이 높은 사람은 여러분이 그들에게 협력적이지 않았을 경우에도 여러분을 내치지 않고 용서함으로써 협동을 유지합니다. 반면 정직성이 낮은 사람은 여러분을 속이고 이용함으로써 여러분과 '대립'합니다. 원만성이 낮은 사람은 여러분이 범한 결례에 쉽게 분노하고 그 행동을 용서하지 않음으로써 여러분과 '대립'합니다.

람들이 전혀 없는 사회에 우연히 정직성이 낮은 사람 하나가 나타났다면, 이 사람은 고기가 물을 만난 듯 성공적으로 타인을 착취할 수 있습니다. 하지만 자신과 같은 성향, 즉 정직성이 낮은 사람이 수두룩한 사회에서는 타인을 착취하는 경쟁이 격화되고, 따라서 착취 행동에 따른 이점이 그 행동에 따른 위험성을 상쇄할 만큼 크지 않을 것입니다.

목축 사회와 농경 사회에 적합한 원만성은?

그렇다면 원만성의 적절한 수준은 어떻게 결정될까요? 그 수준은 주변 환경의 특성에 의해서도 달라집니다. 예를 들어보겠습니다. 가축 사육을 생계 기반으로 하는 목축 집단과 곡물 농사를 기반으로 하는 농경 집단을 생각해보세요. 양이나 염소 같은 가축들은 떼로 몰려다니며, 이동성이 강합니다. 그러므로 몇몇 도둑이 이 가축들을 하룻밤 사이에 아주 먼 곳까지 몰고 달아나는 것이 가능합니다. 이렇게 되면 하루아침에 전 재산을 날리는 건데, 이렇게 일격에 파산하는 일을 미연에 방지하기 위해 목축 사회에서는 원만성이 매우 낮아야 합니다. 즉 '나와 우리 가족에 해를 입히면 가만 두지 않는다'와 같은 낮은 원만성으로 무장해야 합니다.

반면 농경 사회에서 원만성이 낮은 것은 그렇게 유리한 성격이 못됩니다. 우선 곡물은 무겁고 이동성이 낮기 때문에 하루아침에 대규모 절도를 당하진 않겠죠. 예컨대 하룻밤 사이에 쌀을 수확해서 그걸 싣고 멀리 도주한다는 것은 거의 불가능에 가깝죠. 더군다나 농경 사회에서는 품앗이 등 노동 협력이 필수 불가결합니다. 이런 사회에서 '화 잘 내고 더러운' 성질머리를 가진 사람은 환대받기 힘들며, 당연히 농부로서 성공하지 못할 것입니다.

일부 사회심리학자는 미국 남부 및 북부에 살고 있는 백인 정착민들에게서 발견되는 문화적 차이를 이들이 농경사회 출신인지 아니면 목축 사회 출신인지로 설명한 바 있습니다. 미국 남부에는 주로 목축 사회 출신이 정착했는데, 이들은 '명예 문화', 즉 다른 사람의 부적절한 행동으로 인해 자신과 자신의 가족이 불명예스러워지는 걸 용인하지 않는 문화로 알려져 있습니다. 이런 문화에서 사람들은 사소한 모욕도 참지 않고 살벌한 싸움과 논쟁을 일으키는 것으로 알려져 있습니다.*

---

* Cohen et al.(1996).

마지막으로 정서성에 대해서 논의해보지요. 정서성은 자신과 가족의 생존 가능성을 높여주는 특성들로 이루어져 있습니다. 정서성이 높은 사람들은 신체적 위험에 처하는 것에 무서움을 많이 느끼고 그 상황을 회피하려 합니다. 이들은 자신과 가족의 신체적 안녕에 대해 많이 걱정합니다. 이들은 곤경에 처했을 때 타인의 정신적·물질적 도움과 지원에 의존하려는 경향이 있습니다. 그리고 친한 친구나 가족에 대한 정서적 유대감과 애착이 아주 강합니다.

정서성에 내재해 있는 자신과 가족에 대한 보존 욕구는 여러 방식으로 나타납니다. 정서성이 높은 사람은 심리학자들이 개념화한 '분리불안장애'를 보일 가능성이 높습니다.[22] 이 장애는 주로 아이들에게서 나타나지만 어른들에게서도 종종 보입니다. 예컨대 어떤 사람들은 배우자나 아이들이 단 하룻밤이라도 떨어져 지내는 것을 견디지 못하고, 거의 일어날 가능성이 없는 위험한 일을 강박적으로 상상해서 자신을 괴롭힙니다.

이들은 여러 공포 증상을 발전시키기도 합니다. 동물, 피, 주사, 충돌, 추락, 폐쇄 따위의 여러 물리적 위험에 대해 강렬한 공포를 느끼게 될 가능성도 있습니다.[23]

반대로 정서성이 낮은 사람은 정반대되는 문제를 지닙니다. 이들은 가족적 유대나 연인과의 사랑 따위에 무관심한 편입니다. 그리고 여가

---

22 성인의 분리 불안 장애와 성격에 대한 연구는 Silove, Marnane, Wagner, Manicavasagar & Rees(2010)를 보세요.

23 Ashton, Lee, Visser & Pozzebon(2008).

활동이나 직무 활동에 있어서도 물리적 위험을 기꺼이 받아들이므로 다치기 일쑤이고 때로는 불행한 일을 당하기도 합니다.

정서성이 높으면 자신이나 가족들의 심각한 부상이나 위해 가능성을 줄일 수 있다는 이점이 있지만, 그에 따른 손실도 있습니다. 즉 어떤 환경에서는 위험한 일을 감수해야만 자신이나 가족에게 보상을 줄 수 있는데, 이런 일을 지나치게 삼가면 그런 보상의 기회를 계속 놓치게 되는 것이지요. 예컨대 큰 동물을 사냥하는 것은 너무 위험하다며 사냥하러 먼 길 떠날 생각은 안 하고, 한사코 집 주변만을 돌며 식물 채집만 하는 가장이라면 가족들이 언제 고기 맛을 보겠습니까? 정서성이 매우 낮은 사람은 부상을 입을 가능성이 높지만 여러 위험을 감수하면서 얻을 수 있는 이득을 챙길 가능성 또한 높습니다. 인간의 진화 과정에서 정서성의 최적 수준은 그 사람이 살아가는 환경에 따라 달라졌을 것입니다. 위험한 과업을 수행해야만 삶을 영위할 수 있는 환경에서는 정서성이 낮아야 했을 테고, 그 반대 경우는 정서성이 높아야 했겠지요.

정서성의 높고 낮음에 따른 득실 관계는 성별의 영향을 받습니다. 인류사에서 아이들의 생존에 더 큰 영향을 주는 것은 아버지의 존재보다는 어머니의 존재였습니다. 그러므로 어머니가 다치지 않고 건강하게 살아가는 것이 중요하지요.[24] 또한 여성들은 임신과 보육에 따른 생물적 비용이 남성보다 훨씬 큽니다. 그러므로 현재 기르고 있는 아이를 심혈을 기울여 성공적으로 키우는 것이 중요하고, 그러려면 높은 정서

---

24 Campbell(1999) ; Taylor et al.(2000).

성이 중요해집니다. 또한 여성의 경우 현재 기르고 있는 아이가 생물학적으로 자기 아이인 것이 확실하지만, 아버지의 경우 완전히 확실한 것은 아닙니다. 현대사회나 선사시대나 자기도 모르게 다른 남자의 아이를 키우는 경우가 반드시 있을 겁니다. 이런 부계 불확실성으로 인해 남성에게는 높은 정서성을 갖는 것이 자손 번식이라는 가치 면에서 약간 덜 중요해집니다. 이런 이유로 정서성의 평균은 거의 모든 문화에서 여자가 남자보다 높습니다. 이 차이는 물론 그렇게 크지는 않으며, 남성과 여성의 분포는 상당히 겹칩니다(남녀의 평균 키에서 나타나는 차이 정도를 생각하시면 됩니다). 그러나 흥미로운 것은 정서성에서 나타나는 남녀 차이는 북미, 터키, 한국, 네덜란드 등 거의 모든 문화에서 발견된다는 점입니다.

앞서 기술한 대로 정서성이 높은 사람은 가족과 친지에 대한 강한 정서적 애착을 나타내고, 이것은 그들에 대한 이타성을 증진시킵니다. 바꾸어 말하면 정서성이 높은 사람은 진화생물학자들이 말하는 친족 이타성이 높은 사람들입니다. 여기서 정서성, 즉 친족 이타성이 매우 높을 뿐 아니라 상호 이타성을 나타내는 성격 요인인 정직성과 원만성도 모두 높은 사람을 한번 상상해보십시오. 이 사람은 남을 위해 태어난 사람처럼 한량없이 주는 사람들입니다. 물론 이 세 차원에서 모두 (매우) 낮은 사람들은 인정이라고는 눈곱만큼도 없는 아주 고약한 사람들이겠지요.

친족 이타성과 상호 이타성의 잃어버린 고리

1996년 처음 우리가 같은 사무실을 사용하기 시작했을 때, 우리는 진화생물학자들의 개념인 '친족 이타성'(가족 성원을 걱정하고 보호해주는 경향성) 및 '상호 이타성'(친족이 아닌 쌍방에서 일어나는 교환적 이타성)과 관련해 5대 성격의 두 요인, 즉 원만성과 신경증을 설명하려고 했습니다. 우리는 그때 '감성적' 측면의 특성은 친족 이타성과 관련되고, '관용적' 특성(참을성과 화내지 않음)은 상호 이타성과 관련된다고 생각했습니다. 앞 장에서 논의한 성격 언어 연구 결과들을 보면 '감성적' 성격과 '관용적' 성격이 아주 일관되게 하나의 성격 요인으로 묶입니다(즉 정서성과 원만성으로). 그리고 이건 우리 생각과 아주 잘 맞아떨어졌던 겁니다. 우리는 성격과 친족 이타성 및 상호 이타성에 대해 고민하며 무언가가 하나 빠져 있다고 생각했습니다. 이론 생물학적 관점에 따르면, '상호 이타성'은 두 가지 측면을 가지고 있어야 합니다. 하나는 관용성 및 참을성과 관련된 특성으로, 이것이 높은 사람은 타인에 대한 용서와 관용을 특징으로 하므로 미래에 더 많은 협력을 이끌어냅니다. 다른 하나는 공정성과 정직성과 관련된 성격으로, 이것이 높은 이들은 다른 사람을 배반하지 않기 때문에 역시 미래의 좋은 협력자로 인식됩니다. 문제는 후자의 경향성이 5대 성격 이론에서는 그 자리를 찾을 수 없었다는 것입니다. 우리가 여섯 번째 요인을 찾고 나서 기뻤던 또 한 가지 이유는 세 가지 이타성, 즉 친족 이타성, 관용성에 기초한 상호 이타성, 공정성에 기초한 상호 이타성이 비로소 완성되었다는 점이었습니다.

이번 장에서는 HEXACO 성격 요인을 설명하고자 했습니다. 이 성격들의 중요성은 무엇이고, 왜 사람들이 이 여섯 개 성격 차원에서 그렇게 큰 차이를 보이는지 진화적 득실 관계라는 측면에서 설명하고자 했습니다. 이제까지는 여섯 가지 성격 요인을 하나하나 분리해서 설명했습니다. 다음 장에서는 이런 성격 차원들이 서로 결합할 때 어떤 형태로 나타나는지 설명해보려고 합니다. 특히 정직성이 낮은 사람이 나머지 다섯 요인에서 높거나 낮을 때 어떤 유형으로 표출되는지를 중점적으로 설명하겠습니다.

그러나 다음 장으로 넘어가기 전에 인간 성격에 대한 몇 가지 기본적 물음을 던지고자 합니다. 첫 번째 물음은 성격이 우리가 자란 가정환경에 의해 결정되는지, 아니면 타고난 유전자에 의해 결정되는지 하는 것입니다. 두 번째 물음은 성격이 세월이 흘러감에 따라 변해가는지, 그렇다면 어떻게 변해가는지 하는 것입니다. Scene 1-4와 Scene 1-5에서 이런 흥미로운 질문들에 대해 논의해보겠습니다.

유전자가 성격 결정에 영향을 준다

선진국에서 흔히 볼 수 있는 지역사회 몇 곳에서 상당히 큰 성인 집단을 무작위로 골랐다고 생각해봅시다. 이 집단에 포함된 사람들은 부모의 수입, 교육, 종교, 양육 방식 따위가 저마다 다른 가정환경에서 자랐을 것입니다. 물론 이들에게는 공통점도 많지요. 비슷한 인종 집단에 속해 있고, 동시대를 살고 있고, 같은 나라 출신이기 때문에 비슷한 학교 환경을 경험하고, 광범위한 의미에서 비슷한 지역사회에 속한 사람들이지요. 이들 중 누구도 심하게 학대받거나 소홀한 대우를 받지 않았고, 극한 빈곤 상태를 경험하지도 않았습니다.

이 집단에 포함된 성인들은 물론 각각 매우 다른 성격을 보일 것입니다. HEXACO 요인 중 하나만 놓고 본다면, 어떤 사람들은 한 요인에서 매우 높고 어떤 사람은 매우 낮을 수 있지만 대부분은 중간에 위치하겠지요.

그렇다면 이들의 성격이 이렇게 다른 이유가 그들이 물려받은 유전자 때문일까요, 아니면 그들이 자라난 가정환경 때문일까요? 이 질문에 답하기 위해 많은 연구가 수행되었고, 이러한 연구에서 도달한 결론은 어쩌면 성격심리학에서 가장 놀라운 것 중 하나일지도 모릅니다. 결론부터 말씀드린다면, '유전자가 성격 차이를 나누는 데 큰 역할을 하며, 개인이 양육된 환경은 성격을 형성하는 데 거의 영향을 주지 못한다'입니다.

쌍생아와 입양아 등을 대상으로 한 다양한 연구

이런 결론은 어떻게 도출된 것일까요? 심리학자들은 여러 가족과 친척들의 성격을 측정하고 나서 이들의 성격이 얼마나 비슷한지 형제, 사촌 등 여러 유형의 가족에 따라 각기 알아보았습니다. 그중 가장 많이 연구된 가족 쌍은 유전자가 100% 동일한 일란성 쌍생아들과 유전자가 (평균적으로) 50% 동일한 이란성 쌍생아들입니다(유전자가 50% 동일하다는 것은 사람들 사이에서 변이가 존재하는 유전자들의 집합 중

50%가 동일함을 말합니다. 즉 모든 사람들에게서 거의 완전히 동일하게 나타나는 수많은 유전자들은 제외한 것입니다). 측정된 성격이 이란성 쌍생아보다 일란성 쌍생아에서 더 비슷하게 나온다면 이것은 유전의 역할이 중요하다는 것을 나타냅니다.

심리학자들은 또한 같은 가정에서 자라난 여러 형제자매 쌍의 성격과 이혼이나 입양으로 인해 각기 따로 자란 여러 형제자매 쌍의 성격을 측정하고 비교하기도 했습니다. 같이 자란 형제자매의 성격이 따로 자란 형제자매의 성격보다 비슷하다면, 양육 환경이 성격에 큰 영향을 준다는 것이겠지요.

마지막으로 심리학자들은 입양 가정을 대상으로 연구하기도 했습니다. 즉 생물학적으로 아무 관계가 없는 두 아이가 같은 양부모에게 입양되어 형제자매로 자랄 수 있고, 이 경우 이들의 성격을 측정해서 비교할 수 있습니다. 입양된 형제자매가 서로 유사한 성격을 발전시킨다면, 이 역시 양육 환경이 성격 발달에 큰 영향을 미친다는 것을 나타냅니다.

이와 유사한 성격 연구들이 과거에 많이 수행되었고, 다음은 그 연구들을 요약한 것입니다.*

- 평균적으로 일란성 쌍생아는 이란성 쌍생아보다 여러 다양한 성격에서 약 2배 정도 더 비슷하다.

---

* Bouchard & Loehlin(2001) ; Loehlin(2005) ; Plomin & Caspi(1999) ; Riemann & Kandler(1997, 2010).

• 평균적으로 형제자매들은 성격에서 약간만 비슷한데, 그들이 따로 자랐는지 같이 자랐는지는 유사성에 영향을 주지 않는다.
• 평균적으로 입양되어 한 가정에서 같이 자란(생물학적으로 무관한) 형제자매들 사이에는 성격 유사성이 거의 없다.

위에 제시된 결과는 성격 차이가 상당 부분 유전자의 영향을 받고, 양육 환경 차이는 큰 영향을 미치지 못한다는 것을 나타냅니다. 행동유전학 연구들은 인간에게서 분포되어 나타나는 성격의 약 3분의 2 정도가 유전적 차이에 기인하고 양육 환경에 따른 차이는 거의 미미하다고 보고하고 있습니다. 즉 일란성 쌍생아들은 각각 다른 가정에서 자랐다 하더라도 상당 부분 비슷한 성격을 나타냅니다.

그러나 이런 연구 결과를 해석할 때 유의할 점이 하나 있습니다. 이 연구들의 대부분은 어린 시절에 학대를 당하거나 극도로 결핍된 환경에서 자란 사람들을 포함시키지 않았습니다. 연구 표집에 극한 환경에서 자라난 사람들이 많이 포함되었다면 양육 환경의 중요성이 나타날 수 있었음을 고려해야 하는 것이지요.*

그런데 이런 유전적 영향은 유전자 한두 개에 의해서 발현되는 것이 아닙니다. 셀 수 없이 많은 유전자의 아주 적은 효과들이 결합해서 성격 유형을 만듭니다. 그렇다면 이런 유전자들은 과연 어떻게

---

* 몇 가지 심리적 특성, 예컨대 지능, 종교적 신념, 정치적 신념에서는 가정 양육 효과가 상당한 정도로 발견됩니다. 그러나 이런 양육 효과도 청소년기나 초기 성인기가 지나면 점차 줄어듭니다.(Plomin & Spinath, 2004) 이와 관련된 이슈는 4부에서 가정환경이 정치적 태도에 미치는 영향을 다루면서 자세히 논의할 것입니다.

성격을 형성시킬까요? 이 유전자들이 어떤 방식으로 뇌에 작용해서 우리로 하여금 특정 유형으로 행동하게 하는 걸까요? 아쉽게도 과학자들은 이런 생물학적 기전을 아직 완전히 이해하지 못하고 있습니다. 그리고 이것을 이해하려면 꽤 많은 시간이 필요할지 모릅니다.

환경은 성격에 어떤 영향을 미칠까?

사람들의 성격 차이 중 약 3분의 2가 유전적 차이에 기인하고 각 가정의 차이에 따른 영향은 거의 없다면, 나머지 3분의 1의 차이는 어디서 오는 걸까요? 가정환경의 차이가 성격 차이에 대해 큰 설명을 해주지 못한다 하더라도, 우리가 자라면서 겪는 수많은 종류의 환경적 영향은 성격에 중요한 영향을 줍니다. 성격에 영향을 줄 가능성이 있는 환경적 영향의 예는 다음과 같습니다.

- 청소년기의 또래 또는 친구 집단 : 사람들은 친구들과 어울리려고 또래 집단의 특정 행동에 동화되거나 친구 집단에서 돋보이려고 그들과 다른 행동을 보이려 애쓸 수도 있습니다. 이런 과정을 통해서 친구 집단은 성격 형성에 영향을 줍니다.*
- 형제자매 출생 순서 : 출생 서열이 낮은 아이, 즉 막내가 앞서 태어난 형제자매보다 반항적이고 비관습적인 성향을 보일 가능성이 있다고 주장하는 심리학자도 있습니다.**

---

* Harris(1995).

** Sulloway(1995).

앞에 언급된 영향의 개개 효과는 그렇게 크지 않은 것으로 나타났지만,* 아마도 이런 환경적 효과가 우리 성격에 영향을 주는 방식은 유전자와 비슷할 것입니다. 즉 우리 성격을 형성하는 데 아주 적은 효과를 주는 수많은 환경적 차이가 인간 성격의 나머지 차이인 3분의 1이 어떻게 분산되어 있는지 설명해줄 수 있을 것입니다.

* Jefferson, Herbst & McCrae(1998) ; Loehlin(1997).

사람의 성격은 바뀌는 걸까, 고정된 걸까

성격은 바뀌는지에 대한 문제와 관련해서는 사실 두 가지 질문을 따로 생각해보아야 합니다. 첫째는 성격이 인생의 각 단계에 따라 특정한 방향으로 평균적인 변화 패턴을 보이는가 하는 것이고, 둘째는 특정 집단(예컨대 나이가 비슷한 동년배 집단) 내에서 어떤 사람이 지닌 특정 성격의 순위가 오랜 시간이 지난 후에도 그 집단 내에서 비슷하게 유지되는가 하는 것입니다. 이 두 질문의 차이를 명확히 나타내고자 운동 능력을 예로 들어보겠습니다. 평균적으로 사람들의 운동 능력은 스무 살과 서른 살 사이에 정점에 오른 뒤 그 후 나이가 들면서 감소하는 경향이 있을까요?(첫 번째 질문). 이런 평균적 변화에도 불구하고, 스무 살 때 한 집단 내에서 상위 5% 운동 능력을 가진 사람은 예순 살이 되어서도 같은 집단 내에서 그 정도 순위의 운동 능력을 유지할까요?(두 번째 질문)

오랜 세월 동안 성격 변화를 관찰하다

먼저 우리 성격이 인생의 각 단계에 따라 전형적으로 어떤 변화 패턴을 보이는지 알아보기 위해 심리학자들은 사람들의 성격을 몇 년간 차이를 두고 측정했습니다. 이런 연구들의 결과를 종합해보면 대부분 사람들은 나이가 들면서(즉 10~40대에서) 원만성, 성실성, 정직성과 관련된 성격 수준이 서서히 높아지는 경향을 보입니다. 물론 연령별로 나타나는 평균 성격 차이는 아주 크지 않습니다. 10대 중에도 아주 성실한 사람이 있고, 40대에도 아주 덜렁거리는 사람이 많지요. 그러나 사람들이 나이가 들어가면 책임감이 커지고, 일반적으로 믿을 만한 사람이 되어가는 경향을 보이는 것이 연구에서 일관적으로 관찰됩니다.* 나이가 들면서 철이 든다는 말은 상당한 진실을 내포하는 것이지요.

왜 이런 추세를 보이는지는 아직 확실히 모릅니다. 사람이 성인기를 거치면서 이들 성격 특성을 관장하는 생물학적 소인이 서서히 바뀔 수도 있고, 아니면 초기 성인기에 많은 사람들이 빈번히 겪게 되는 몇 가지 인생 경험(직장, 결혼, 양육 등)이 그들의 성격을 특정 방향으로 바꾸는 것일 수도 있습니다.

---

* Roberts, Walton & Viechtbauer(2006).

지금 부지런한 친구가 십 년 후에도 부지런하다

심리학자들은 같은 자료를 이용해서 두 번째 질문을 연구합니다. 즉 사람들의 성격이 특정 집단 내에서 상대적 '순위'를 유지하는지 또는 변동된다면 얼마나 변동되는지를 연구한 것이지요. 이런 연구에 따르면 특정 집단 내에서 다른 사람들과 비교된 상대적 성격은 몇 년의 세월이 흘러도 변치 않고 매우 비슷한 양상으로 나타납니다. 즉 서른 살에 외향성을 측정한 결과 특정 집단 내에서 매우 높은 수준이었다면, 여든 살에 측정된 외향성도 그 집단 내에서 역시 상위 수준에 머무를 가능성이 매우 높습니다. 세월의 흐름에 따른 성격의 일관성을 연구하는 데 있어서 최초로 성격을 측정한 때가 언제였는지에 따라 다소 다른 결과가 나옵니다. 10대나 20대 초반에 측정된 성격은 30대 이후에 측정된 성격에 비해 일관성이 약간 감소하는 편입니다. 즉 청소년기나 초기 성인기에 측정된 성격은 30대 이후에 측정된 성격보다 변화될 여지가 크다는 것을 나타내지요.* 물론 어떤 사람은 성격에서 매우 극적인 변화를 겪기도 하지만, 실상 대부분은 그렇지 않다는 것이 성격심리학 연구의 주요 결과입니다. 여러분이 현재 친구들 사이에서 가장 부지런하다면, 10년이나 20년 후에도 여러분은 가장 부지런한 친구 중 하나일 가능성이 매우 큽니다.

---

* 시간과 성격 사이의 일관성 상관계수를 알고 싶은 독자를 위해 말씀드리면, 50년 정도 되는 기간에서 관찰되리라 추정된 상관은 0.6~0.8 사이였습니다.(Terracciano, Costa & McCrae, 2006)

2부

부정직한 사람의 다양한 모습

정직하지 못한 사람의 행동과 사고방식은 실로 백양백태를 보입니다. 부정직성의 행태가 이렇게 다양하게 나타나는 까닭은 그 표출 방식 또한 다른 성격의 영향을 받기 때문입니다. 2부에서는 정직성이 낮은 사람들이 어떻게 사고하고 행동하는지 그 다양한 프로필을 공개합니다.

• • •

이제는 인간 성격의 기본 차원 중 정직성에 초점을 맞추어 이야기해보려고 합니다. 정직성은 사람들의 삶 구석구석에 영향을 주는 아주 흥미로운 성격이기 때문입니다. 정직성은 어떤 사람을 친구나 연인으로 맞이해 교제할 것인지에 영향을 미치기도 하고, 이성에게 접근하는 목적과 방식, 돈과 권력에 대한 태도, 종교적·정치적 성향을 결정하는 데도 중요한 역할을 합니다. 이처럼 정직성이 삶에 영향을 주는 다양한 방식에 대해서는 4부에서 자세히 설명할 것입니다.

이번 장에서는 특히 이 성격 요인에서 낮은 점수를 보이는 사람들을 중심으로 이야기해보려고 합니다. 정직성이 높은 사람들에게 초점을 맞출 수도 있겠지만, 사실 정직성이 낮은 사람들이 여러모로 훨씬 더 흥미진진합니다. 우리가 즐겨 보는 영화만 봐도 주로 정직성이 낮은 사람과 관련된 테마, 예컨대 돈, 권력, 섹스에 관한 것이 많은데 이는 우연이 아닐 것입니다.

정직성이 낮은 사람들의 핵심적인 특성은 앞서 이야기했습니다. 그러나 정직성이 낮다는 것이 어떤 식으로 표출될지는 HEXACO 성격 요인 중 그 사람이 지닌 나머지 다섯 가지 성격 요인을 고려할 때 더 잘 이해할 수 있습니다. 우리는 이제부터 정직성이 낮은 사람들이 정직성 외의 다섯 가지 성격 요인에서 높거나 낮은지에 따라 어떤 방식으로 행동하고 사고할 것인지 기술함으로써 이들이 자신의 성격을 표출하는 다양한 행태를 알아볼 것입니다.

이야기를 시작하기 전에 이제부터 제시되는 성격 프로필들을 이해하는 데 중요한 사항 몇 가지를 말씀드리겠습니다. 첫째, 정직성에서 매우 낮은 점수를 보이는 사람들은 이 장에서 제시되는 특성 몇 가지를 동시에 보일 가능성이 높습니다. 둘째, 이 장에서 제시되는 특성들이 흑백논리 같은 이분법으로 나타나는 것은 아닙니다. 사람들은 각 성격 수준에 따라 정도의 차이를 보입니다. 정직성이 높은 성격이나 정직성이 낮은 성격이라고 이분화해 지칭하는 이유는 설명을 위한 편의 때문입니다(예를 들어 키 역시 연속적인 개념이지만, 일상생활에서 키가 큰 사람과 키가 작은 사람이라 나누어 부르는 것과 같은 이치입니다). 셋째, 다음에 제시되는 성격 프로필을 읽어 내려가다 보면 몇 가지 특성들이 여러분 자신의 성격이나 행동을 떠올리게 해서 기분이 약간 언짢아질 수도 있습니다. '나도 정직하지 못한 사람인가'라는 생각을 떠올리면서요. 그런데…… 이건 거의 모든 사람들이 느끼는 것입니다. 책을 쓰는 동안 우리도 줄곧 그렇게 느꼈음을 고백합니다.

1장

정직성과 정서성

탐욕을 위해 모험에 뛰어드는 '낮은 정직성-낮은 정서성' 유형

겁 없는 탐욕은 사람들로 하여금 위험한 모험을 마다하지 않게 만듭니다. 정직성과 정서성이 모두 낮은 사람들은 탐욕이 넘치면서도 무서울 것이 없는 사람들입니다. 그들은 언제나 돈과 권력에 굶주려 있고, 부와 권력을 향한 이들의 욕구는 물리적인 위험 따위에 움츠러들지 않습니다. 이들은 명성과 재산을 위해 모든 모험을 해볼 태세가 되어 있는 사람입니다. 이들은 지위, 권력, 부를 차지하고자 하는 강한 열망을 갖고 있기에, 그걸 이루기 위해 다치거나 생명을 잃을 수 있는 위험도 마다하지 않습니다.

우리는 이런 경향을 '신분 상승을 위한 모험 감내'라고 개념화했습니다. 이런 경향은 몇 가지 다른 방식으로 나타납니다.[1] 예를 들어 정직성

1 Ashton, Lee, Pozzebon, Visser & Worth(2010). 모험을 감내하는 많은 행동은 대체로 신분 상승과는 관련이 없고, 자극적 감각을 추구하는 행동입니다. 예컨대 험한 산에 오르거

과 정서성이 모두 낮은 사람들은 매우 위험한 일이라도 보수가 아주 높으면 그 일을 선택할 것입니다. 예를 들어 인명이 수없이 살상되는 전쟁 지역에서 싸울 용병을 엄청난 보수를 주고 모집하는 데 귀가 솔깃한 사람이라면 바로 이런 성격 프로필을 가지고 있을 가능성이 높습니다. 또한 매우 위험한 지역이지만 아직 완전히 개발되지 않은 어떤 곳에서 현대판 골드러시가 일어난다면, 이렇게 정직성과 정서성이 모두 낮은 사람들이 모여들 공산이 아주 큽니다.

낮은 정직성과 낮은 정서성이 결합하면 일상생활에서 흔히 보이는 위험스러운 행동도 하게 됩니다. 용기를 '자랑'하려는 목적으로 경쟁하는 사람들이 이에 속합니다. 치킨 게임이나 술집에서 종종 볼 수 있는 '결투'를 생각해보세요. 이런 (바보같이 위험한) 싸움을 하는 사람들은 거의 언제나 남자며 젊은이들입니다.

주로 남자들이 이런 행동을 하는 이유는 정직성과 정서성에서 나타나는 남녀 차이 때문일 것입니다. 남자는 여자보다 정직성과 정서성에서 평균보다 더 낮은 점수를 보입니다(이 두 성격 요인 외에 남녀 간에 큰 차이를 보이는 HEXACO 요인은 없습니다). 이런 점을 생각하면 지위 상승을 위한 경쟁에서 희생을 무릅쓰고 달려드는 사람 대부분이 남자라는 사실은 그리 놀랍지 않습니다. 위험한 일을 수행함으로써 초래되는 치명

나 해저 심연에서 스쿠버다이빙을 하는 따위가 이에 포함되지요. 이런 식의 모험적인 행동은 낮은 정서성, 높은 외향성, 높은 개방성, 낮은 성실성과 관련되지만, 정직성과는 크게 관련되지 않습니다.(de Vries, de Vries & Feij, 2009 ; Lee, Ogunfowora & Ashton, 2005 ; Weller & Tikir, 2011 참조)

적 사고는 여자보다 남자에게서 훨씬 높습니다. 그리고 이런 희생은 10대 후반이나 20대 초반에서 가장 많이 나타납니다. 이때가 바로 지위 상승을 위한 경쟁이 가장 치열한 시기거든요.[2]

물론 지위나 신분을 높이기 위한 모험 행동이 정직성과 정서성으로 완전히 설명된다는 말은 아닙니다. 문화적 맥락도 중요하지요. 빈부 격차가 심한 '승자독식' 사회에서 살아가는 경우, 지위 상승을 위해 모험 행동을 할 가능성이 더 높은 것으로 밝혀졌습니다. 아마도 신분이나 지위가 높은 남자 몇 명이 여러 여자를 차지하는 일부다처제 사회에서도 남자들이 신분을 상승시키기 위한 모험 행동을 할 가능성이 더 높을 것입니다. 이런 불평등 사회는 다른 사회에서 살았다면 큰 모험을 감내하지 않았을 남자들까지도 그런 행동을 하도록 부추길 가능성이 높습니다. 이렇듯 인간의 행동은 성격뿐 아니라 사회적 조건과 맥락에도 영향을 받습니다.

정직성과 정서성이 낮은 사람들은 부와 지위를 추구하는 데 있어서 자신의 위험을 감수할 뿐 아니라 타인을 위험에 처하게 하는 것 역시 신경 쓰지 않습니다. 심하게 말하면 이들은 차갑고 매정합니다. 남의 감정과 함께 호흡하는 동정심이 별로 없습니다. 남의 고통에도 크게 아파하지 않고, 도움이 절실히 필요한 처지에 있는 사람에게 도움을 주고자 하는 마음을 별로 갖지 않는 것이지요. 이들은 사익을 추구하는 것이 남들에게 위해를 끼칠 수 있다 해도 그걸 피해야 할 이유를 별로 느

2 Kruger & Nesse(2004) ; Kruger(2007) ; Daly & Wilson(2001) ; Wilson & Daly(1985) ; Frank & Cook(1995).

끼지 못합니다. 신분 상승이라는 목표를 위해서 당신을 (또는 불특정 다수를) 밟고 가야 한다면, 아마 그들은 그렇게 할 것이고 크게 죄책감을 느끼지 못할 것입니다.

한마디로 말해서 이들은 그다지 친절한 사람들이 아닙니다. 이들이 원만성까지도 낮다면 아주 '더러운' 성질을 가진 사람의 성격 종합 세트를 완성하게 됩니다.

교활하게 울고 보채는 '낮은 정직성-높은 정서성' 유형

정직성과 정서성이 둘 다 낮은 사람에 비해서 정직성은 낮고 정서성은 높은 사람들은 그다지 위험한 사람들이 아닙니다. 이들은 겁이 많아서 신분을 상승시키기 위한 모험 행동을 꺼려하는 편이지요. 그리고 이들은 정 때문에 사람들을 완전히 매정하게 내몰지는 못합니다.

그렇지만 이런 성격 프로필을 가진 사람들도 문제를 일으킵니다. 이들도 남을 이용하려 하는 건 마찬가지인데, 남과 싸워서 생기는 위험은 피하고 싶어 하므로 남들이 잘 눈치채지 못하는 미묘한 방식으로 타인을 이용합니다. 즉 정직성도 낮고 정서성도 낮은 사람들은 남과 싸울 때 절대 기죽을 사람들이 아닌 반면, 정직성은 낮지만 정서성은 높은 사람들은 이런 경우 슬슬 발뺌을 하려 할 것입니다. 이들이 행동하는 걸 보면, 아마 교활한 여우나 겁쟁이란 말이 떠오를 것입니다(이 성격 프로필은 영화나 드라마에서 흔히 보는 '영웅' 이미지와 정반대지요. 영웅들은 언제나 정직성이 높고 정서성이 낮은 사람으로 묘사됩니다. 예컨대 전형적인 액션 영화의 주인공, 말하자면 경찰관이나 스파이는 언제나 터프하고 용감하며 정의를 위해 싸웁니다. 이들은 그렇게 다정다감하지는 않지만 절대 부패에 빠지지 않고 정의롭게만 행동합니다).

또한 정직성이 낮고 정서성이 높은 사람들은 자신의 약점을 이용해서 (또는 과장해서) 자신이 원래 받아야 할 몫보다 더 많이 챙기려 합니다. 시험 때 무슨 핑계를 대서라도 시간을 벌거나, 숙제 마감 시간을 늦추려고 꾀병을 부리거나, 잡다한 변명거리를 끊임없이 들이대는 학생들이 아주 많지요. 이들은 자기 이익을 위해서 이렇듯 다소 대범해 보이지 않는 일들을 지속적으로 반복하는 편입니다. 배우자나 애인이 무엇이든지 다 해주고, 언제나 무언가를 가져다 바치도록 조종하는 (그렇지 않으면 언제나 슬퍼하고 토라져 있으니까요) 사람들도 이런 부류라고 볼 수 있습니다. 즉 이들은 두려워해야 할 사람들은 아닙니다만, 울고 보채서 원하는 것을 얻어내는 식의 교활함을 보이는 사람들입니다. 꽤 짜증스러운 타입일 수 있지요.

신대륙 정복자와 노인 대상 사기꾼

유명한 역사적 인물 중 많은 사람(특히 악명 높은 사람들의 대부분)이 정직성과 정서성이 낮은 성격 프로필을 보입니다. 좋은 예가 16세기에 신대륙을 정복한 스페인 사람들입니다. 이들은 한탕주의에 물든 겁

없는 사람들이었는데, 피사로 형제들—프란시스코, 곤살로, 후안, 에르난도가 대표적입니다. 맏형인 프란시스코의 주도하에 형제 넷은 1532년 잉카제국을 정복하러 길을 떠납니다.

정직성과 정서성이 낮은 신대륙 정복자

이들 모험의 발단은 순전히 탐욕에 의한 것으로, 아즈텍을 정복해 아즈텍인들의 보물을 강탈한 에르난 코르테스의 도적질을 재현하고자 한 것이었습니다. 피사로 형제가 세운 계획은 엄청나게 위험해 보였습니다. 잉카제국 전사는 몇만 명인 데 반해 그들을 상대하려고 떠난 사람은 200명 남짓밖에 안 되는 스페인 젊은이들이었으니까요. 그렇지만 이들은 뛰어난 무기와 책략(기습·기만 작전, 군용 말과 철제 무기, 홍역 바이러스)을 가지고 있었고, 결국 잉카제국을 굴복시킵니다. 피사로 형제와 그 동지들은 잉카제국을 유린했고, 금은 보물을 수탈했습니다. 그들은 정복한 영토를 무자비하게 다스렸습니다. 강도와 강간을 일삼았고, 이런 행위는 잉카 민족의 반란을 초래했습니다. 삼남인 후안은 이 반란을 진압하던 중 목숨을 잃었지요. 장남인 프란시스코는 한때 동지였던 디에고 데 알마그로를 배반했다가 나중에 알마그로의 아들에게 살해당하는 운명을 맞습니다. 더 많은 보물을 찾아 나선 차남 곤살로는 전설적인 황금 도시 엘도라도(사실 실재하지 않는 전설의 나라)를 찾으려는 목숨을 건 또 다른 모험을 하기 위해 아마존 정글로 나섭니다. 따라나선 일행 대부분이 죽었지만, 그는 구사일생으로 살아남습니다. 나중에 페루에 있는 스페인 총독이 원주민 착취를 금하는 새로운 법을 제정하고자 했는데, 곤살로는 이에 대항했고 마침내 체포되어 처형당하는 운명을 맞습니다. 형제 넷 중 노년까지 살아남은 이는 막내인 에르난도뿐이었는데 그조차 20년간 스페인의 한 감옥에서 지내다가 생을 마감합니다.

피사로 형제 같은 신대륙 정복자들은 정직성과 정서성에서 매우 낮은 점수를 보였을 것입니다. 사실 유명한 역사적 인물들은 이런 성격 프로필을 가진 경우가 많습니다. 역사적으로 수없이 일어났던 파괴와 혼란은 바로 이런 성격 프로필에 기인하는 듯합니다(그들이 그만큼 오래 살 수 있다면).

사기꾼은 정직성은 낮지만 간이 작다?

반면에 정직성은 낮고 정서성은 높은, 즉 정직하지는 않지만 겁도 많고 정도 많은 사람들은 모험을 감내하지 않으려 하고, 또 그렇게 매정한 사람들이 아니라서 이기적이면서도 악당으로서는 크게 유명세를 타지 못하는 것 같습니다.

그렇다면 이런 사람들이 몸담을 수 있는 업종에는 무엇이 있을까요? 언뜻 생각나는 건 소위 '노인을 상대로 한 애정 사기'입니다. 이 사기꾼들(대부분 그렇게 나이가 많지 않은 여자들)은 부유한 노인들에게 접근해 친구가 되고, 급기야 그들과 사랑에 빠지지요. 여자가 풀어놓는 이야기는 전형적으로 다음과 같습니다. 그녀는 아주 불행한 과거를 딛고 선 미혼모이고, 꽤 많은 빚을 졌는데, 그 까닭은 아이가 만성 질병으로 언제나 앓고 있기 때문이지요. 불쌍하고 슬픈 표정으로 자신의 인생을 이야기하고, 노인들에게 살갑게 대하고, 게다가 얼굴까지 예쁘면, 순진하고 외로운 노인들은 쉽게 사기꾼에게 넘어가게 됩니다. 생각대로 일이 진행되면 그들은 노인들 통장이 텅텅 빌 때까지 거머리처럼 모든 것을 빨아먹을 것입니다. 이 같은 사기 행위는 바로 매우 부정직하고 의존적이며 상처받기 쉬운, 즉 성격 요인으로 말하자면 정직성은 낮고 정서성은 높은 사람들에게 적합한 것처럼 보입니다.

하지만 보기와 달리 노인을 상대로 한 애정 행각 사기꾼들은 정서성에서 점수가 높지 않을 게 분명합니다. 이 사기꾼들은 자신이 원하는 것을 얻기 위해 약하고 의존적인 것처럼 행동하지만 사실은 매우 거친 사람들이지요. 이들은 정이라고는 눈곱만큼도 없는 사람들로 노인들에게서 돈이 다 떨어지면 언제 그랬냐는 듯 일순간에 냉혈한으로 변합니다. 또 이들은 겁이 없어서 자신과 같은 많은 사기꾼들이 감옥에 있다는 걸 잘 알고 있어도 모험을 감수합니다. 정말로 정서성이 높다면 혹시 잡혀갈까 봐 두려워하거나 노인 피해자들에게 감정적으로 일말의 애착을 느낄 가능성이 높기 때문에, 그런 사기 행각을 저지르기가 쉽지 않습니다. 이런 성격 프로필을 가진 사람들은 별 위험이 없는 반사회적 행동—길에서 주운 지갑에서 현금을 챙긴다든가, 회사를 하루 빠지기 위해 꾀병을 부린다든가, 싫어하는 사람들에 대한 악성 루머를 비밀스럽게 퍼뜨린다든가—을 할 가능성이 큽니다. 말하자면 이들은 노인을 상대로 한 애정 사기 행각처럼 중범죄를 저지를 만큼 간이 크거나 냉혹한 사람들은 아닐 거라는 이야기지요.

FACTOR

2장

정직성과 외향성

거칠 것 없는 나르시시스트들인 '낮은 정직성-높은 외향성' 유형

정직성이 낮고 외향성이 높은 사람들은 다른 사람에게 주목받는 걸 즐기는 편입니다. 이들은 남의 주목과 관심을 즐길 뿐 아니라 당연하게 생각합니다. 이들이 바로 나르시시스트들입니다. 이들은 자신의 위대함에 도취되어 있고, 남들도 자신의 우월함을 인정하고 자신을 그에 맞게 대우해줘야 한다고 생각합니다. 안 그러면 속이 뒤틀리거나 화를 낼지도 모릅니다.

이런 사람들은 자신이 타고난 지휘관이라고 생각하는데, 이는 어떤 의미에서 보면 전혀 틀린 말은 아닙니다. 외향성이 높다는 것은 새로운 사람들을 만나는 것이 자연스럽고 많은 청중을 상대로 연설하는 것에도 자신이 있다는 걸 말해주거든요. 이런 사람들에게는 주목을 받는 것이 신나는 일이지 고역이 아닙니다. 높은 외향성이 낮은 정직성과 결합되어 있다면, 남을 지배하고 싶어서 안달이 나는 성격이 만들어집니다. 이런 성격을 지닌 사람들은 권력에 배고파하며, 마치 하늘에서 권리를 부여받은 것처럼 자신의 권력을 당연한 것으로 여깁니다. 이들은 높은 신분을 쟁취하고자 남을 조종하고 이용하며, 일단 그런 지위를 얻으면 자신을 위해서 그 지위와 권력을 사용합니다(치부나 섹스 따위와 관련되는 경우가 많습니다). 남들 앞에 군림하는 왕초가 되는 게 이들의 최종 목표입니다.

가끔 이 사람들을 놀려대는 것이 재미있어서 여러분에게도 권유합니다. 그러나 이런 사람들을 너무 경시하다가는 큰코다칠 수도 있습니다. 이들은 알고 보면 무서운 사람들인 경우도 있습니다. 이들은 종종 매력과 카리스마를 발산하며, 이 능력은 때때로 수많은 군중으로 하여금 그들을 맹목적으로 추종하게 할 수 있습니다(이런 카리스마는 이들이 다른 특성들, 예를 들어 잘생긴 외모, 지적 능력, 만능 스포츠 능력, 창조성, 성실성 등을 함께 가지고 있으면 더 잘 먹혀들지요). 사회적 대담성과 지치지 않는 에너지가 이들이 지닌 음흉함 및 교활함과 결합할 때, 정치 9단으로 불리는 귀재가 되기도 하고 최고 권력의 자리를 차지하기도 합니다.

물론 이런 인물들이 모두 지도자 자리를 차지할 수 있는 것은 아닙니다. 이 사람들은 지칠 줄 모르고 자기를 선전하며 과시하는 반면, 타인의 복지에는 관심이 없기 때문에 사람들의 공분을 사기 쉽습니다. 또한 이런 성격 프로필을 가진 사람들이 법과 질서를 너무 많이 어기고 여러 사람들을 소외시키면, 아무리 카리스마를 지녔다 해도 결국 성공할 수 없게 됩니다.

나르시시즘은 지도력이 발휘되는 영역 밖에서도 잘 나타납니다. 이 성격 프로필은 '잘난 척'을 완벽하게 구현합니다. 이런 성격을 지닌 사람들은 무언가 가지거나 이루게 되면 자랑하지 않고는 못 견딥니다. 그래서 자신의 우월성을 증명해주는 재능, 학벌, 업적, 집안과 같은 조건을 여러분에게 으스댈 것입니다(이들이 타고난 이야기꾼이라면, 아마 여러분은 이런 이야기를 혐오스럽게 받아들이기는커녕 재미있게 즐기게 될지 모릅니다). 아무튼 이들은 자신의 위대함을 뒷받침해주는 그들의 모든 것을 대화 중 언젠가는 기회를 잡아서 드러내고야 말 것입니다.

이들의 겸손하지 못한 성격은 잘난 척으로만 표출되는 것은 아닙니다. 이들은 성적으로 자극적이며 대담한 방식으로 이성을 유혹한다는 면에서도 겸손하지 않습니다. 예를 들어 이들은 대화할 때 성적인 암시를 주는 이야기를 즐겨 합니다.[3] 이들은 성적 매력을 돋보이게 하거나 속이 드러나는 옷을 즐겨 입습니다. 이런 행동은 이들이 나이 먹어가면서 줄어들겠지만, 이들 중 많은 사람들은 남들이 '제발 그만'이라고 생각할 때까지 그런 행동을 할 가능성이 높습니다.

왜 정직성이 낮고 외향성이 높은 사람들은 그토록 자신을 성적으로 드러내는 걸 좋아할까요? 첫째, 이 프로필에서 외향성이라는 요인만 생각해봅시다. 외향성이 높은 사람은 일반적으로 사회적 활동에 자신감이 있는 사람들이고 자신이 신체적으로 매력적이라고 생각합니다.[4] (이런 관점은 완전히 틀린 건 아닌 것 같습니다. 1부에서 이야기한 대로 외향성이

---

3 Lee, Ogunfowora & Ashton(2005).

4 Bourdage, Lee, Ashton & Perry(2007).

높은 사람은 그렇지 않은 사람보다 평균적으로 더 매력적으로 지각됩니다.) 또한 외향성이 높은 사람은 평균적으로 성적 충동을 더 크게 느끼고, 그렇기 때문에 그들은 자연스럽게 섹시한 스타일이 되어갑니다.[5]

다음으로 정직성 면에서 살펴봅시다. 정직성이 낮은 사람들은 특별히 성적 충동이 크거나 자신을 신체적으로 매력적이라고 생각하지는 않습니다. 대신에 원하는 것을 갖기 위해 남을 조종하고, 자신의 신체적·사회적 카리스마를 이용하려고 합니다.

성적 관계에서 볼 때 '그들이 원하는 것'이란 두 가지를 의미할 수 있습니다. 하나는 정직성이 낮은 사람 중 주로 남성에게 해당하는 것인데, 이들에게는 섹스 자체가 궁극적 목표이고 이들의 '섹시한' 스타일은 그 목표를 이루기 위한 희망 섞인 광고의 한 형태라고 볼 수 있습니다.

다른 하나는 정직성이 낮은 사람 중 주로 여성에게 해당하는 것인데, 이때 이들의 섹시한 스타일은 섹스 자체를 목적으로 하는 것이 아니라 다른 이득을 쟁취하기 위한 수단인 경우가 많습니다. 즉 이런 행동이 겨냥하는 것은 이들이 그토록 원하는 부와 지위를 쟁취하는 것이며, 섹스는 그것을 이루는 수단일 가능성이 높습니다.[6]

---

5 Schmitt & Buss(2000).

6 선호하는 배우자 특성에서 나타나는 남녀 차이는 Buss(1989)가 논의한 바 있습니다.

과묵하고 거만한 '낮은 정직성-낮은 외향성' 유형

낮은 정직성과 낮은 외향성이 결합한 성격 프로필은 그다지 재미있는 구경거리를 선사해주지는 못하지만, 이런 성격을 가진 사람들도 때때로 불쾌한 경험을 야기합니다. 이들도 자신이 높은 지위와 신분에 걸맞은 사람들이라 생각하고 남을 이용하는 것을 마다하지 않습니다. 그렇지만 외향성이 높은 사람들과 달리, 사람들을 사로잡아 지도자의 자리에 오를 만큼 카리스마가 출중하지 않기 때문에 남을 잘 이용하거나 조종하지는 못합니다.

이들도 높은 신분과 지위를 원하지만(남들에게 추앙받고 칭송받는다는 의미에서) 지도자가 되는 것 자체를 즐기지는 않습니다. 아마도 이들에게 매력적인 것은 엄청난 부와 사치 속에서도 은둔하는 삶일 것이고, 남들이 우러러보지 못하는 높은 담 너머에서 조용히 그 부와 사치와 명예를 즐기는 삶일 것입니다.

이들은 콧대가 높은 사람들로 보일 가능성이 있고, 실제로도 그렇습니다. 이들은 자기와 상대가 되지 않는다고 느끼는 사람들은 주로 피해 다니는데, 말을 섞는 것 자체가 자신에게 걸맞은 행동이 아니라고 생각하기 때문입니다. 가끔 정직성이 높은데도 내성적이라면, 즉 외향성이 낮다면 사람들은 그를 콧대가 높은 사람으로 잘못 판단할 때가 있습니다(Scene 2-2). 왜냐하면 이들도 남들과 떨어져 있고 싶어 하고 다른 사람과 이런저런 이야기를 하는 것 따위를 즐기지 않으니까요. 그러나 내성적이면서도 정직하지 못한 사람들은 다른 사람들과 떨어져 있기를 좋아할 뿐 아니라, 소수 특권층을 제외한 사람들 대부분과 교류할 가치를 느끼지 못한다는 점에서 정직성이 높으면서 외향성이 낮은 사람과는 다릅니다.

정직성이 낮고 외향성도 낮은 사람은 정직성은 낮은데 외향성은 높은 사람에 비해서 사회적 문제를 야기하는 재주가 좀 떨어집니다. 그러나 이 사실이 내성적인 것은 외향적인 것보다 언제나 더 좋다는 것을 의미하진 않습니다. 외향적 성격은 정직성이 높으면 높은 대로 낮으면 낮은 대로 그 효과를 증폭시키는 촉매제 역할을 합니다. 즉 정직성이 낮은 사람이 사회적 당돌함과 카리스마를 가지고 있으면 꽤 위험할 수 있다는 것이지요. 그러나 정직성이 높은 사람이 동시에 사회적 친화성과 카리스마까지 가지고 있다면 진실함이 느껴지는 다정함, 진정성이 있는 지도력을 보여줍니다. 이들은 오랫동안 많은 사람에게 인기를 누릴 사람들입니다.

《오만과 편견》의 주인공을 통해서 본 정직성 요인

아마도 영문학사에서 시대를 막론하고 가장 인기 있는 소설 중 하나는 19세기 초 영국을 배경으로 한 제인 오스틴의 《오만과 편견》일 것입니다. 이 소설의 여주인공 엘리자베스 베넷은 결국 잘생기고 집안 좋은 다시와 사랑에 빠지지만, 그건 다시의 참 성격을 알아내고 난 후의 일이고, 그렇게 되기까지 오랜 시간이 필요했습니다.

엘리자베스가 명문가 자제인 다시를 처음 만났을 때, 그는 말수가 적었고 정겹지 못한 스타일이었습니다. 겉으로 보기에는 자기뿐 아니라 모두에게 친절하지 않은 것처럼 보였지요. 반대로 다시는 엘리자베스의 재기 발랄하고 자유분방한 스타일에 매력을 느끼고 그녀를 사랑하게 됩니다(엘리자베스는 HEXACO 성격 요인으로 보면 외향성과 개방성이 높은 여성으로 보입니다). 그는 청혼을 하지만 그녀는 청혼을 거절하는데, 거절 이유에 다시는 큰 충격을 받습니다. 다시 한번 HEXACO 용어를 빌리면, 엘리자베스는 그가 외향성, 원만성, 게다가 정직성까지 낮은 성격이라서 싫다고 거절하지요(아마 외향성과 원만성에 대한 판단은 엘리자베스가 맞았을 것입니다. 그는 별로 활동적이지도 명랑하지도 않았고, 자기가 화를 잘 내고 비판적이며 용서할 줄 모른다고 고백하기까지 했지요). 어쨌든 다시는 남들이 자신을 어떻게 생각하는지를 알게 된 후, 자신의 영혼을 찾는 여정에 나서게 됩니다.

다시의 성격에 대해 엘리자베스가 내렸던 판단은 또 다른 등장인물인 위컴의 영향을 받은 것이었습니다. 위컴은 카리스마가 있어서 자신을 외향성과 정직성이 높은 사람인 것처럼 보이게 행동했지요. 그는 다시가 도덕성에 문제가 있다는 소문을 퍼뜨렸고, 이것이 엘리자베스가 다시에게 '편견'을 갖게 만든 원인입니다. 그녀가 위컴이 정직성이 매우 낮은 기회주의적 인물임을 알게 된 것은 그녀가 다시의 청혼을 거절한 이후였습니다.

나중에 엘리자베스는 다시의 성격이 그녀가 이전에 생각한 것과는 매우 달랐음을 깨닫습니다. 다시는 가난한 사람들을 돕고 하인들을 공정하게 대우하는 전혀 '오만'하지 않은 사람이었습니다. 말하자면 그는 정직성이 아주 높은 사람이었던 것이지요.

엘리자베스는 위컴이 자신의 바람둥이 여동생 리디아와 같이 도망간 것을 알고는 혼절합니다. 다시는 바보 같은 행동을 한 리디아를 구해냈지만, 이 사실이 엘리자베스에게 알려지지 않도록 비밀로 합니다. 우연히 이 사실을 알게 된 엘리자베스는 다시의 청혼을 거절한 것이 큰 실수였음을 깨닫습니다. 두 사람은 마침내 상대방의 참 성격을 알게 되고, 엘리자베스는 비로소 다시의 청혼을 받아들입니다.

이 소설의 두 주인공 엘리자베스와 다시는 정직성이 높을 때 나타나는 특성을 많이 보여줍니다. 다시는 자신의 높은 지위 때문에 사람들이 자신에게 아첨하는 것을 경멸하고 있었는데, 그런 사람들과 다른 엘리자베스의 자유로운 스타일과 계산적이지 않은 거리낌 없는 행동을 보고 사랑에 빠진 것이라 고백합니다. 엘리자베스도 언니 제인에게 그녀가 다시에 대한 감정을 느낀 건 그의 큰 저택을 본 후라고 농담을 했지만, 사실 그녀는 청혼을 거절할 때부터 이미 다시의 재력과 가문에 대해서 알고 있었습니다.

엘리자베스가 다시의 정직성에 대해 잘못 판단했다는 사실은 매우 흥미로운 현상입니다. 여러분이 다른 사람의 성격을 정확히 판단하려면 그 사람을 얼마나 잘 알고 있어야 할까요? 3부에서 이에 대해 이야기해볼 예정입니다.

3장

정직성과 원만성

이기적인 쌈닭 같은 '낮은 정직성-낮은 원만성' 유형

정직성과 원만성 모두에서 낮은 점수를 보이는 사람들은 같이 어울리기 아주 어려운 사람들입니다. 이들은 여러분을 이용하거나 착취하면서도 별 문제를 못 느끼지만, 반대 경우에는 화산처럼 폭발할 사람들입니다. 상대방을 이용하는 건 자기들만의 전유물이지 남들이 자신에게 그렇게 한다면 가만두지 않을 사람들이지요.

낮은 정직성과 낮은 원만성의 결합은 우리에게 친숙한 성격 몇 가지를 잘 보여줍니다. 그중 하나가 '공격성'입니다. 이런 사람들은 여러 사람과 끊임없이 갈등 상태에 있게 됩니다. 이들은 자신이라면 절대로 받아들일 수 없는 방식으로 남을 이용해먹는 위선자들이기도 하지요. 정직성이 낮으면 남을 이용하는 데 아무런 거리낌을 갖지 않게 되고, 원만성이 낮으면 남들이 자신을 이용해먹는 것에 적극적으로 방어하게 되거든요. 이런 의미에서 이 성격 프로필에는 적어도 단기적으로는 이점이 있다고 볼 수 있습니다. 다른 사람들이 웬만하면 이 사람을 건드리지 않으려 할 테니까요. 이들은 이기심으로 무장된 쌈닭과 같기 때문에 남들에게서 빠르게 고립되고, 믿을 만한 친구나 사업 동료를 만들기 힘들게 됩니다. 그러므로 이들은 다른 사람과의 '협동'에서 비롯되는 많은 이득을 얻을 기회를 놓치게 되지요. 타인과의 이런 '협동'은 장기적 관점에서 보면 수지타산이 맞는 일인데도 말입니다.

이런 성격은 '이기적 쌈닭' 같은 성격뿐 아니라 불쾌한 몇몇 성격과도 관련됩니다. 그중 하나는 당한 일은 그대로 돌려주겠다는 복수심입니다. 이런 사람들은 타인이 자신에게 위해를 가했다고 느끼면 반드시 보복하고 싶어 합니다. 사실 정직성에 관계없이 원만성만 낮아도 남들을 용서하기 쉽지 않습니다. '잊고 용서하자'라는 사고방식은 원만성이 높은 사람들에게서 나타나는 특성이고, 반대로 원만성이 낮은 사람들은 자신에게 해를 주었던 사람들과 화해하는 데 오랜 시간이 걸립니다. 그런 데다가 정직성마저 낮다면 '한번 당하면 다음에 상대 안 하는' 식의 태도를 훨씬 넘어섭니다. 이들은 누군가에게 당하면 천 배 만 배로 되돌려주어야 한다고 느끼고, 호시탐탐 복수할 기회를 보다가 때가 오면 가혹하게 보복합니다. 특히 정직성이 낮은 사람들은 보복을 더 달콤하게 할 수만 있다면 훗날을 도모하는 것도 개의치 않습니다. 즉 이들은 즉각적으로 반응하지 않고, 보복을 모의하고 계획합니다.[7]

---

7 Lee & Ashton(2012).

정직성과 원만성이 낮은 성격 프로필이 보복에 대한 높은 성향을 보이는 이유는 낮은 정직성이 원만성이 낮을 때 나타나는 불같은 성미를 돋우는 촉매 역할을 하기 때문인 것 같습니다. 부연하면, 정직성이 낮은 사람은 자신의 특별한 지위 때문에 남과 다른 대접을 받아야 한다고 생각합니다. 그리고 원만성이 낮은 사람은 남들이 자신을 공정치 못하게 대우하는 것을 참지 못합니다. 말하자면 이런 성격 프로필을 지닌 사람들은 자신이 받아야 한다고 믿는 특별 대우를 받지 못해도 화가 나는데, 조금이라도 공정치 못한 대우를 받는다면 그들이 느끼는 분노의 수준은 더 극적으로 증폭되겠지요. 물론 이들은 해를 준 상대방을 공격하기 위한 계산된 전략으로 자신의 피해를 과장하거나 더 화난 것처럼 행동할 수도 있습니다.

또한 이런 사람은 어떤 방식으로 보복할지를 고려하면서 윤리적 기준을 등한히 할 가능성이 높습니다. 정직성이 높은 사람은 누군가 엄청나게 패륜적인 일을 했더라도 그사람을 완전히 매몰시키는 방식으로 대응하는 것을 불편해합니다. 반면에 정직성이 낮은 사람은 이런 종류의 도덕적 양심에 영향을 받지 않습니다. 예를 들어 정직성이 높은 사람이 택하는 방식은 '투표로 심판하자'이지 '가스통을 들쳐 업고 들어가자'는 방식은 아닐 가능성이 높습니다(이에 더해 정서성마저 낮다면 보복 방식은 더 잔인해질지 모릅니다. 정서성이 낮은 사람은 해를 준 상대방에게 동정심 따위를 보이지 않으니까요).

정직성도 낮고 원만성도 낮을 때 나타나는 또 한 가지 성격은 사회 및 인간관계에 대한 냉소적 태도입니다. 이들은 이 세상을 서로가 서로를 이용해먹으려는 사람들로 가득 찬 혹독한 정글로 보는 편입니다. 이들의 모토는 '남들이 자신을 이용해먹기 전에 그들을 패배시켜야 한다'입니다. 원만성이 낮은 사람은 남들의 숨겨진 의도를 의심하는 경향이 있습니다. 혹여 모르는 사람이 친절한 행동을 할 때도 그 사람의 진짜 의도를 의심하고 경계하는 증상을 보이지요. 정직성이 낮은 사람은 대부분 다른 사람도 탐욕과 이기심으로 무장해 다른 사람을 이용해먹을 기회를 엿보고 있다고 가정합니다. 이들은 인간에게 선의란 없다고 보며, 겉으로 보기에 정직한 사람이 있다면 위선자이거나 어딘가 모자란 사람일 것이라고 생각합니다.

서글서글한 아부꾼이 많은 '낮은 정직성-높은 원만성' 유형

정직성은 낮지만 원만성은 높은 사람은 정직성과 원만성이 모두 낮은 사람에 비해 그리 악하지 않습니다. 이런 사람들도 욕심이 많고 자신의 이익을 위해 몰래 음모를 꾸밉니다. 그러나 이들은 성질이 원만하고 좋은 게 좋은 것이라는 생각을 가지고 있어서 어울려 지내기가 훨씬 쉽지요. 이런 사람들이 도모하는 일을 주의 깊게 잘 살필 필요는 있지만, 이들은 당신을 완전히 적대적으로 대하지는 않을 것이므로 꽤 오랫동안 같이 어울려 지낼 수 있습니다.

이들이 사람을 상대하는 스타일은 정직성과 원만성이 모두 낮은 사람과는 상당히 다릅니다. 정직성은 낮지만 원만성은 높은 사람은 누군가 자신을 배반했을 때도 정직성과 원만성이 모두 낮은 사람보다 보복하려는 갈망이 훨씬 적습니다. 자신에게 유리하다면 그냥 잊을 수도 있는 사람들이지요. 이들이 보여주는 이런 유연함은 이들에게 상당히 능숙한 정치꾼으로서의 자질을 제공합니다. 19세기 영국의 정치인 파머스턴 경의 표현을 빌리면, 그들에게 영원한 적은 없습니다. 영원한 이익만 있을 뿐이지요(물론 영원한 친구도 그렇게 많진 않을 겁니다). 이들은 남들을 살살 이용해먹는 걸 좋아하지만, 누군가가 그들을 이용한다 해도 극악한 반응을 보이지 않을지도 모릅니다. 앞일은 모르니까 추후 협력을 하든 이용해먹든 더 두고 보자 하는 유보적 태도를 지닐 것입니다.

정직성은 낮고 원만성은 높은 사람의 또 다른 특성은 이들이 인간관계의 전략으로 '아첨과 아부'를 자주 사용한다는 점입니다. 물론 정직성과 원만성이 모두 낮은 사람도 때로 아부하고 아첨할 수 있겠지만, 이들의 불같은 성격은 남들 기분을 맞추어주는 '살살거림'과 양립하기 쉽지 않습니다. 반면에 정직성은 낮고 원만성은 높은 사람은 좋아하지 않는 사람에게도 입에 발린 말을 해주어 그 사람 기분을 좋게 할 수 있습니다. 물론 그 이유는 당연히 상대방에게서 무언가를 얻어내기 위해서지요. 이들이 자신보다 '열등한' 처지에 있는 사람에게까지 이렇게 환심을 사는 행동을 하지 않을 것은 자명합니다. 여러분 주변에 이런 성격을 지닌 사람이 있고, 이들이 바라는 무언가를 여러분이 제공해줄 수 있는 위치에 있다면, 여러분은 그들에게서 가식적인 친절함과 과장된 애정을 풍족히 받고 있을 것입니다.

60~70년대 미국 대통령들의 성격 분석

스티븐 루벤저(Steven Rubenzer)와 토마스 페이싱바우어(Thomas Faschingbauer)는 《백악관 주인들의 지도력과 성격》이라는 책에서 조지 워싱턴에서 조지 부시에 이르기까지 이르는 미국 대통령의 성격을 연구한 결과를 보여주었습니다.* 저자들은 과거 미국 대통령들에 대해 깊이 알고 있는 저널리스트, 학자, 전기 작가 100여 명과 접촉해 대통령들의 성격을 평가하게 했습니다. 이 프로젝트에서 사용된 척도는 HEXACO 모델에 기초한 검사가 아니라 5대 성격 모델(1부를 참조하세요)에 기반을 둔 것이었습니다. 그러나 이 성격검사지에는 HEXACO 성격 요인에 포함된 정직성 및 원만성과 비슷한 척도 몇 가지가 있었습니다. 다음에 요약해 제시하려는 것은 이들 척도에서 나온 결과를 기초로 합니다.

각 전문가들이 대통령들의 성격을 평가한 내용을 보고한 루벤저와 페이싱바우어의 자료에 따르면, 60~70년대에 미국 대통령이었던 이들 중 몇 명이 정직성과 원만성에서 보인 대비는 상당히 흥미롭습니다.

존 케네디는 정직성은 낮았지만 원만성은 꽤 높았던 것 같습니다. 그는 남을 속이거나 조종하는 데 별다른 애로가 없었던 듯합니다. 하원의원 시절에는 돈을 많이 쓰는 사람으로 정평이 나 있었고, 보좌관들에게 종종 돈을 빌려 쓰고 잘 갚지 않는 경우도 있었다고 합

* Rubenzer & Faschingbauer(2004).

니다. 역사학자인 폴 존슨(Paul Johnson)에 따르면, 케네디는 학술 논문 몇 편을 출간해 학자 및 사상가로서 평판을 얻었지만, 이들 논문은 사실 남이 써준 것이었다고 합니다.* 이렇듯 그는 정직성이 꽤 낮은 것으로 보이지만, 원만성은 그렇게 낮지 않았습니다. 그를 잘 아는 사람들은 그가 매정하거나 남의 잘못을 따지는 걸 좋아하거나 공격적이거나 용서하는 데 인색한 사람은 아니었다고 전합니다.

린든 존슨은 정직성과 원만성이 모두 낮았습니다. 그것도 매우 낮았던 것으로 보입니다. 많은 미국 대통령 중에서 존슨은 정직성에서 가장 낮은 점수를 받은 사람 중 하나입니다. 젊은 시절의 그는 최고 권좌에 있는 사람들에게 매우 아첨을 잘했다고 하고, 공직에 있을 때도 아부와 거짓말을 능숙하게 했다고 합니다. 그는 자신이 남보다 우월하다고 생각했으며, 특히 자신의 외모에 도취되어 있었다고 전해집니다. 전직 고등학교 교사였던 그는 제자들을 워싱턴으로 불러 취직을 시켜주기도 했는데, 때로 그들 월급의 상당 부분을 가로챘다고도 합니다.

이렇게 정직성이 낮음을 보여주는 증거들과 더불어 그는 원만성마저 낮음을 증거하는 행동도 많이 했습니다. 예의 없는 행동을 자주 하고 성질 머리도 나빠서 부하 직원들에게 소리를 지르는 일이 비일비재했다지요. 그는 남을 비판하기를 좋아하고 잘못을 찾아 혼내는 상관이었지만 자신의 잘못이나 단점에 대해서는 입도 뻥긋 못하게 하고 자신을 홀대한 사람은 절대 용서하지 못한다는 평을 들었

---

* Johnson(1998).

습니다.

리처드 닉슨도 정직성과 원만성이 모두 매우 낮았습니다. 린든 존슨에 대적할 만한 몇 안 되는 대통령 중 하나입니다. 워터게이트 정치인 사찰 사건이라는 유명한 스캔들 말고도 그의 부정직한 행동은 과거에 그가 걸어온 정치 인생에서도 어렵지 않게 찾을 수 있습니다. 그는 1952년 아이젠하워에 의해 부통령으로 지명되었지만, 지지자들에게 뇌물을 받은 사건 등으로 인해 아이젠하워조차 그를 불신했다고 합니다. 부통령으로 지명되기 전에도 닉슨의 속임수와 기만은 유명했고, 이미 '교활한 딕(딕은 리처드의 애칭)'이라는 별명까지 있었습니다.

적대적 성격도 기만적 성격 못지않았다고 합니다. 유명한 닉슨 백악관 테이프에서 드러난 것처럼, 그는 용서를 하지 못할 뿐 아니라 사람들 속내를 의심하는 일이 많았으며 화를 자주 냈습니다. 그에게는 적들이 상당히 많았는데, 이들은 바로 닉슨의 유명한 '정적 리스트'에 고스란히 기록되어 있었다고 합니다.

제럴드 포드는 정직성과 원만성이 모두 상대적으로 높은 편이었습니다. 그는 정치적으로 같은 편이나 반대편 모두에게서 강직함과 겸손함을 인정받았지요. 하원 시절에 포드의 정치적 반대자였던 마리아 그리피스는 국회의원 시절 포드가 약간이라도 거짓말을 한 적이 단 한 번도 없다고 말하기도 했습니다. 그는 또한 젠체하는 사람이 아니었다고 합니다. 부하 직원들을 예의 바르게 대했고, 한번은 자신의 강아지가 백악관 양탄자에 실례를 하자 백악관 직원을 시키지 않고 자신이 직접 닦겠다고 나서기도 했습니다. 그는 원만성이 높은 사람이었고 적개심이나 분노를 잘 느끼지 못하는 아주 침착한 신사 같은 스타일이었다고 합니다.

지미 카터는 정직성은 높지만 원만성은 다소 낮은 대통령이었습니다. 포드처럼 그도 윤리적인 대통령으로 알려져 있습니다. 그는 도덕적 원칙을 매우 중시하는 정치인으로, 남들을 이용하거나 진실을 왜곡하지 않았으며 젠체하지 않는 사람이었다고 합니다. 그러나 카터는 원만성이 약간 낮았기에 카터의 그 '유명한 성질머리'에 대해 여러 예를 들어가며 자세히 묘사한 전기 작가도 있습니다.*

루벤저와 페이싱바우어의 책에는 이외에도 미국 대통령들의 다양한 성격에 대한 이야기가 있습니다. 예컨대 개방성은 케네디와 카터는 상당히 높았고, 존슨 · 닉슨 · 포드는 낮았습니다. 외향성은 닉슨은 낮았고, 케네디 · 존슨 · 포드는 매우 높았으며, 카터는 중간 정도였습니다. 케네디는 다른 대통령 네 명에 비해 성실성이 꽤 낮았던 것으로 평가됩니다. 그러나 무엇보다도 이들 대통령의 경우 정직성과 원만성에서 나타나는 극명한 대비가 가장 흥미롭습니다.

---

* Godbold(2010).

FACTOR

4장

정직성과 성실성

최악의 종업원이 될 가능성이 있는 '낮은 정직성-낮은 성실성' 유형

정직성과 성실성이 모두 낮은 사람들은 회사에서 절대 뽑고 싶지 않을 사람들입니다. 고용주들에게 사원이 지녀야 할 가장 중요한 자질이 무엇이냐고 물을 때 흔히 나오는 대답은 믿을 수 있는 사람 혹은 책임감 있는 사람입니다. 이런 특징은 정직성도 높고 성실성도 높을 때 나타나므로 지금부터 소개할 성격을 지닌 사람들, 그러니까 정직성도 낮고 성실성도 낮은 사람이 바로 고용주가 가장 멀리하고 싶어 할 사람들입니다. 다음과 같은 사원을 상상해보세요. 게으르고 덤벙대서 일처리가 부실하고 제날짜에 일을 끝내는 법이 없는데, 윤리성마저 결여되어 자기가 받는 보수만큼 회사에 기여해야 한다는 도덕적 의무감이 없는 사람……. 이들은 지각을 하거나 하루 정도 땡땡이를 쳐도 별로 양심의 가책을 느끼지 않습니다. 이들은 고용주나 회사 동료들에게 좋은 대우를 받고 있어도 이들에게 충성을 보여야겠다는 마음가짐이 전혀 없는 사람들입니다. 이런 사원들은 믿고 일을 맡길 수 없을 뿐 아니라 회사의 물건을 제 맘대로 가져다 쓰거나 회사 재산을 슬쩍할 가능성도 큽니다.[8]

정직성도 낮고 성실성도 낮은 사람이 하는 비윤리적 행동이 직장 안에서만 일어나는 것은 아닙니다. 정직성이 낮은 사람이 갖는 착취 지향성과 성실성이 낮은 사람이 갖는 충동성이 결합하면 여러 범죄적 행동에 안성맞춤인 성격이 만들어집니다. 이들은 한편으로는 남들에게서 자신이 원하는 것을 가로채고자 하는 사욕이 강하고(사기나 강탈이라는 방법을 사용해서라도), 한편으로는 이런 행동을 억제할 수 있는 자기 통제력을 결여하고 있습니다. 자기 통제력으로 탐욕을 억제하는 것이 장기적 관점에서 볼 때 더 이익일지라도 그렇게 하지 못하지요. 현재의 작은 욕심을 채우는 것이 이들에게는 너무 매력적이어서 나중에 우환이 올 것을 알면서도 자신을 통제할 수 없는 것입니다.

정직성과 성실성이 낮은 성격은 범죄심리학에서 말하는 '사이코패스'의 특성 중 중요한 부분을 차지합니다. 범죄심리학 연구에서는 사이코패스에 대해 다음과 같은 네 가지 특성을 제시하고 있습니다. (1) 조종적이고 기만적인 대인 관계, (2) 통제되지 않는 충동적 생활, (3) 타인에 대한 동정심 결여, (4) 만성적이고 다양한 반사회적 행위.[9] 이 네 가지 특성은 정직성, 성실성, 정서성이 낮은 것과 관련됩니다. 조종적이

8 Marcus, Lee & Ashton(2007).

9 Williams, Paulhus & Hare(2007).

고 기만적인 성격은 낮은 정직성, 충동적 성격은 낮은 성실성, 비정한 성격은 낮은 정서성과 관련되어 있지요. 범죄 행위를 일삼는 사람의 삶은 이 세 가지 성격의 합동 공연이라고 보시면 됩니다.[10]

일부 사회학자는 인간의 범죄 경향성을 이해하는 데 성격 특성을 고려해야 한다고 주장한 바 있는데, 이 유명한 이론은 '범죄 일반 이론'이라는 이름으로 알려져 있습니다.[11] 그러나 이 이론은 사실 전체 성격에 대한 이야기에서 절반만을 다루고 있습니다. 이 이론은 범죄행위를 저지르게 되는 중요한 요인으로 충동적 성격, 즉 자기 통제력의 결여를 중시하는데, 다른 측면의 성격, 특히 정직성이 낮아서 생기는 특성을 강조하지는 않습니다. 이 이론은 남들을 착취해 탐욕을 추구하는 동기를 사람들이 거의 다 비슷하게 지닌 것으로 가정하며, 단지 이런 이기적 충동을 억제할 수 있느냐 없느냐가 범죄행위에 결정적인 영향을 준다고 보는 편이지요. 그러나 실상은 그렇지 않습니다. 남을 착취해서 사리사욕을 얻으려고 하는 성향도 저마다 분명 개인차가 있습니다. 그리고 이런 성격이 범죄 성향을 이해하는 데 결정적 요인임을 인식해야 합니다.[12]

정직성과 성실성이 낮은 사람은 범죄뿐 아니라 다른 방식으로도 사람들에게 상처를 줄 수 있습니다. 이들은 배우자 몰래 다른 이성을 만

---

10 de Vries, Lee & Ashton(2008).

11 Gottfredson & Hirschi(1990).

12 연구 동료 베른트 마르쿠스(Bernd Marcus)는 범죄 일반 이론의 중심 개념인 '자기 통제'를 측정하는 데 있어서의 핵심 문제를 논의했습니다.(Marcus, 2004)

나 외도를 즐기는, 즉 바람피우는 걸 즐기는 사람들입니다. 정직성이 낮은 사람은 배우자에게 충실해야 할 도덕적 의무감을 잘 느끼지 못하는 데다가 성실성이 낮은 사람은 성적인 충동을 통제하기 힘듭니다. 이때도 정서성이 부가적인 역할을 합니다. 정서성이 낮은 사람은 배우자에게 동정심이나 감정적 애착을 잘 느끼지 못하므로 한결 수월하게 외도를 저지릅니다.[13]

정직성이 낮아서 나타나는 이기심과 성실성이 낮아서 나타나는 충동심으로 인해 이들과 이들의 파트너는 여러 종류의 성병에 쉽게 노출될 수 있습니다. 이들은 신중치 못한 스타일이라서 누구와 잠자리를 할 건지 혹은 안전하게 준비된 섹스를 할 건지 따위에 대해서 깊게 생각하지 않는 데다가[14] 파트너의 보건이나 위생을 배려해서 성적 쾌락을 털끝만큼이라도 손해 볼 사람들이 아니거든요.

정직성과 성실성이 낮은 사람은 도박 중독과 같은 문제를 일으킬 가능성이 큰 사람들입니다. 노력 없이 큰돈을 벌 수 있다는 유혹은 이들에게 아주 매력적인 것이고, 이들은 그 도박을 언제 멈추어야 할지 모릅니다(혹은 알더라도 그렇게 하기가 너무 어렵지요).[15] 뿐만 아니라 이들은 약물 남용 문제에서도 남들보다 더 큰 취약성을 보일 가능성이 큽니다. 이전에도 이야기했듯이, 이들은 자기 통제력이 없으면서 동시에 알코올이나

---

13 Ashton & Lee(2008).

14 Bourdage, Lee, Ashton & Perry(2007).

15 Twigger(2010)는 도박 문제를 보이는 사람들은 정직성, 성실성, 정서성과 관련된 성격에서 낮은 점수를 보인다고 보고했습니다.

약물 남용에 대한 도덕적 문제를 느끼지 않습니다. 반면에 정직성과 성실성이 둘 다 높은 사람은 친구나 가족을 실망시켜서는 안 된다는 생각 때문에 여간해서는 이런 위험에 빠져들지 않습니다.

자기밖에 모르는 야심가가 많은 '낮은 정직성-높은 성실성' 유형

어떤 면에서 보면, 성실성이 높은 것은 정직성이 낮을 때 나타나는 부정적 효과를 완화해줍니다. 정직성은 낮고 성실성은 높은 사람들은 사리사욕을 최우선시하는 이기적인 사람들이지만 그렇다고 해서 충동적으로 행동하지는 않습니다. 이들은 중장기적인 이익을 실현하고 싶어 하고 이를 위해 책임감 있게 행동합니다. 그리고 일반적으로 규칙과 질서를 중시하므로 법을 어기는 일을 자주 저지르지 않습니다(물론 중장기적인 관점에서 보았을 때 경력에 큰 영향을 주지 않는 종류의 법이 있다면, 그 법은 아무렇지도 않게 어기겠지요).

이런 성격을 지닌 사람이 원하는 것은 질서 있고 예측 가능한 생활을 유지하면서 부와 지위를 획득하는 것입니다. 법망의 허술함을 이용해서 재산상 이득을 추구하는 사람들이 바로 이런 성격 특성을 가진 사람들일 것입니다. 즉 이들은 나중에 들통 날 수 있는 세금 탈루는 안 하겠지만, 세금을 안 낼 수 있는 허술한 법망이 있다면 당연히 이용할 것입니다. 이런 성격을 지닌 사람에게 중요한 것은 법을 만들게 한 정신, 즉 입법 취지가 아니고 '법전에 쓰인 문장 그대로의 법'입니다. 법에 걸리지만 않는다면 법을 만들게 된 취지나 정신을 어기는 것은 이들의 양심에 거리낄 일이 없지요. 이들은 오히려 이런 법망의 허점을 발견해서 부를 얻는 것에 큰 자부심을 느낄지도 모릅니다.

또한 이런 성격을 가진 사람들은 일도 열심히 하고 목표도 야심차게 세웁니다. 그러나 그들에게 있어서 성취란 개인적 명예와 치부를 뜻합니다. 이들은 자신의 야망과 성취가 혹여 다른 사람들에게 부정적인 영향을 주게 되지는 않을까 하는 점에는 별로 관심이 없습니다. 반면에 정직성과 성실성이 둘 다 높은 사람들은 자신의 야심찬 목표가 윤리적 문제와 상충되지는 않을지 심각하게 생각합니다. 이들은 돈과 명성을 가져다준다면 무엇이든지 할 수 있다는 생각을 배척합니다.

정직성이 낮고 성실성이 높은 사람들이 정직성과 성실성이 모두 낮은 사람들보다 조직에서 훨씬 유용한 일원이 되는 건 명약관화합니다. 이들은 매일 일찍 나와서 늦게까지 일할 가능성이 높지요. 그러나 이들도 잘 지켜봐야 합니다. 이들은 출세와 승진에 강한 의욕을 보이지만 모든 것을 자신의 이익이라는 관점에서만 생각하는 사람입니다. 이들이 이익을 추구하는 방식이 회사나 회사 동료들의 이익과 상충되지 않는다면 문제가 없겠지요. 그러나 언젠가는 이들이 사욕을 추구하는 방향이 비뚤어질 때가 올지도 모릅니다. 또한 이들은 자신을 키워주었던 회사에 대한 충성심 따위 때문에 자신의 이익을 포기하는 일은 하지 않을 것입니다. 이들의 높은 성실성은 목표를 달성하고, 시간과 업무를 효율적으로 관리하고, 사물을 조직적으로 정돈하고 유지하는 의미에서의 성실성입니다. 윤리성과 공정성이라는 의미를 갖는 '성실성'은 아니지요. 윤리성과 공정성은 정직성이 높은 사람과 관련되는 성격입니다.

앞서 정직성이 낮고 성실성이 높은 사람은 질서 정연한 것을 좋아한다고 했고, 이 점 때문에 쉽게 법을 어기지는 않을 거라고 했지요. 그러나 정직성이 낮아서 돈과 권력에 대한 열망 및 자기들은 법 위에 있다는 비뚤어진 특권 의식 또한 극단적으로 높다면, 언젠가는 법을 지키는 것을 포기할 날이 올 것입니다. 이들이 저지르는 범죄는 대개 횡령, 세금 탈루, 투자 사기, 보험 사기, 뇌물 수수와 같은 화이트컬러 범죄 형태로 나타날 가능성이 아주 높습니다.[16] 이들은 발각되지 않고 해먹을 자신감이 생기는 시점이 되면 유혹을 뿌리치기 어려울 것입니다. 이들이 원하는 최선의 시나리오는 (기업이나 정부에서) 누구도 건드릴 수 없는 막강한 위치에 올라 사기와 강탈을 지속적으로 편안하게 저지를 수 있게 되는 것입니다.

과연 일상적 범죄를 저지를 가능성을 지닌 사람, 즉 정직성과 성실성이 모두 낮은 사람과 화이트컬러 범죄를 저지를 가능성을 지닌 사람, 즉 정직성은 낮지만 성실성은 높은 사람 중 누가 우리 사회에 더 큰 해악이 될까요? 아마 사회 전체적으로는 정직성과 성실성이 모두 낮은 사람들이 더 큰 문제일 것입니다. 왜냐하면 이런 사람들의 범죄가 우리 일상생활에서 저질러지는 범죄의 대다수를 차지하기 때문이지요. 그러나 개별 범죄를 고려해보면 정직성이 낮고 성실성이 높은 사람들의 범죄는 아주 크게 터지는 경향이 있기 때문에 그 한 번의 해악은 일상

16 Blickle, Schlegel, Fassbender & Klein(2006).

범죄들의 총량에 버금갈 것입니다.[17] 특히 이들이 고위직에 올라 큰 권력을 행사할 수 있다고 가정해보십시오. 자국이나 타국의 많은 사람이 죽거나 다칠 수 있고, 국토가 심각하게 훼손되거나 국가 예산이 엄청나게 낭비될 수도 있습니다. 국가 권력자가 정직성에서 어떠한지를 검증하는 것은 바로 이런 연유로 정말 중요하고, 이것을 잘 검증하기 위해서는 그 사람의 과거 행적을 잘 살펴보아야 할 것입니다.

성실성과는 관련이 없지만 정직성이 낮은 사람들이 보유했을 때 큰 무기가 되는 또 하나의 심리학적 변수가 있습니다. 그것은 바로 지능입니다. 정직성이 낮은 사람의 지능이 아주 높다면, 이 사람들은 기업, 정치, 금융, 학문 분야 등에서 높은 지위에 오를 가능성이 큽니다. 정직성이 낮은 사람들이 이런 위치에 도달하게 되면 더 큰 특권 의식으로 무장하고 자신의 이익을 위해 남을 착취할 좋은 기회를 갖게 되지요. 각종 '창의적' 금융 상품을 만들어낸 월 스트리트 금융 전문가들을 생각해보세요. 그들은 그 무책임한 창의성으로 돈을 많이 벌었지만 2008년 미국 경제를 파산 직전까지 몰고 갔습니다.

---

17 가장 심각한 범죄자들(연쇄 살인범 등)은 정직성과 성실성이 모두 낮을 가능성이 큽니다. 그러나 법심리학자들의 연구에 따르면 연쇄 살인범 중 일부는 상당히 자기 규율적이고 질서 정연한 성격을 갖는 것으로 보고되어 있습니다. 이들 중 군대나 경찰 조직에서 정상적으로 기능해왔던 사람들은 정직성, 정서성, 원만성이 극단적으로 낮으나 성실성이 다소 높은 경우도 있는 것으로 보입니다.

스탠포드 감옥 실험

앞서 설명했듯이 정직성과 성실성이 모두 낮은 성격 프로필은 보통의 범죄자들이 전형적으로 지니는 성격입니다. 반면에 정직성은 조금 낮더라도 성실성을 일정 수준 갖추고 있는 사람들은 상황이 요구한다면 이기적인 유혹을 억누를 능력이 있는 사람들이고, 그러므로 범죄, 특히 강절도 등의 일상적 범죄를 저지를 가능성이 훨씬 낮습니다. 그런데 이런 사람들이 부정직한 행동을 하고 싶은 충동을 통제하지 않아도 될 상황에 처한다면 어떻게 될까요?

필립 짐바르도(Philip Zimbardo)가 수행했던 유명한 스탠포드 감옥 실험이 이런 물음에 답을 줄 수 있을지도 모릅니다.* 1971년에 남자 대학생 24명이 '감옥 생활에 대한 심리학적 연구'라는 광고로 모집되어 이 유명한 실험에 참여하게 됩니다. 참여자들은 과거에 반사회적 행동을 한 적이 없는 지극히 '정상적'인 사람들입니다. 이들이 수감자 역할을 하게 될지 아니면 교도관 역할을 하게 될지는 연구자에 의해 임의로 결정됩니다. 각 역할을 할당받고 난 후 이들은 스탠포드대학 심리학과 지하실에 설치된 모의 감옥에 배치되었습니다. '교도관'은 호루라기, 곤봉 등을 지급받고 군복같이 생긴 카키색 유니폼을 착용하게 됩니다. '수감자'는 발목에 수갑을 채우고 내의도 없이 헐렁하게 흘러내리는 가운을 입힙니다. 교도관들은 수감자들을 통제할 수 있는 절대 권력을 갖게 되며, 감옥의 질서를 유지하기 위

---

* Haney, Banks & Zimbardo(1973).

해서라면 수감자에게 신체적 위해를 가하지 않는 한 그 권력을 사용할 수 있다는 정보를 듣게 됩니다.

이렇게 역할이 분담된 후에 이 '평범한' 대학생들에게 일어난 일은 아주 놀라운 것이었습니다. 교도관 역할이 주어진 참여자들은 즉각 권력을 남용하기 시작했고, 수감자 역할이 주어진 참여자들에게 원칙 없이 가혹하게 벌을 주기 시작했습니다. 그들은 수감자들의 침대 매트리스를 빼앗고, 그들의 배변통을 교환해주지 않아 감옥 철창 안은 극도로 비위생적이고 불결한 상태에 이르렀습니다. 교도관들은 반항하는 수감자 몇 명을 벌주기 위해 수감자들의 옷을 벗기고 아주 작고 캄캄한 공간에 가두어두기도 했습니다. 수감자들에 대한 학대는 6일 동안 계속되었고, 짐바르도는 연구 참여자들의 외상 경험을 막기 위해 실험을 중단합니다. 그는 '착한' 사람들(일면 정상적인 대학생들)도 자신들이 합법적인 권력을 지니고 있다는 것을 믿게 되면 상상할 수 없을 정도로 '나쁜' 행동을 할 수 있다는 결론을 내렸습니다. 즉 우리 안에는 지킬 박사와 하이드 씨가 둘 다 숨어 있고, 우리가 처한 상황에 따라 누가 나올지 결정된다는 것이지요.*

상황으로 인해 생기는 압력은 분명 우리 행동에 큰 영향을 줍니다. 그러나 최근 한 연구에 따르면 스탠포드 감옥 실험 결과가 참여자들의 성격과 관련이 있을지도 모른다는 증거를 보고했습니다.** 토마스 카나한(Thomas Carnahan)과 사무엘 맥팔랜드(Samuel McFarland)

---

* Zimbardo, Maslach & Haney(2000).

** Carnahan & McFarland(2007).

는 스탠포드 감옥 실험에서의 '나쁜' 행동은 그들에게 분담된 역할만으로는 완전히 설명되지 않을지도 모른다고 생각했습니다. 이들은 '감옥 생활에 대한 연구'라는 광고 자체가 특정 성격을 가진 사람들의 주의를 더 끌 수 있고, 그래서 권력이 주어졌을 경우 남을 학대하는 데 그 권력을 사용할 가능성이 큰 사람들이 실험에 참여했을 수도 있다고 본 것이지요.

이러한 가능성을 검증하기 위해서 카나한과 맥팔랜드는 두 가지 다른 광고 문안을 이용해서 연구 참여자들을 모집했습니다. 하나는 짐바르도가 사용한 광고 문안과 완전히 같은 광고, 즉 '감옥 생활에 대한 심리학적 연구'로, 다른 하나는 단순히 '심리학적 연구'로 기술해서 참여자를 모집한 것이었습니다. 연구자들은 두 가지 다른 광고로 모집된 사람들의 성격이 진짜 다른지 알아보기 위해 지원자들의 성격 몇 가지를 측정하여 비교했습니다. 흥미롭게도 '감옥 연구'라고 밝힌 광고를 통해서 모집된 참여자들은 다른 광고로 모집된 참여자들보다 정직성 및 원만성과 유사한 개념들에서 상당히 낮은 점수를 보였습니다. 즉 정직성이나 원만성이 낮은 사람들이 '감옥 생활에 대한 연구'에 참여하고 싶어 하는 성향을 지녔던 것이지요. 이 결과는 1970년대에 실시된 스탠포드 모의 감옥 연구에 참여한 대학생들이 실제로 이 두 가지 성격에서 상당 수준 낮았을 수 있었음을 암시합니다. 스탠포드 감옥 실험에서 교도관 역할을 한 학생들의 정직성과 원만성이 평균을 웃돌았다면, 실험 결과가 어떻게 달라졌을지 매우 궁금합니다.

그러나 설령 스탠포드 감옥 실험에 참여했던 이들이 정직성과 원만성에서 평균에 못 미쳤다 하더라도, 이들이 모의 감옥 안에서만 나쁜 권력자의 모습을 보였다는 것은 사실입니다. 적어도 이들이 아무런 반사회적 이력을 갖지 않았던 평범한 대학생이었던 것은 명백한 사실이니까요. 어떻게 그럴 수 있었을까요? 이런 의문은 아마도 성실성으로 설명될 수 있을 것입니다. 범죄 경력이나 반사회적 경력이 전혀 없었던 이 대학생들은 아마도 자기 통제나 자기 규율 등을 지배하는 성실성과 관련해서는 적어도 정상 범주에 드는 학생들이었을 가능성이 매우 큽니다. 정상적인 사회 환경에는 타인을 학대해서는 안 된다는 규범이 있고, 그들은 이런 규범을 위반하는 것이 공식적 또는 비공식적 처벌로 이어진다는 것을 잘 알고 있습니다. 그러므로 성실성 수준이 적정한 사람들은 이런 나쁜 행동을 억제하게 되는 것이지요. 그러나 이런 규범이 없어지는 상황에 놓이게 되면 성실성이 갖는 '제지력'은 무용지물이 되고, 정직성이 낮은 사람들은 남들을 학대하고 못살게 굴고자 하는, 말하자면 '권력에 대한 유혹'을 억제할 필요가 없게 됩니다.

스탠포드 감옥 실험은 정직성이 낮은 사람의 충동이 자기 통제에서 '해방'되는 여러 상황 중에 한 예일 것입니다. 고향에서는 평범했던 한 청년이나 여성이 전쟁터에 나가 상상할 수 없는 잔학 행위를 하는 것을 우리는 봐왔습니다. 자연재해에 뒤따르는 무질서한 상황이나 스포츠 경기 후 난동이 벌어지고 약탈 행위가 일어나는 것도 많이 보았지요. 법과 규칙이 무력화되는 상황에서는 자기 통제를 관장하는 성실성도 무용지물이 됩니다. 애써 자기를 통제할 까닭이 없어지니까요.

5장

정직성과 개방성

천박한 욕심쟁이들인 '낮은 정직성–낮은 개방성' 유형

정직성과 개방성이 모두 낮은 사람의 성격을 가장 잘 나타내는 말은 '천박하다'일 것입니다. 이런 사람들은 돈과 지위 말고는 어떤 것에도 별다른 관심이 없습니다. 이들에게 과학은 돈이 되는 기술을 제공할 때만 가치가 있고, 자연은 부동산이나 원자재를 공급하는 원천일 때만 가치가 있으며, 예술 작품은 투자나 '자랑거리'일 때만 가치가 있지요. 삶의 의미라든가 인간의 존재 따위를 생각하는 것은 시간 낭비일 뿐이고 그럴 시간이 있으면 남들에게 자랑할 물건이나 쇼핑하러 다니는 게 낫다고 생각하지요.

이런 사람들은 부자가 되면 자신의 부를 자랑하기 위해 봐주기 불편할 정도로 유치한 일들을 하기도 합니다. 이들은 부를 과시하는 데 안달이 나 있지만, 그걸 과시할 때 미적인 감각이나 자연과의 조화 따위는 신경 쓰지 않습니다. 호화 주택을 짓기로 결정했다면, 이들에게는 얼마나 많은 나무를 베어야 하는지, 그 동네 자연환경이 얼마만큼 훼손되어야 하는지를 신경 쓸 시간이나 여유도 없습니다. 건축 양식은 '돈이 많이 들었겠다'라는 메시지만 전달해주면 됩니다. 이들의 외양도 마찬가지지요. 촌스럽고 요란하게 보이더라도 더 비싼 옷, 더 큰 보석을 달고 나타나야 직성이 풀립니다. 이들은 자신들이 입고 있는 옷과 차고 있는 시계가 얼마나 비싼지 아무런 관심이나 지식도 없는 사람들을 좋아하지 않습니다. 물론 이런 '하층민'과 교류할 시간이 없어서이기도 합니다.

정직성과 개방성이 낮은 사람들은 주로 재력이나 지위를 척도로 남들을 평가합니다.[18] 이들은 누군가 개방성이 높아서 이루어진 것일 때 특히 그 업적을 경원시합니다. 예컨대 뛰어난 업적을 쌓은 과학자나 학자들을 '그렇게 잘났는데 왜 그렇게밖에 못 살아?' 하고 무시할지 모릅니다. 이들은 자신과 반대 성격을 지닌 사람, 말하자면 정직성과 개방성이 모두 높은 사람들이 재물이나 지위에 큰 관심을 보이지 않는 것을 도저히 이해하지 못합니다. 환경을 위해 작은 차와 작은 집을 고르고 생활을 최소한으로 하는 사람들을 보면 궁핍해서 그러는 것이라고 생각하고 그들의 인생을 가엽게 여기기도 합니다.

정직성과 개방성이 낮은 사람들이 다른 사람들과 살아나가는 태도 또한 흥미롭습니다. 정직성이 낮은 사람은 다른 사람들을 이용하려는

---

18 Ashton & Lee(2008).

성향을 나타내고, 개방성이 낮은 사람은 자기와 매우 다른 배경을 가진 사람들을 배타적으로 생각하는 성향을 보입니다. 즉 자기와 다른 민족, 다른 언어, 다른 피부색, 다른 종교, 다른 성적 지향성을 가진 사람들에 대해 그렇게 개방적이지 않은 것이지요. 그러므로 정직성과 개방성이 모두 낮은 사람들은 자신과 비슷한 사고방식을 지녔거나 자신과 닮았거나 자신과 같은 언어를 구사하는 사람보다는 자기와 다르다고 생각되는 집단에 속한 사람들을 이용해먹는 것을 더 편하게 생각하지요. 그들은 아주 멀리서 온 이방인, 겉으로 달라 보이는 사람, 지역사회 규범 안에서 보호받지 못하는 사람들을 거리낌 없이 착취하고 무시할 준비가 되어 있습니다. 이들이 가진 일말의 도덕적 배려심은(그런 배려심이 남아 있는 경우라면) '우리 편'에게만 해당될 뿐 '이방인'에게는 적용되지 않을 공산이 큽니다.

이런 성격을 지닌 사람들의 기업 행태나 투자 행태를 보면, 그들은 돈을 최우선으로 보고 '윤리적 투자'라는 것을 정신이 나갔거나 모자란 사람들이 하는 일로 여깁니다. 돈이 되는 일이라면 환경이니 인권이니 정의니 하는 추상적 개념을 생각할 여지가 없습니다.[19] 이런 이야기를 읽으면서 정직성과 개방성이 모두 낮은 성격은 정치적·사회적 태도에서도 드러날 것 같다고 생각하시는 분도 있겠죠? 그렇습니다. 이 두 가지 성격 요인이 정치적 태도에 미치는 역할에 대해서는 4부에서 소개할 예정입니다.

---

19 Ashton & Lee(2008) ; Lee et al.(2008).

속물이면서 고상한 체하는 '낮은 정직성-높은 개방성' 유형

정직성은 낮고 개방성이 높으면 방금 이야기한 성격과는 사뭇 다른, 그러나 여전히 꽤 불쾌한 성격이 만들어집니다.

정직성은 낮고 개방성은 높은 사람들은 자랑하고 뽐내고 싶어 하지만, 그들의 과시 행태에는 예술적이거나 지적인 스타일이 약간 가미됩니다. 극단적인 경우(그들이 아주 부자라면), 그 결과는 예술적으로 눈부신, 그러나 도덕적으로는 눈살을 찌푸리게 하는 것일 수 있습니다. 베르사유궁전과 고대 이집트 툿 왕의 무덤, 타지마할을 생각해보세요(물론 인도 아그라에 있는 진짜 타지마할을 지칭하는 것입니다. 애틀랜틱시티의 카지노 호텔이 아니고요. 그 호텔은 아마 정직성과 개방성이 모두 낮은 사람들이 만들어낸 예로 보는 게 타당하겠지요).

정직성은 낮고 개방성은 높은 사람들이 뽐내고 자랑하고 싶어 하는 분야는 종종 예술적이거나 지적인 분야입니다. 이들은 자신이 얼마나 지적이고 얼마나 교양이 흘러넘치는지 보여주고 싶어 합니다. 이들은 대화할 때 아주 어려운 말과 단어를 섞어서 쓰는 것을 좋아합니다. 특히 그 단어가 유행하는 스타일일 때는 더 그렇습니다. 이런 어려운 단어를 엮어서 길게 나열한 문장이 실제로 말이 되는지, 뜻이 통하는지는 그들에게 그렇게 중요한 것이 아닙니다. 예를 들어 그들 담론의 현상학적 기반은 해체주의적 해석에 대한 간주관성, 뭐 그런 것을 확보하는 데 있거든요.

이런 사람들은 예술이 인간 존재의 표현이라는 것을 느끼기도 하지만, 또한 그들에게 예술은 자신의 창의성을 자랑하는 매체이기도 합니다. 이들은 예술적 재능을 자신을 내세우거나 남을 매혹하는 수단으로 사용하기도 합니다. 정직성이 낮은 남성 예술가들이 순진한 여성들을 유혹하는 데 재능을 사용하는 경우를 흔치 않게 보아왔습니다.

또한 이런 사람들은 매우 공격적으로 반항아 행세를 하기도 합니다. 개방성이 높은 사람은 관습적인 것에 얽매이는 것을 좋아하지 않고, 정직성이 낮은 사람은 남에 대한 배려심이 없습니다. 그 결과 이들은 지역사회의 규범을 어기며 전통적으로 유지되어온 도덕을 깨뜨려 '급진적 인물'이라는 평판을 얻게 됩니다. 이들 중 성실성까지 낮은 사람이라면 공개적으로 자신이 방탕자라 선언하고 섹스와 마약에 탐닉하며 살지 모릅니다. 이런 사람이 영화를 만들거나 책을 쓰거나 예술 작품을 창작한다면 이들은 계산적으로 더 음란하고 외설스러우며 불편한 작품을 만들 것입니다. 이처럼 정직성은 낮고 개방성은 높은 사람들은 반항적이지만, 그 반항은 양심과 도덕을 결여하고 있습니다. 그들은 주로 자기만족을 위해서, 또는 그런 반항적 매력에 끌려드는 추종자들의 환호를 즐기기 위해서 사회규범에 반하는 모습을 보입니다.

지금까지 정직성이 낮은 인물 군상의 교본을 살펴보았습니다. 다음 3부에서는 우리가 과연 다른 사람들의 성격을, 특히 정직성과 관련해 정확히 알아낼 수 있을지 이야기해보겠습니다.

정직성이 낮았던 두 수집가 괴링과 코즐로스키

헤르만 괴링(Hermann Göring)은 히틀러가 직접 지명한 후계자로 독일 나치의 막강 권력을 상징합니다. 그는 1946년 뉴렌버그 재판에서 반인륜 범죄 및 전쟁 범죄 등으로 사형을 언도받았으나 사형 집행일 하루 전에 자살로 생을 마감합니다. 괴링은 2차 대전 당시 저지른 악행 외에도 파렴치한 행동을 수없이 했던 사람입니다. 그는 도를 넘는 부패를 일삼았고 히틀러의 2인자라는 권력을 기반으로 개인적인 재물을 모으는 데 몰두했습니다. 그는 유태인의 재산을 강탈했고, 그렇게 강탈한 재산을 뇌물을 받고 다른 사람들에게 넘기곤 했습니다.

정직성이 낮은 여타의 사람들처럼 괴링도 극단적으로 사치스러운 생활을 즐겼습니다. 그는 메르세데스540K라는 단 32대만 생산된 자동차 중 한 대를 소유하고 있었고, 베를린 교외에 대규모 호화판 맨션을 지어서 살았습니다. 유명한 오페라 배우였던 두 번째 부인과 한 결혼은 유럽에서 치러진 그 어떤 왕실 결혼 못지않게 화려했고, 그에 걸맞게 히틀러가 '최고의 들러리'로 초대되었지요. 그는 수많은 장식을 달고 다녔고, 하루에도 몇 번씩 화려한 군복과 양복을 입어 보는 것을 즐겼다고 합니다.

그런데 괴링이 보여준 특성 몇 가지는 그가 정직성은 낮으면서도 개방성에서 다소 높았던 것은 아닌가 의심하게 합니다. 첫째, 이 사람이 옷 입는 스타일을 보면 매우 화려하면서도 동시에 매우 괴이하기도 했습니다. 그는 이따금 중세 시대의 사냥 복장이나 고대 로마인이 입던 망토처럼 생긴 옷들을 입었다고 합니다. 그의 패션 스타일은 너무 이상해서 아주 눈에 띄었습니다. 당시 이탈리아 외무장관은 괴링의 모피코트 중 하나는 '고급 창녀들이 오페라 갈 때 입고 가는' 것처럼 생겼다고 말할 정도였다고 합니다. 둘째, 그는 특히 자신이 자랑하고 싶은 여러 방면에 다양한 관심이 있었던 것 같습니다. 그는 자신을 '마지막 르네상스형 인간'이라고 자화자찬하기도 했지요. 그는 오페라를 즐겼고, 나치에 속해 권력을 휘어잡던 시절 이전에도 예술 작품 수집에 관심이 있었던 것 같습니다. 그는 유럽의 점령지와 유태인 예술 수집가들에게서 빼앗은 예술 작품으로 당시 가장 규모가 큰 개인용 전시관을 마련해놓았습니다. 그러고는 그곳에서 자신이 훔친 값비싼 작품을 전시해 감상하는 것을 즐겼다고 합니다. 유럽 전역에서 예술 작품을 강탈한 것은 그가 정직성이 낮았다는 것을 잘 드러내지만, 개인용 갤러리를 만들기 위해 기울인 노력을 보면 예술에 대한 그의 관심은 진실했던 것으로 보입니다(물론 그의 예술적 취향과 안목이 봐줄 만한 것이었는지는 또 다른 문제지요).

타이코인터내셔널의 전(前) 회장인 코즐로스키(Dennis Kozlowski)는 괴링이 자살로 생을 마감한 지 한 달 후에 태어났습니다. 코즐로스키는 타이코인터내셔널을 세계적인 기업으로 키운, 미국에서 떠오르는 스타 기업인이었습니다. 하지만 1천 300만 달러에 상당하는 예술 작품을 구매하는 와중에 세금 탈루 건으로 입건되면서 서서히 운이 기울기 시작합니다(이 이야기는 뒷부분에 더 나옵니다). 이 사건은 후에 더 큰 형사사건으로 확대되었고 그는 결국 몇백만 달러나 되는 회사 돈을 착복한 혐의로 유죄를 선고받아 감옥살이를 시작하지요.

괴링과 달리 코즐로스키는 전쟁 범죄자는 아니었지만, 이 두 사람

사이에는 공통점이 있습니다. 그들은 매우 사치스러운 생활을 했고 매우 비싼 예술 작품을 수집했지요. 코즐로스키가 예술 작품을 획득한 경위를 고려해보면 그가 예술 작품을 사들이게 된 진짜 원인이 개방성이 높은 데 따르는 순수한 예술적 열정 때문이었을까 하는 의구심이 듭니다. 그는 뉴욕 시의 1천 800만 달러짜리 아파트에 살았는데, 그곳은 듣도 보도 못한 사치품으로 가득했습니다. 예를 들어 사건을 담당한 검사들은 6천 불짜리 샤워 커튼, 1만 5천 불짜리 우산 걸개 등을 찾아냈지요. 부인의 40번째 생일에는 그 유명한 200만 불짜리 파티를 성대하게 차려줍니다. 미켈란젤로의 다비드상을 흉내 낸 얼음 조각은 파티에 초대된 하객들의 눈길을 끌었는데, 다비드의 그 중요한 부분에서 보드카가 공급되고 있었지요.

그런데 그의 아파트에는 이 같은 호사스러운 일상용품 외에 유명한 예술 작품도 걸려 있었습니다. 예컨대 르누아르나 모네 같은 화가들의 작품이었지요. 작품 구매를 주선한 예술 작품 중개상이 재판에서 한 증언에 따르면, 코즐로스키는 그림 자체보다는 '이름 있는' 화가들의 작품을 주로 찾았고, 한번은 르누아르의 그림을 포함해서 몇백만 달러에 상당하는 그림 몇 점을 사는 데 채 한 시간도 안 걸렸다고 합니다. 그러니 이 작품들이 진정한 예술 작품으로서 구매된 것이 아니라 샤워 커튼이나 우산 걸개 또는 오줌 싸는 다비드상처럼 보여주기 소품용으로 구매된 것은 아닌지 의심이 들게 되지요.

그러나 오해하지는 마세요. 우리는 정직성이 낮은 예술 작품 수집가 두 명을 임의로 골랐을 뿐입니다. 정직성이 높은 예술 작품 수집가도 아주 많다는 것을 잊지 마세요.

3부

정직성 알아보기

우리들은 부모, 자녀, 또는 친한 친구들의 정직성에 대해 정확하게 판단할 수 있을까요? 그러기 위해서는 상대방을 얼마나 잘 알아야 할까요? 또한 사람들은 자신과 비슷한 수준의 정직성을 보이는 사람들에게 더 끌리는 경향이 있을까요? 3부에서는 사회생활과 관련해서 심리학 연구들이 밝혀낸 정직성 요인에 대해 알아봅니다.

FACTOR

1장

정직성의 발현

여러분이 잘 아는 사람 중 한 명을 떠올려보세요. 그리고 그 사람이 다음과 같은 일을 할 만한 사람인지 한번 생각해보세요. 들통이 날 염려가 없다면 탈세를 할 사람인가? 길거리에서 주운 지갑에서 현금을 슬쩍할 사람인가? 승진을 위해서라면 상관에게 거침없이 아부할 사람인가? 출세를 위해서 남들을 이용할 사람인가? 아니면 아무도 모르게 매달 불우 이웃 돕기 성금을 보낼 사람인가?

이번 장에서는 여러분이 다른 사람의 정직성 수준을 얼마나 정확하게 판단할 수 있는지 이야기해보겠습니다. 몇 번만 만나보고도 정직한 사람인지 아닌지 알아낼 수 있을까요? 아니면 열 길 물속은 알아도 한 길 사람 속은 알기 어려운지라, 정직성은 아무리 오랜 시절 알고 지내도 완전히 알아낼 방도가 없는, 그런 종류의 성격 요인일까요?

처음 만나본 사람들부터 생각해보지요. 심리학자들은 우리가 처음 만난 사람들의 성격을 얼마나 정확하게 판단할 수 있는지를 연구해왔습니다. 이런 연구에서는 연구 참여자들이 이전에 한 번도 만나본 적이 없는 사람을 만나 몇 분간 이야기해보게 하거나 아니면 그 사람이 다른 사람과 이야기하는 장면을 녹화한 짧은 비디오 영상—어떤 경우 소리가 안 나오는—을 보게 합니다. 그러고 나서 그 사람의 성격이 어떤지에 대해 질문지를 사용해 판단하게 합니다.

이런 연구 결과에 따르면 우리는 처음 만난 사람의 외향성에 대해서는 적어도 꽤 정확하게 판단할 수 있는 것으로 나타납니다. 즉 잠깐 보고 나서도 그 사람이 얼마나 활발한 사람인지, 사회적으로 얼마나 거침없는 사람인지를 알아내는 건 그렇게 어려운 일이 아니라는 거죠. 그러나 첫 대면에서 정직성을 포함한 다른 성격 요인들을 이 정도로 정확히 판단해내기는 여간해서 쉽지 않습니다.

나르시시스트와의 첫 대면

일반적으로는 누군가를 처음 만났을 때 그 사람의 정직성이 어떠한지를 알아내기는 쉽지 않습니다만, 그 사람의 정직성이 낮고 외향성이 높다면 성격의 실마리를 약간이나마 알아낼 수 있다는 연구 결과가 발표되었습니다. 2부에서 이야기한 것처럼, 정직성은 낮고 외향성은 높은 사람들(활달하고 사회적이면서 동시에 정직하지 못하고 거만한 사람들)을 나르시시스트라고 부릅니다. 이들은 자기가 얼마나 우월한지에 도취되어 있고, 자신이 숭배와 칭찬의 대상이 되어야 한다는 신념으로 무장되어 있는 사람들입니다. 나르시시스트들은 자신의 업적을 끊임없이 칭송하며, 자신들이 가진 모든 것(돈이건 신체적 매력이건 학력이건 집안이건)을 자랑합니다. 여기까지는 그래도 참을 수 있는데, 이들은 대개 '나는 당신들보다 우월하다'라는 다소 불쾌한 태도까지 지니고 있지요.

한 연구에서 나르시시즘적 성격이 겉모습만으로도 드러날 수 있는지 알아보았습니다.* 이 연구에서는 참여자들의 사진을 찍고 또 이들이 나르시시즘적 성격을 측정하는 질문지를 작성하게 했습니다. 연구 당일에는 사진 촬영이 있다는 것을 몰랐고, 그러므로 그날의 차림새는 그들의 일상적인 모습을 반영할 가능성이 높았습니다. 그러고 나서 다른 대학생들을 추가로 모집해 사진 속 인물들의 나르시시즘적 성격을 추정하도록 했습니다(물론 이들은 사진 속 인물들을 한 번도 만난 적이 없었습니다). 흥미롭게도 이들의 평정치에는 일말의 정확성이 있었습니다. 즉 대학생 참여자들이 사진 속에 드러난 정보만을 근거로 판단한 나르시시즘적 성격은 그 사진 속 인물들의 자기 성격 보고와 관련이 있었습니다. 상관으로 환산하면 약 0.2 정도에 이르는 정확성을 보였지요.

이들이 사진 속 인물들의 나르시시즘적 성격을 어떻게 알 수 있었을까요? 대학생 참여자들은 사진 속 인물이 비싼 옷이나 눈에 띄는 화려한 옷을 입었는지를 보았습니다. 또한 사진 속 인물이 여성인 경우에는 그 인물이 가슴을 많이 드러내는 옷을 입었는지, 가짜 속눈썹

---

* Vazire, Naumann, Rentfrow & Gosling(2008).

을 붙이고 있었는지 등을 보고 판단한 것으로 나타났습니다. 이런 단서들은 실제로 나르시시즘적 성격을 판단하는 데 타당한 단서들인 것으로 밝혀졌습니다. 즉 나르시시즘적 성격에서 자기 보고 점수가 높은 사람들은 이런 외형적 특성을 보일 가능성이 더 높았지요.

그렇지만 이 연구에서 드러난 정확도는 큰 실질적 가치를 줄 정도로 높지는 않습니다. 미팅에 나가서 파트너를 고르거나 비즈니스 동업자를 선택할 때 이런 단서들에만 의존해서 그 사람의 정직성을 판단했다가는 낭패를 볼 수 있습니다. 더군다나 이 연구는 정직성은 낮고 외향성은 높은 사람들에 대한 연구입니다. 정직성이 낮은 사람이 내성적일 경우, 즉 외향성이 낮을 때 이들의 부정직함에 대한 실마리는 더욱 감춰져 있을 가능성이 있습니다.

오랫동안 알고 지낼 수만 있다면, 다른 사람들의 정직성이 어떠한지 더 정확히 판단할 수 있는 날이 오기는 할까요? 아니면 정직성은 너무 미묘한 성격이라 아무리 오랫동안 자주 만났어도 알아내기 어려운 그런 종류의 성격일까요? 이 연구 결과를 논의하기 전에 어떤 사람의 성격에 대해 내린 판단이 어느 정도로 정확한지를 심리학자들은 어떻게 연구하는지 먼저 이야기하겠습니다.

성격에 대해 내린 판단의 정확도를 알아내는 한 가지 방법은 성격검사지를 사용하는 것입니다. 성격검사지는 대부분 자기 보고용(자신의 성격을 나타내는 문항에 반응하게 함) 및 타인 보고용(다른 사람들의 성격을 나타내는 문항에 반응하게 함)으로 구성되어 있습니다(이 책 부록에 자기 보고용과 타인 보고용에 해당하는 HEXACO 성격검사지를 실어놓았습니다). 여러분이 다른 사람의 성격을 타인 보고용 성격검사지로 평가한 후 그 점수를 피평정자의 자기 보고용 성격검사지에서 얻은 점수와 비교했을 때, 그 두 점수가 매우 비슷하게 나타난다면 여러분이 내린 판단이 상당히 정확하다는 것을 뜻합니다.

사람들은 성격 검사에서 자신을 있는 그대로 드러낼까?

정직성에 대한 판단이 정확한지를 논의하기 전에 과연 정직성을 이렇게 자기 보고로 측정하는 것이 타당한지에 대한 의문점부터 먼저 이야기해보겠습니다.

정직성에 대한 판단이 어느 정도로 정확한지를 평가하는 준거로 대상 인물이 작성한 자기 보고용 검사지를 사용하는 것이 타당한 방법일까요? 실제로 많은 사람들은 정직성이 자기 보고로는 정확히 측정될 수 없다고 믿습니다. 그들이 제기하는 문제는 다음과 같이 요약됩니다. 정직하지 못한 사람들은 바로 그 부정직함 때문에 자신들이 정직하지 못하다는 것을 인정하지 않을 테고, 그래서 거짓으로 성격검사지를 작성할 게 뻔하다는 것이죠.

이런 논리는 일견 타당해 보이지만, 이것은 정직성이 무엇인지 잘 이해하지 못해서 제기되는 문제입니다. 정직성이 낮은 사람들은 자신의 탐욕과 이기심을 추구하기 위해 남을 속이고 조종하기는 하지만, 이들이 모든 상황에서 병적으로 진실을 말할 능력이나 의향이 없는 것은 아닙니다. 익명성이 보장되는 심리학 연구 맥락에서 성격검사지를 작성할 때, 이들은 거짓으로 반응하는 데 따른 이점이 없는 한 그냥 속 편하게 자신을 드러냅니다. 있는 그대로 솔직하게 자신을 드러내는 게 더 쉽고 골치도 덜 아프니까요. 이런 조건에서 정직성이 낮은 사람들은 '출세를 위해 남을 속인 적이 있다'거나 '나는 대부분의 사람들보다 우월하다고 생각한다'와 같은 문항에 동의한다고 거리낌 없이 나타냅니다. 그러므로 이름을 밝히지 않고 참여하는 심리학 실험에서 정직성에 대한 자기 보고는 상당히 정확하다고 볼 수 있습니다.

정직성에 대한 자기 보고 점수가 분포하는 양상은 나머지 5개 성격 요인의 분포 양상과 그렇게 다르지 않습니다. 정직성 점수가 극단적으로 높거나 낮은 사람들은 아주 드물고, 대부분 중간에 위치하는 정상 분포를 보입니다. 정직성이 낮은 사람들이 거짓으로 자신을 '착한' 사람으로 기술했다면 높은 쪽 점수를 받은 사람들이 더 많아졌겠지요. 또한 정직성에서 자기 보고 점수가 높게 나온 사람들이라도 사회적으로 긍정적인 다른 성격, 즉 부지런하고 화 잘 안 내는 성격 등에서 획일적으로 높은 점수를 보여주지 않습니다. 정직성이 낮은 사람들이 자신을 더 긍정적으로 묘사하기 위해 언제나 왜곡된 반응을 하고 있다면, 자신들이 보기에 좋은 성격이란 좋은 성격은 다 가지고 있는 것처럼 반응해야 되겠지요.[1] 이런 결과들은 익명을 전제로 실시되는 성격검사가 거짓된 반응으로 인해 크게 왜곡되지 않는다는 것을 나타냅니다.

우리는 몇 년에 걸쳐서 약 1,300쌍에 이르는 연구 참여자를 대상으로 HEXACO 성격 요인에 대한 자기 보고와 타인 보고 결과를 수집했습니다. 어떤 쌍은 연인이었고, 어떤 쌍은 가족과 친지로 구성되었지만, 대부분의 쌍은 동성 친구였습니다. 우리는 이들을 실험실로 오게 해서 자기 보고 검사지를 작성하게 한 뒤 자신과 같이 실험에 참여하고 있는 친구의 성격 역시 타인 보고 검사지를 사용해 작성하도록 했습니다. 물론 검사 중에 이들은 서로 대화를 할 수 없었고, 다른 사람의 검사지를 볼 수 없었습니다.

첫 번째로 확인하게 된 것은, 정직성에 해당하는 자기 보고 점수 평균이 타인 보고 점수 평균보다 더 높지 않았다는 것입니다. 대학생 연구 참여자들은 자기 친구가 판단하는 것 이상으로 자신이 겸손하다거나 정직하다고 판단하지 않았습니다(이들이 정직하게 보이기 위해서 검사 반응을 속였다면, 자기 보고 점수 평균이 훨씬 더 높게 나왔어야 합니다). 그리고 자기 보고에서 정직성 점수가 높게 나온 사람들은 친구가 작성한 타인 보고 점수에서도 정직성 점수가 높게 나올 가능성이 월등히 컸습니다. 자기 보고와 타인 보고의 일치도는 상관계수로 나타날 수 있는데, 전형적으로 약 0.5 정도에 이르는 수준이었습니다(상관계수에 대한 설명은

1 겸손한 사람들은 결코 자신이 겸손하다고 이야기하지 않을 것이므로 겸손성 역시 자기 보고로는 측정할 수 없다고 생각할 수도 있습니다. 그러나 겸손한 사람들은 '나는 다른 사람들보다 우월하기 때문에 더 많은 특권을 가져야 한다'와 같은 문항에 '아니요'라고 반응함으로써 자신의 겸손함을 드러냅니다.

Scene 1-1을 참조하세요.) 이것은 꽤 높은 수준의 일치도를 나타내는 것입니다. 그리고 나머지 다섯 개 성격 요인 또한 이와 비슷한 정도로 일치도를 보입니다. 이 연구 결과는 연구 참여자들이 자신과 친숙한 사람이 지닌 HEXACO 성격 요인을 상당히 정확히 판단하고 있었고, 정직성에 대한 판단 역시 예외가 아니었다는 것을 의미합니다.

성격검사지를 통한 자기 보고의 높은 타당도

많은 사람들은 성격을 측정하기 위해 자기 보고 또는 타인 보고 검사지를 사용하는 것이 비과학적이라고 생각합니다. 다른 과학 영역에서는 연구자들이 더 객관적으로 변수들을 측정하지요. 예를 들어 기상학자들은 온도 · 습도 · 풍속을 측정할 때 온도계 · 습도계 · 풍속계를 사용하지, 사람들한테 오늘 얼마나 덥거나 습한지 또는 바람이 얼마나 센지 물어보지는 않습니다.

그렇지만 인간 성격이라는 건 다른 과학 영역에서 연구되는 현상과는 매우 다릅니다. 성격은 '기질적 특성', 즉 시간과 상황에 따라 크게 변하지 않는 행동과 생각, 감정적 성향입니다. 그렇기 때문에 어떤 사람이 지닌 성격 특성을 측정하려면 이러한 '기질'을 알아내야 하는데, 이걸 측정하는 물리적 도구는 아직 없습니다. 성격심리학자들은 과거에 이런 기질을 측정하기 위해 여러 다양한 시도(통제된 상황에서 직접적 관찰을 한다든지 하는 등)를 해보았습니다. 하지만 이 연구 결과들을 종합해보면, '잘 만들어진' 성격검사지만큼 적은 시간과 노력을 들여 그렇게 많은 정보의 '기질 성향'을 정확히 평가할 수 있는 방법은 별로 없는 것으로 보입니다(여기서는 '잘 만들어진'이 중요한 포인트입니다. 정확히 측정하지 못하는 검사지도 많거든요). 즉 우리는 특정 성격을 나타내도록 아주 세심하게 개발되고 엄격하게 선택된 진술문 몇 개에 응답자들이 반응하게 함으로써 사람의 성격을 꽤 정확하게 평가할 수 있습니다.

그렇다면 이러한 성격검사 도구가 정확하게 성격을 평가해주는지 어떻게 알 수 있을까요? 몇 가지 증거를 들어보겠습니다. 첫째, 성격검사지에서 얻게 된 점수와 그 성격과 관련되어야 한다고 생각되는 객관적인 준거들과의 상관을 도출해봅니다. 예컨대 대학생들 표집에서 성실성 점수로 그들의 학점을 예언할 수 있습니다. 또 개방성 점수는 일반 상식이나 지식 수준을 예언합니다. 외향성 점수는 친구들 사이에 얼마나 인기가 있는지와 관련을 보입니다.* 또 성격검사 점수는 우리 인생살이에서 중요한 준거 몇 가지, 예컨대 수명, 직업적 성취 정도, 이혼이나 별거 여부 등을 예언해왔습니다.**

성격검사가 정확하다는 또 다른 증거는 대상 인물을 잘 아는 여러 사람, 즉 고향 친구나 대학 친구 또는 부모에게서 각각 타인 보고를 수집했을 경우 이들의 타인 보고가 상당히 일치한다는 점입니다. 물론 여러 사람에게서 얻게 된 타인 보고들은 해당 인물의 자기 보고와도 일치를 보입니다. 이 연구에서 고향 친구나 대학 친구의 타인 보고가 보

---

* Noftle & Robins(2007) ; Anderson, John, Keltner & Kring(2001).

** Roberts, Kuncel, Shiner, Caspi & Goldberg(2007).

인 일치도는 이들이 한 번도 만난 적이 없었음을 감안하면 상당히 인상적인 결과입니다. 위에 논의한 결과들은 자기 보고 또는 타인 보고 성격검사가 꽤 정확한 성격 정보를 제공한다는 것을 말해줍니다.*

그러나 성격검사가 어느 조건에서나 성격을 정확하게 평가해주는 것은 아닙니다. 특히 자신의 인상을 관리해야 할 필요가 있는 검사라면 자기 보고 결과를 조심히 사용해야 합니다. 입사 시험이라든가 가석방 심사 때라면 자기 보고 결과에 훨씬 더 조심스럽게 접근해야 하지요. 여러 연구에 따르면 사람들은 마음만 먹으면 자신을 좋게 보이게 하거나 때로는 나쁘게 보이도록 성격검사 보고를 조작할 수 있습니다.** 그러나 연구 목적을 위한 익명성이 보장된 비밀 검사인 경우 거의 모든 사람들은 자기 자신을 꽤 솔직하게 드러냅니다.

---

* See Funder, Kolar & Blackman(1995) ; Costa & McCrae(1992) ; Lee & Ashton (2006).

** Paulhus, Bruce & Trapnell(1995).

정직성을 알아내는 데는 얼마나 걸릴까?

정직성의 자기 보고와 타인 보고 일치도가 상당히 높다는 것을 알아낸 후에 우리는 다른 사람의 정직성을 정확히 판단하는 데 얼마나 오랜 시간이 걸릴지 궁금해졌습니다. 즉 그 사람을 얼마나 잘 알아야 정직성이 어떠한지를 정확히 판단할 수 있을까요?

오랫동안 알고 지낸 쌍일수록 자기 보고-타인 보고 일치도가 더 높게 나올까요? 결과는 약간 놀라웠습니다. 적어도 우리 자료에서는 일치도 계수와 그 친구들이 알아왔던 시간에 관련성이 거의 없었습니다. 1년 정도만 알았던 쌍이나 10년 넘게 알아왔던 쌍이나 자기 보고-타인 보고 일치도에는 거의 차이가 없었던 것이지요. 이런 결과는 HEXACO 성격 요인 모두에서 확인되었습니다. 즉 다른 사람의 정직성을 정확히 알아내는 데 1년이면 충분하다는 것입니다. 아마 이 결과는 우리가 연구 참여자를 모집할 때 자신이 아주 잘 알고 있다고 생각하는 사람과 함께 참여해야 한다고 지시했기 때문일 것입니다.

정직성을 알아내는 데 아주 오랜 시간이 걸리는 건 아닐지라도 그 사람을 아주 많이 만나보아야 하는 것은 사실이겠지요. 즉 1년이라는 짧은 시간 동안만 알아왔다고 해도 그 사람을 아주 잘 안다고 느껴야 정직성에 대한 판단이 정확해지는 것입니다. 이 자료를 수집하며 우리는 상대방을 얼마나 잘 안다고 느끼는지 0점(거의 모른다)에서 10점(매우 잘 안다) 사이로 평가해달라고 했습니다. 대부분의 쌍에서 친숙한 정도는 매우 높아 7~10점 사이로 평가했습니다. 이 자료에서는 10%만이 6점이나 그 밑으로 평가했지요.

자기 보고-타인 보고 일치도가 이런 친숙도에 따라 달라질까요? 결과는 '그렇다'입니다. 일치도 상관계수는 상대방을 잘 안다고 느낄수록 더 높은 경향을 보였지요. 이 결과는 물론 기절할 정도로 놀라운 건 아닙니다. 그런데 재미있는 사실은 친숙도가 성격 판단의 정확성에 미치는 영향의 정도가 각 성격 요인에 따라 달라진다는 것입니다. 상대방을 잘 모른다고 느끼는(6점 또는 그 밑으로 평가한) 쌍도 외향성이나 정서성에 대해서는 상당히 정확하게 판단하고 있었습니다. 앞서 밝혔듯이 외향성은 처음 만난 사이라도 다소 정확한 판단이 가능합니다.[2] 정서성에 대한 판단이 꽤 정확한 이유는 이 성격과 관련해서는 남녀 차이가 크고, 그러므로 상대방의 성을 안다는 것만으로도 성격에 대한 중요한 실마리를 얻게 되기 때문인 것으로 보입니다. 아무튼 사람들은 외향성과 정서성을 정확히 판단하기 위해 상대방과 깊은 속내까지 알 정도로 친할 필요는 없는 것 같습니다.

또 하나 흥미로운 사실은 그다지 친숙하지 않다고 느끼는 사람들 사이에서 정직성에 대해 내린 판단은 특히 정확도가 떨어졌다는 것입니다(정도는 좀 덜하지만 원만성과 성실성에 대한 판단도 덜 정확한 것으로 나타났습니다). 즉 여러분이 잘 알지 못한다고 느끼는 사람이라도 일부 성격 요인에 대해서는 꽤 정확하게 판단할 수 있는 반면, 정직성에 대해서는 정확하게 판단할 수 없을지도 모른다는 것입니다. 그러나 이런 부정확한 판단은 이 사람을 알아가게 되면서 매우 빠르게 개선되어나가는 것 같습니다. 우리의 자료에서는 친숙성 정도가 7점 정도만 되어도 정직성에 대해 내린 판단의 정확도가 매우 높은 것으로 나타났습니다. 즉 여러분이 여러 가지 맥락에서 어떤 사람과 지속적으로 교제해왔다면 그 사람의 정직성도 다른 성격 요인만큼이나 정확하게 알아낼 수 있을

2 Borkenau & Liebler(1992).

거라는 얘깁니다(물론 이 사람이 어떤 이유로 여러분을 오랫동안 속이려고 작정하지 않았다면).[3]

앞의 결과들은 여러 쌍에서 나타난 평균적 결과입니다. 정직성이 어떤 사람에게서는 더 빨리 드러나고 어떤 사람에게서는 잘 드러나지 않을 수 있지요. 또 어떤 사람은 다른 사람의 정직성을 정확히 판단하는 데 별로 오랜 시간이 필요하지 않은 반면 어떤 사람은 무감각해서 훨씬 더 오랫동안 사귀어보아야만 정직성에 대해 비로소 정확하게 판단 내릴 수 있을지도 모릅니다(이 책을 읽고 나면 정직성에 대한 판단을 더 정확하고 빨리 이루어낼 수 있을 거라 생각합니다). 그러나 어떤 사람을 여러 맥락에서 관찰할 기회가 많지 않았다면, 그 사람의 정직성을 판단하는 데 조심할 필요가 있습니다. 이런 조심성은 그 사람을 다년간 알아온 경우에도 마찬가지로 필요합니다.

직장 동료의 정직성, 알아낼 수 있을까?

두 사람의 관계가 형성되는 환경이나 맥락도 정직성에 대해 내린 판단의 정확성에 영향을 줄 수 있을 것입니다. 직장 환경을 생각해봅시다.

---

3 그런데 정직성 중에는 서로 아주 잘 안다고 느끼는 사람들(예컨대 배우자들) 사이에서도 자기 보고와 타인 보고 사이의 일치도가 그렇게 높지 않은 특성이 하나 있습니다. 이건 신실성이라고 부르는 척도인데, 남을 은연중에 조종하는 성향을 말합니다. 이 성격은 아주 미묘한 행동으로 나타나서 그들의 배우자조차도 상대방이 이런 행동을 얼마나 많이 하는지 잘 모르고 있는 것 같습니다.

특히 서구 사회에서는 아주 각별한 사이가 아니면 회사 밖에서 직장 동료와 시간을 보내는 경우가 거의 없습니다. 회사에서 직장 동료들과 교류하는 상황은 친구나 배우자 또는 친척들이 만나서 교류하는 상황보다는 훨씬 정형적입니다. 또 회사에서는 다른 사람(특히 상사)에게 좋은 인상을 남기기 위해 노력할 가능성이 크고요. 그래서 대개 회사에서는 자신의 진면목을 다 보여주지 않을 가능성이 높습니다.

우리의 연구 동료 조슈아 부다쥐(Joshua Bourdage)는 대학교 교직원을 대상으로 자료를 수집했는데, 이런 추측과 일맥상통하는 결과를 보여주었습니다. 그는 대학 내 교직원들이 회사 동료나 상사에게 자신의 인상을 의식적으로 관리하기 위해 어떻게 행동하는지 연구했습니다. 이런 주제를 산업 및 조직심리학에서는 '직장 내 인상 관리'라고 부르는데, 여기에는 다섯 가지 행동 유형이 있다고 알려져 있습니다. 그것은 '자기 PR형'(자신의 경험이나 업적을 자랑함), '아부형'(인기를 끌기 위해 동료나 상사에게 듣기 좋은 말만 함), '거짓 모범형'(바쁘지 않은데도 바쁜 척함), '엄살형'(도움을 받거나 일을 회피하기 위해 어리벙벙하게 행동함), '위협형'(자신에게 힘이 있음을 과시하고 위협함)입니다.[4] 이런 행동의 공통적인 특성은 자신의 이익을 위해 동료 직원이나 상사를 조종하려고 한다는 것입니다.

대학 내 같은 부서에서 최소한 6개월간 같이 일한 적이 있는 교직원 50쌍을 우리 연구실로 초대했습니다. 이들은 HEXACO 성격검사를 이용해 자기 보고를 했고 또 연구에 같이 참여하고 있는 직장 동료의

---

4 Bolino & Turnley(1999).

성격에 대해 타인 보고를 했습니다. 이들은 성격검사뿐 아니라 위에서 언급한 '직장 내 인상 관리' 질문지에 대해서도 자기 보고와 타인 보고를 함께 작성하게 되었습니다. 연구에 참여한 교직원에게는 익명성과 비밀성이 보장되었고, 그들은 다른 사람의 반응을 보거나 대화를 나눌 수 없었습니다(이들의 검사 방법 및 절차는 대학생들의 경우와 완전히 같았습니다). 과연 연구 참여자들은 회사 동료들이 직장 내에서 인상 관리를 하고 있었는지 정확히 인지했을까요?

우리는 100여 명에 이르는 연구 참여자들에게서 수집된 자료들을 분석한 결과 약간 혼란에 빠졌습니다. 직장 내 인상 관리에 대한 설문의 자기 보고는 그들의 동료에게서 수집된 타인 보고와 일치도가 극히 낮은 것으로 드러났습니다. 이건 좀 상식과 맞지 않는 결과였습니다. 회사에서 일하는 사람들은 직장 동료들의 이런 행동에 대해 적어도 약간은 눈치채고 있어야 한다고 생각했던 우리의 기대와는 정반대의 결과였던 것이지요. 연구 참여자 대부분은 평균적으로 18개월 정도를 알고 지낸 사람들로 회사에서 꽤 오랜 시간을 함께 보냈는데도 말입니다.

혹자는 이런 결과가 나타난 이유가 회사 직원들이 자신들의 직장 내 인상 관리 행동에 대해 솔직하게 반응하지 않았기 때문이라고 생각할 수 있습니다. 연구 참여자들이 자신들의 인상 관리 행동을 축소해서 보고한 경향이 있었다면, 이 연구에서 관찰된 자기 보고와 동료 보고 사이의 낮은 일치도가 설명됩니다. 그러나 이러한 설명은 우리 자료에서 발견된 다른 결과와 잘 부합하지 않습니다. 인상 관리 척도의 자기 보고 평균 수준은 회사 동료 보고의 평균 수준과 매우 비슷했습니다(더욱

이 무기명으로 비밀 검사를 시행했기 때문에 그들은 이런 행동을 숨길 이유도 별로 없었습니다). 직장 내 인상 관리 행동에 대해 자기 보고와 동료 보고 사이의 일치도가 낮았다는 사실은 연구 참여자들이 회사 동료들이 겉으로 보여준 행동이 품은 저의를 잘 모르고 있었던 데 기인했다고 보는 것이 더 타당해 보입니다. 이 결과가 시사하는 바는 아주 모범적인 직장 동료라고 생각했던 사람 중 어떤 사람은 진정으로 좋은 의도에서 그런 행동을 했던 것이지만, 어떤 사람은 자신이 바라는 무언가를 얻기 위해서 '연극'을 하고 있었다는 사실입니다. 반대로 직장 동료의 진실한 모범적 행동을 마치 숨겨진 의도가 있는 것으로 잘못 판단한 경우도 있었을 겁니다. 아무튼 연구 참여자들은 직장 동료들이 한 행동에 담긴 의도를 아주 정확하게는 판단하지 못했습니다.

회사 내에서 인상 관리 행동을 빈번히 한다고 보고한 직장인들은 정직성에서 상당히 낮은 점수를 받았습니다. 이는 예상한 결과였지요. 재미있는 건 정직성에서의 자기 보고-동료 보고 일치도 계수 역시 이 교직원 표집에서는 매우 낮은 것으로 드러났다는 사실입니다. 교직원들은 자신의 동료가 얼마나 자주 인상 관리 행동을 하는지 잘 몰랐던 것처럼, 동료들의 정직성이 얼마나 높거나 낮은지에 대해서도 정확히 판단해내지 못했습니다. HEXACO 성격 모델에서 나머지 5개 요인을 판단하는 데 있어서도 직장 동료 쌍들은 대학생 친구 쌍들보다 일반적으로 덜 정확했습니다(외향성은 역시 예외입니다. 직장인들도 이 성격은 상당히 정확히 판단할 수 있었습니다). 아마 이 연구에 참여한 직장 동료들은 이전에 논의한 대학생 친구들보다는 서로 덜 친숙했을 테고 그래서 상대방에 대해 상대적으로 모르는 것이 더 많았겠지요. 그런데 가장 흥미로운 발견은 HEXACO 성격 모델에 속한 나머지 5개 요인에 대한 판단에서는 직장 동료들도 웬만한 정도로 정확성을 보인 반면, 정직성에 대해서는 정확도가 극히 낮은 수준으로 떨어졌다는 것입니다. 부연하면 대학생 자료에서 정직성의 자기 보고-타인 보고의 일치도 계수는 0.5 정도에 이르는 데 반해, 직장 동료 자료에서는 그 계수가 0.1 정도밖에 안 되는 것으로 나타났습니다.

왜 직장 동료 사이에서는 정직성의 수준을 정확히 알아내기 어려울까요? 회사 내에서 접하는 동료들의 일상적인 업무 상황에서는 정직성을 나타내주는 단서가 다른 상황에서처럼 풍부하지 않을 가능성이 높습니다. 서류를 주고받고 프로젝트 회의를 하는 따위의 상황은 다른 성격 요인에 대해서는 관련 정보를 줄지 모르지만 정직성과 관련해서는 별 정보를 주지 못할 수 있습니다. 또 다른 이유는 직장 내에서 사람들이 자신의 정직성 수준이 낮다는 것을 다 보여주지 않을 가능성이 높다는 것에 있습니다. 정직성이 낮은 직장인들은 강직하고 윤리적인 사람처럼 보이기 위해 사력을 다해 자신의 인상을 관리할 것이며, 정직성이 높은 직장인들은 어차피 의식하지 않아도 그런 식으로 행동하게 되겠지요. 그러니 누가 진정으로 정직한 사람인지 알아내기가 쉽지 않습니다(반면에 친구나 부부 사이에서는 인상을 관리해야 할 이유가 그렇게 많지 않습니다. 게다가 수시로 만나는 사이에 항상 '감시 안테나'를 올려놓고 자신의 언행을 24시간 점검하기는 여간 괴로운 일이 아니겠지요). 이 연구 결과가 의미하는 것은 직장 생활이라는 제한된 상황에서 관찰한 바에 따라 직장 동료들을 판단했을 때 우리는 그들을 너무 많이 신뢰할 수도, 반대로 너무 덜 신뢰할 수도 있다는 것입니다. 이 점은 직장 생활을 하면서 꼭 염두에 두는 것이 좋습니다.

위 연구는 캐나다의 한 대학교 직원들에게 실시한 연구입니다. 한국처럼 한 사람의 일생이 직장을 중심으로 돌고 업무뿐 아니라 사회적·개인적 삶도 직장을 중심으로 돌아간다면, 이러한 연구 결과가 한국에는 적용되지 않을지도 모릅니다. 한국의 직장인들은 회사 동료가 지닌 정직성 수준을 배우자가 지닌 정직성 수준보다 더 잘 알고 있다고 추측하시는 분들, 혹시 계신가요?

이번 장을 요약합니다. 우리는 친구나 배우자 등 매우 친숙한 사람들의 성격을 꽤 정확하게 판단할 수 있습니다. 그리고 우리는 그다지 잘 알지 못하는 사람, 즉 조금 먼 관계에 있는 사회 친구나 직장 동료라도 그들의 성격에 대해 그런대로 잘 판단할 수 있습니다. 그런데 정직성은 좀 다릅니다. 정직성을 정확히 판단하려면 그 사람을 상당히 잘 알아야 합니다.

FACTOR

2장

정직한 사람들은 끼리끼리 어울린다

배우자나 애인, 제일 친한 친구 몇 명을 한번 떠올려보세요. 이 사람들의 성격을 생각해보면 적어도 어떤 부분에서는 여러분과 비슷한 면이 있다고 느낄 것입니다. 나와 친한 사람들은 과연 어떤 성격에서 나와 비슷할까요?

이번 장에서는 친구, 배우자, 애인의 성격과 우리의 성격이 비슷한지 아닌지 또는 우리가 비슷하다고 은연중에 느끼는지 이야기해보려고 합니다. 즉 정직한 사람은 정직한 사람과 유유상종하는 경향이 있고, 부지런한 사람은 부지런한 사람과 유유상종하는 경향이 있을까요? 그렇다면 부정직한 사람은 부정직한 사람끼리, 게으른 사람들은 게으른 사람끼리 몰려다니는 경향이 있을까요?

유유상종하는 몇 가지 특성

성격에 대해서 이야기하기 전에 먼저 친한 친구나 배우자와 꽤 비슷하다고 생각되는 특성들을 살펴보지요. 아마 여러분은 배우자나 친구와 연령, 교육 수준, 종교, 인종 등에서 상당히 비슷하다고 느낄 것입니다.

왜 그럴까요? 사람들은 학교에 다니고 교회에 가며 각종 사회 모임에 참여해서 사람을 만납니다. 이때 만나는 사람들은 같은 범주에 속하는 사람들이고 그러니 몇 가지 면에서 비슷해질 수밖에 없지요. 특별히 비슷한 사람을 사귀려고 의식적으로나 무의식적으로 노력하지 않아도 그런 사람을 만나고 사귀게 되는 것입니다.

그러나 이런 식으로 생겨나는 유사성이라고는 설명하기 어려운 다른 몇 가지 특성에서도 유사성이 발견됩니다. 한 예가 신체적 매력입니다. 사회심리학 연구에 따르면, 길거리에서 두 명을 아무나 골라 짝지었을 때보다 부부나 애인 관계에 있는 두 사람이 신체적 매력도에서 더 비슷한 편입니다. 잘생긴 남자가 예쁜 여자와 사귈 가능성이 더 큰 것처럼요(물론 주변에 안 그런 쌍도 많지요? 그래도 신체적 매력에 관한 유사성은 여러 연구에서 관찰됩니다).

한 사회심리학 연구에서 연인 관계에 있는 두 남녀가 신체적 매력도에 있어서 어떻게 비슷해는지 그 과정을 연구했습니다. 이 연구에서는 연인 120쌍을 9개월 동안 연구했는데 신체적 매력도에서 차이가 많이 나는 쌍들이 9개월 후에 헤어질 가능성이 더 크다고 보고했습니다.[5] 그리고 매력적인 외모를 가진 것으로 평가된 사람들이 더 많은 이성친구들을 사귀는 것으로 나타났습니다. 그러므로 그들은 다른 이성을 사귈 수 있는 조건이 더 좋았으며, 관계를 끝내는 데 따르는 문제도 외모가 떨어지는 사람들에 비해 더 적었습니다. 외모에 관한 한 배우자를 선택하는 과정은 자신의 매력도에 걸맞은 상대를 획득해나가는 일종의 경쟁 시장처럼 작동하는 것 같습니다. 물론 신체적 매력이 배우자나 애인을 선택하는 데 작용하는 유일한 요인은 아니고, 다른 요인들로 낮은 신체적 매력도를 보충할 수 있습니다. 그 반대도 마찬가지이지요. 그러나 외모가 서로의 배우자로서 갖는 '가치'를 결정하는 중요한 요인 중 하나인 것은 틀림없는 것 같습니다.

예쁘고 잘생긴 외모는 실제로 거의 누구나 원하는 것이지요. 즉 다른 조건이 같다면 대부분 예쁘고 잘생긴 사람과 사귀고 싶어 합니다. 그러나 사람이 지닌 모든 특성이 이런 식으로 작동하는 것은 아닙니다. 어떤 특성은 모든 사람이 완전히 동의하는 '더 좋은' 방향이 없습니다. 즉 이때는 어떤 방향이든 자신의 특성과 비슷할수록 선호하게 됩니다. 종교를 생각해보세요. 종교를 가진 사람들은 같은 신앙을 가진 사람을 친구나 배우자로서 선호하지요. 종교를 갖지 않은 사람 역시 무교인 사람을 친구나 배우자로 선호합니다. 아마 근본주의적 종교인과 결혼한 강고한 무신론자를 찾아보기는 힘들 것입니다. 이런 결혼이 있다면 아주 재미난 시트콤 소재가 되겠지만, 그런 결혼을 유지하는 것은 생각보다 쉽지 않을 것입니다. 신의 존재, 진화론, 창조론 등을 두고 논쟁하

5 White(1980).

는 것도 하루 이틀이지, 매일 밤 그렇게 하다 보면 서로에게 상당한 상처를 줄지 모릅니다. 이렇듯 많은 연구는 부부가 종교성에서 상당한 유사성을 지니고 있다고 일관되게 보고합니다.[6] 같은 종교를 믿는다는 것뿐 아니라 종교에 대한 몰입도와 신실도를 나타내는 행동적인 측면에서도 부부가 서로 매우 비슷하다고 많은 연구는 보고하고 있습니다.

연인이나 부부 관계에서 정치적 태도도 종교적 신념만큼이나 비슷합니다. 좌파는 좌파끼리, 우파는 우파끼리 만나서 사귀고 결혼할 가능성이 큽니다. 마리아 슈라이버와 아놀드 슈왈제네거 같은 쌍을 찾기란 그렇게 쉬운 일이 아니지요(여자는 민주당, 남자는 공화당 지지자입니다. 이 분들도 결국 파경의 길을 가기는 했습니다). 부부 사이에서 나타나는 정치적 신념의 유사성은 종교적 신념의 유사성과 거의 비슷한 수준을 보인다고 알려져 있습니다.[7]

---

6 Lykken & Tellegen(1993) ; Watson, Klohnen, Casillas, Simms, Haig & Berry(2004).

7 애인이나 배우자를 선택하는 데 지능은 어떻게 작용할까요? 신체적 매력처럼 높을수록 좋을까요, 아니면 정치적·종교적 신념처럼 비슷할수록 좋을까요? 부부는 지능에서도 유사성을 보이기는 하는데, 흥미로운 것은 특히 어떤 한 측면에서만 비슷한 경향을 보인다는 것입니다. 부부 사이인 두 남녀는 언어적 지능(어휘력, 일반 상식)에서는 유사성을 보이지만 수학적 지능에서는 유사성이 현저히 떨어지는 편입니다. 언어적 지능에서 유사성을 보이는 이유가 신체적 매력도처럼 '경쟁 시장'의 원리에 의해 나타나는 것인지, 종교나 정치적 신념처럼 유사한 사람에게 매력을 느끼는 결과로 나타난 것인지는 확실하지 않습니다. 그래도 부부가 수학적 지능보다 언어적 지능에서 더 비슷하다는 것은 여러모로 이해가 갑니다. 연인은 대부분 대화를 통해서 사귀고 친해지지, 방정식을 풀면서 친해질 일은 별로 없을 테니까요.

부부의 신념과 태도는 어떤 경로로 비슷해질까?

부부가 갖는 신념과 태도가 서로 비슷한 것은 애초에 비슷한 사람끼리 만나서 사귀었기 때문일까요? 즉 이들은 만나기 전부터 비슷한 신념을 가진 사람들이었을까요, 아니면 '부창부수'로 이르게 되는 또 다른 경로가 있을까요? 예를 들어 부부는 오랜 시간을 같이 살면서 서로 의견을 조율하고 더 비슷해지는 방향으로 변화해왔을 수도 있습니다. 즉 처음에는 유사성이 낮더라도 시간이 지나면서 유사성이 높아지는 것이지요. 그렇지 않고 신념과 태도가 너무 다른 부부라면 시간이 갈수록 관계가 악화되고, 이로 인해 헤어질 가능성이 더 높을 수 있습니다. 이것은 오랫동안 좋은 관계를 유지하는 쌍일수록 신념이 비슷한 쌍이고, 그런 쌍만 남는다면 부부 간의 태도 유사성이 관찰될 수 있다는 이야기입니다.

한 연구에서 부부가 사회적 이슈에 대한 갖는 태도가 어떤 경로로 비슷해지는지 알아보았습니다. 500쌍을 대상으로 종교적 신념과 정치적 신념을 17년 동안 몇 차례 측정한 것이지요. 흥미롭게도 부부가 지닌 신념의 유사성은 연구 첫해에 측정했을 때나 17년 후에 측정했을 때나 차이가 거의 없었습니다. 즉 결혼 생활을 지속해가면서 부부의 의견이 점점 더 수렴해갈 것이라는 가설은 지지되지 않았지요. 또한 연구 참여자 중 약 6명에 한 명꼴로 이혼이나 별거를 했는데, 이들 헤어진 부부의 신념이 얼마나 유사한지를 계산해서 계속 같이 살고 있는 다른 쌍들과 비교했습니다. 이 두 집단 간에는 아무런 차이가 없었습니다.* 즉 정치 및 종교의 신념 차이 때문에 헤어지게 될 운명에 처한 부부는 별로 많지 않았던 것 같습니다. 이 연구 결과는 비슷비슷한 신념을 가진 사람들이 애초에 부부로 만나게 되고 바로 이것이 부부가 정치적 · 종교적 태도에서 유사성을 보이는 가장 중요한 이유라는 것을 나타냅니다. 물론 이 연구 결과가 완전히 상반되는 의견을 가진 부부도 그렇지 않은 부부만큼 잘산다는 것을 꼭 의미하는 것은 아닙니다. 이런 상극의 의견을 가진 쌍들은 애초부터 결혼에 성공할 가능성이 낮을 테니까 말이지요.

* Feng & Baker(1994).

성격이 비슷한 사람들과 친구가 되는 걸까?

이제까지 주로 태도나 신념이 배우자들 사이에서 얼마나 유사하며 왜 유사해지는지 이야기해왔는데, 이 책의 본 주제인 성격으로 돌아가봅시다. 우리는 배우자나 이성 친구, 동성 친구를 고를 때 성격이 비슷한 사람들에게 더 호감을 느낄까요? 아니면 자신과 성격이 정반대인 사람에게 더 매력을 느낄까요? 아니면 성격에 관한 한 누굴 사귈지는 완전히 우연적으로 아무렇게나 결정되는 것일까요?

2000년대 초반부터 우리는 이런 문제에 답해줄 수 있는 자료를 수집하기 시작했습니다. 앞서 이야기했듯이, 연구 참여자들에게 서로 잘 아는 동성 친구나 이성 친구와 함께 연구에 참여해 자신의 성격은 물론 실험에 같이 참여한 친구의 성격도 보고하게 했습니다. 물론 상대방에게도 본인의 성격과 더불어 자신을 실험실에 데려온 친구의 성격을 보고하게 했습니다. 그 결과 자기 성격 보고와 타인에 의한 성격 보고는 6개 성격 요인 모두에서 상당한 정도로 일치를 보인 바 있습니다.

이 성격 측정 자료들은 친한 친구 사이에서 나타나는 성격 유사성을 연구하는 데도 효과적으로 쓰일 수 있습니다. 예를 들어 서로 친한 친구인 철수와 영희가 우리 실험에 참가했다고 합시다. 철수와 영희는 모두 자기 보고용 HEXACO 성격검사지를 사용해서 자신의 성격을 기술합니다. 그리고 타인 보고용 HEXACO 성격검사지를 사용해서 친구의 성격을 보고합니다. 즉 철수는 영희의 성격을, 영희는 철수의 성격을 기술하게 되는 것이지요. 자기 보고 결과와 타인 보고 결과가 어떤 성격에서 얼마나 잘 일치하는지 알고 싶다면 철수의 자기 성격 보고와 영희가 철수의 성격에 대해 작성한 타인 보고를 비교하면 됩니다.(그림 3-1)

그림 3-1 자기 보고 결과와 타인 보고 결과의 일치

그런데 어떤 성격에 대해 친구인 두 사람이 얼마나 비슷한지를 알고 싶다면 철수의 자기 보고와 영희의 자기 보고를 비교하면 됩니다.(그림 3-2) 바로 이런 비교가 이전에 논의했던 정치적·종교적 신념에서의 유사성과 정확히 같은 종류의 유사성을 말해줍니다. 즉 특정 성격에서 친구들끼리 평균적으로 얼마나 비슷한지에 대해 답해주는 것이지요.[8]

그림 3-2 유사성

마지막으로 특정 성격에 대해 친구가 자신과 얼마나 비슷하다고 **지각하고** 있는지를 알아보려면, 철수의 자기 성격 보고와 철수가 영희의 성격에 대해 작성한 타인 보고를 비교해보면 됩니다(물론 철수와 영희를 바꾸어놓고 생각해도 마찬가지고요).(그림 3-3)

자료를 이런 방식으로 배열해서 계산된 상관관계는 철수가 자신의 친구 영희와 얼마나 비슷하다고 스스로 은연중에 **지각하는지**, 즉 얼마만큼의 유사성을 암묵적으로 가정하고 있는지를 나타내게 됩니다. 철수에게 영희가 자신과 얼마나 비슷하다고 느끼는지 직접 물어보지는

8 물론 철수와 영희가 작성한 상대방에 대한 타인 보고를 비교하는 것도 유사성을 평가하는 다른 한 방법입니다. 이 방법은 자기 보고에 의한 방법과 매우 비슷한 결과를 보여줍니다.

그림 3-3 지각된 유사성

않아도 철수가 상정하고 있는 영희와의 성격 유사성을 알 수 있는 것이지요. 이 관계를 이제부터는 '지각된 유사성'이라고 부르겠습니다.

친구 간에 나타나는 성격 유사성과 지각된 유사성 자체가 재미있는 현상이었고, 우리는 이에 대한 문헌을 조사해보기 시작했습니다. 이에 대한 연구가 많지는 않았지만 그중 대부분은 친구 간이나 배우자 간에 성격 유사성은 거의 없거나 있어도 미미한 정도라고 제안하고 있었지요. 지각된 유사성에 대한 연구도 그렇게 많지 않았습니다. 그러므로 우리는 무언가 새로운 것을 알아낼 수도 있겠구나 생각했습니다.

우리는 두 친구의 성격 유사성을 나타내주는 상관, 즉 그림 3-2와 같이 배열된 자료에서 얻어진 상관을 구했습니다. 그런데 정직성과 개방성에서 아주 일관되게 정적 상관이 나왔습니다. 상관의 크기는 약 0.25 정도였습니다.[9] 그러나 흥미로운 사실은 나머지 성격 요인 4가지에서는 상관이 거의 0에 가깝게 나왔다는 것입니다. 즉 나머지 성격 요

9 Lee, Ashton, Pozzebon, Visser, Bourdage & Ogunfowora(2009).

인에서는 거의 아무런 유사성이 없었던 것이지요.

진실하고 젠체하지 않는(정직성이 높은) 학생들은 바로 그런 성격을 지닌 사람과 교류할 가능성이 더 높았습니다. 물론 일탈을 일삼고 가식적인(정직성이 낮은) 학생들 역시 그와 비슷한 친구들과 사귈 가능성이 높았습니다. 또한 지적으로 호기심이 많고 철학적인(개방성이 높은) 학생들은 바로 그런 특성을 가진 사람을 친구로 받아들일 가능성이 더 높고, 관습을 중히 여기고 복잡한 게 싫은(개방성이 낮은) 학생들 역시 그와 비슷한 성격을 갖는 사람끼리 친구할 가능성이 더 높았습니다. 반면 나머지 성격 요인 네 가지에 관한 한, 친구들은 그냥 무작위로 짝지어서 맺어진 두 명처럼 성격 간에 아무런 유사성이 없었고, 이 점은 꽤나 흥미로운 사실이었습니다.[10]

친구가 서로에 대해 지각하고 있는 성격 유사성은 더 놀라운 대비를 보여주었습니다. 이 경우 정직성과 개방성에 관한 한 사람들은 자신의 친구가 자신과 매우 비슷하다고 (은연중에) 지각하는 경향을 보여주었습니다(약 0.4 정도의 상관계수가 나왔고, 정직성이 개방성보다 약간 더 높은 '지각된' 유사성을 보여주었습니다). 즉 이런 지각된 유사성은 실제 관찰된 유사성보다 훨씬 강한 경향이 있었지요.

이런 연구 결과를 요약한다면, 친구들의 성격은 정직성과 개방성에

---

10 연구에 참여한 사람들은 대부분 친구 관계였지만 그중에는 연인 관계, 부부 관계, 형제자매 관계도 있었습니다. 그렇지만 대부분이 친구 관계였으므로 이 연구 결과를 친구들 사이에서 얻은 것처럼 묘사할 것입니다. 그러나 이 연구 결과들은 연인 관계 등 다른 유형의 커플에서 나타나게 될 결과와 크게 다르지 않을 것입니다.

서는 비슷한 편이고, 자기 자신들은 정작 이 유사성을 은연중에 더 과장해서 지각하는 경향이 있었다고 말할 수 있습니다. 흥미로운 사실은 나머지 성격 요인 네 가지에 대해서는 친구들 사이에서 아무런 유사성이나 지각된 유사성조차 발견되지 않았다는 것입니다.

가치관의 토대가 되는 '개방성과 정직성'

친구 사이의 유사성 및 지각된 유사성에 대한 발견은 우리에게 큰 물음을 하나 남겨주었습니다. 왜 하필 이 두 성격 요인에서만 친구들이 서로 더 비슷할까요? 말하자면 정직성과 개방성에는 어떤 공통점이 있으며 이 두 요인은 다른 요인과 어떻게 다르길래 이 성격들에서만 친구들끼리의 유사성이 발견되는 것일까 하는 물음입니다. 사실 이런 연구 결과를 얻은 후 몇 년에 걸쳐 그 까닭을 찾고자 노력했지만 쉽게 떠오르는 좋은 아이디어가 없었습니다. 연구 결과 자체는 매우 흥미로웠지만, 왜 이런 결과가 나와야 했는지에 대해 속 시원한 해답이 없으니 좀 더 생각해보고 나서 논문을 쓰기로 하고 그 후로 몇 년을 흘려보냈습니다. 그러고 나서 아이디어가 몇 개 떠올랐는데, 우리의 대학원생이었던 줄리 포제본(Julie Pozzebon), 베스 바이서(Beth Visser)와 함께 '개인 가치관'과 성격의 관계를 연구하면서 이런 아이디어를 검증할 기회를 얻게 되었습니다.

심리학에서 '가치관'은 인간에게만 적용할 수 있는 몇 안 되는 연구 주제 중 하나입니다. 심리학자들은 학습, 지각, 동기, 지능, 그리고 성격에 대해서조차도 인간이 아닌 동물을 대상으로 연구할 수 있습니다. 예를 들어 '성격'에 대한 과학적 연구는 여러 동물, 특히 침팬지, 개, 물고기, 새, 문어 등을 대상으로 연구되어왔습니다. 이 연구들에 따르면 동물이 지닌 특정 성격은 꽤 믿을 만하게 측정될 수 있고, 동물의 성격도 인간의 성격처럼 시간과 공간에 걸쳐서 일관성을 보이며, 동물의 성격 역시 인간의 성격처럼 기본적으로 유전적 영향을 상당히 많이 받는다는 것을 보여줍니다. 반면에 '당신의 인생에서 가장 중요한 것은 무엇인가?'라는 물음, 즉 가치관에 대한 연구를 허용하는 동물은 우리 인간밖에는 없습니다. 인간의 가장 가까운 사촌인 침팬지나 보노보에게도 이런 질문에 대한 의미 있는 답을 기대하기란 어렵습니다. 장차 설명하겠지만, 가치관을 연구함으로써 왜 어떤 성격은 친구나 배우자 간에 유사성을 보이고 어떤 성격은 유사성을 보이지 않는지 더 깊게 이해할 수 있게 됩니다.

사람은 인생을 살아나가는 데 근간이 되는 가치관의 양상에서 주로 어떤 차이를 보일까요? 심리학자들은 여러 사람 각자가 지닌 가치관을 잘 구분해주는 광범위한 요인 두 개를 발견했습니다. 첫 번째는 독특한 개성과 혁신적 새로움을 추구하는지, 아니면 사회적 전통과 사회 동조성을 추구하는지에 따른 차이를 나타내는 요인입니다. 두 번째는 더불어 사는 세상에서 복지나 평등을 추구하는지, 아니면 자기 자신의 부, 명예, 성공을 추구하는지에 따른 차이를 나타내주는 요인입니다.[11] 즉 인간

11 Schwartz(1992).

이 추구하는 가치는 자유, 행복, 가족, 성공, 쾌락, 평등, 인류애 등으로 매우 다양하지만, 이 다양한 가치관들이 우리 인생에서 얼마나 중요한지를 구분해주는 것은 대략 두 개의 축으로 요약될 수 있다는 것입니다.

위에 설명한 두 가지 '가치관' 차원들과 HEXACO 요인이 어떻게 관련될지는 아마 여러분도 대충 눈치채셨을 것입니다. 앞서 가치관을 구분 짓는다고 했던 첫 번째 축은 개방성과, 두 번째 축은 정직성과 각각 관련됩니다. 즉 사람의 가치관은 그들이 지닌 정직성과 개방성의 점수에 상당히 큰 영향을 받는 것이지요. 재미있는 것은 가치관에 강하게 관련되는 주요 성격 요인은 이 두 가지뿐이며, 나머지 네 가지 성격 요인은 가치관의 두 축과 그다지 큰 관련성을 보이지 않는다는 것입니다. 이것은 우리의 첫 물음이었지요. 그렇다면 정직성과 개방성에만 공통된, 그리하여 이 두 가지 요인과 나머지 네 가지 요인을 구분해주었던 그 중요한 특성은 바로 '가치관'과의 관련성인 것 같아 보입니다. 정직성과 개방성은 우리 인생에서 과연 어떤 목표를 중요한 가치로 두어야만 하는지에 대한 믿음을 형성하는 두 개의 기둥이었던 것이지요. 말하자면 우리 가치관의 토대를 이루는 두 성격 요인이라고나 할까요?

이처럼 정직성과 개방성이 가치관과 관련되기 때문에 친구들의 두 성격 사이에 유사성이 나타나는 것이라면, 가치관을 나누는 두 축에서도 유사성 및 지각된 유사성을 관찰할 수 있어야 합니다. 우리는 가치관과 관련된 새로운 자료를 수집하자마자 이것을 확인해보았고, 그 결과 정직성과 개방성에서 나타난 것과 정확히 같은 패턴의 유사성 및 지각된 유사성을 두 가치관 차원에서 관찰할 수 있었습니다. 즉 사람들은 자신의 가치관과 비슷한 가치관을 지닌 사람들과 어울리고 있었으며, 친구들과 자신이 지닌 가치관의 유사성을 실제보다 더 과장해 지각하고 있었던 것이지요. 가치관이 서로 유사한 사람들끼리 친구가 될 가능성이 더 높은 이유는 개인의 가치관이 바로 '나는 누구인가'라는 자신의 정체성에 매우 중요한 부분이기 때문일 것입니다. 즉 다른 사람과 더불어 살아가는 방식에 대한 신념과 이상은 우리의 정체성을 구성하고, 바로 이런 이유로 신념과 이상을 공유하는 사람들끼리 사회적 관계를 형성할 가능성이 높아지는 것입니다.[12]

우리는 사람들이 사회적 관계를 형성하고 유지하는 데 가치관의 유사성을 의식적으로 고려한다고 주장하는 것이 아닙니다. '이 사람은 나랑 코드가 맞으니까 친구로 지내도 되겠다'라고 의식적으로 판단하고 결정해 친구나 배우자를 선택하는 경우는 그렇게 많지 않을 것입니다. 사람들은 주변에서 일어나는 많은 일들에 대한 판단 및 의견에서 자신과 코드가 맞는 사람에게 무의식적으로 더 끌리게 됩니다. 이런 사람들과 같이 있으면 편안하고 즐거울 가능성이 큰 반면, 그렇지 않은 사람들과 있으면 불편하고 때로는 배알이 뒤틀릴 일이 생길지도 모르니까요.

지금까지 말한 것은 지각된 유사성과 관련된 또 다른 연구 결과와 잘 합치합니다. 연구 결과는 의미 있고 친밀한 관계에 있는 친구나 연

12 가치관이 사회적 관계를 형성하는 데 주는 영향은 왜 '지각된' 유사성이 '실제적' 유사성보다 더 강하게 나타나는지를 말해줍니다. 예컨대 영희가 철수에게 끌리는 정도는 그들이 객관적으로 얼마나 더 비슷한가 하는 것보다는 영희가 '생각하기에' 철수가 자신과 얼마나 더 비슷한지에 따라서 결정되니까요.

인들은 스스로 자신들이 정직성과 개방성에서 더 많이 유사하다고 느낄 것이라 예언합니다. 반면에 단순한 직장 동료, 이웃, 학교 급우 등에 대해서는 특별히 크게 성격 유사성을 느끼지는 않을 것이라고 예언합니다. 또는 소설이나 TV 드라마에 나오는 주인공들처럼 성격 자체는 잘 파악하고 있지만 아무런 개인적 관계가 없는 사람들에 대해서는 성격 유사성을 전혀 느끼지 못할 것으로 예언합니다. 우리가 연구해 얻은 자료는 대체로 이런 예언을 지지해줍니다. 정직성과 개방성에서의 지각된 유사성은 친한 친구나 연인들을 대상으로 할 때보다 직장 동료, 학교 급우, 이웃 등을 대상으로 할 때 훨씬 더 약했습니다. 그리고 대학생들에게 유명한 TV 드라마 주인공(2000년대 미국의 인기 시트콤 〈프렌즈〉에서 레이첼과 로스)의 성격을 기술하라고 했을 때 그들은 정직성과 개방성을 포함한 그 어떤 성격에도 지각된 유사성을 보여주지 않았습니다.

이 장에서 논의한 결과들은 일상생활에서 의미 있게 적용될 수 있을지 모릅니다. "어떤 사람을 잘 알려면 그 사람의 친구를 보면 된다"는 말이 있지요. 우리 연구 결과에 따르면 이 속담에는 꽤 그럴듯한 진실이 있습니다. 특히 그 사람에게서 알고 싶은 특성이 가치관이나 가치관을 떠받치는 두 성격 기둥인 정직성과 개방성이라면 말이지요. 우리는 아마 철수의 친한 친구 몇 명을 모아서 그 친구들의 성격 점수 평균을 계산해보는 방식으로 정직성이나 개방성의 수준을 상당히 정확히 알아낼 수 있을 것입니다.[13] 또한 철수에게 친한 친구들의 정직성 및 개방

13 물론 친구를 선택할 여지가 별로 없는 작은 동네가 아니라는 전제하에 그렇습니다.

성을 보고하라고 부탁해서 그 점수들의 평균을 낸다면 철수가 지닌 정직성과 개방성 수준을 더 정확하게 판단할 수 있을 것입니다.

이제 정직성과 개방성이 우리의 가치 체계와 밀접히 관련되어 있다는 사실을 알았다면, 여러분은 이 두 성격 요인이 정치나 종교 같은 민감한 주제와도 관련되어 있지 않을까 생각할지도 모릅니다. 다음 4부에서는 바로 이 주제들에 대해 이야기할 것입니다.

4부

삶의 각 분야에서 드러나는 정직성의 양상

정직성은 준법 행동이나 일탈 행동뿐 아니라 우리 삶의 여러 측면에 심대한 영향을 줍니다. 정직성은 개인의 가치관, 정치적 관점, 종교적 신념에 영향을 주기도 하고, 돈, 권력, 섹스에 대한 사고방식을 결정하는 데도 큰 역할을 합니다. 4부에서는 정직성이 우리 인생의 각 영역에 어떤 영향을 미치고 있는지 살펴봅니다.

FACTOR

1장

정치와 성격

다른 사람과 잘 어울려 지내려면 정치와 종교 이야기를 피하라는 말들을 하지요. 회사에 첫 출근해서 만난 동료들, 시댁이나 처가댁에 처음 인사 가서 뵙게 된 어르신들, 이사 가서 만난 새로운 이웃에게 종교와 정치에 대한 여러분의 태도를 죄다 이야기해버리는 건 그렇게 현명한 처사가 아닐 겁니다. 정치 및 종교와 관련된 이슈에서 여러분의 태도를 공개적으로 주장하는 것은 주변 사람을 불편하게 만들 수도 있고, 가끔은 꽤 심각한 감정싸움으로 번질 수도 있으니까요.

이런 충고는 아마 받아들이는 게 좋을 겁니다. 사람들은 정치적·종교적 문제를 꽤 심각하게 받아들이는 경향이 있습니다. 자기와 직접적인 관련이 없는 사회적·정치적 이슈에 대해서도 사람들은 아주 열정적으로 의견을 피력하지요. 이것은 사실 매우 흥미로운 현상입니다. 왜냐하면 우리는 정치적이거나 종교적이지 않은 이슈에서 의견이 다른 것에는 별로 신경 쓰지 않거든요. 사람들은 언제나 정치와 종교에 관심이 많습니다. 비근한 예로 리처드 도킨스가 쓴 훌륭한 진화생물학 책인 《이기적 유전자》가 백만 부 팔리는 데 30년이 걸렸는데, 같은 저자가 쓴 반(反) 종교 서적인 《만들어진 신》은 고작 2년 만에 백만 부를 돌파했습니다. 미국의 유명한 언어학자인 노암 촘스키도 언어 획득이라는 주제에 대해 그가 이룬 눈부신 과학적 업적보다는 미국 외교 정책의 비판자로서 훨씬 더 잘 알려져 있습니다.

왜 그렇게 우리는 정치적·종교적 문제에 대해서 과도하고 예민하게 관심을 보일까요? 아마 그 까닭은 정치나 종교적 태도가 우리의 기본적 가치관을 반영하고 있기 때문일 것입니다. 가치관이라는 건 이 세상을 어떻게 살아가야 하는지에 대한 우리의 철학과 이상입니다. 이런 철학과 이상은 '과연 나는 누구인가?'라는 정체성을 확인하는 근간이 되므로, 그 가치관과 비슷한 사람들끼리 만나면 기분이 좋아지고, 그렇지 않은 사람을 만나면 뭔가 불편해지는 것이라고 앞서 말씀드렸지요.[1] 친구나 애인을 사귈 때 정치적으로나 종교적으로 비슷한 사람들에게 끌리게 되는 것도 바로 이 때문입니다.

이 장에서는 성격 요인(특히 정직성과 개방성)이 가치관과 관련된 중요한 한 특성인 정치적 태도에 어떤 영향을 주는지에 대해서 논의해보려고 합니다.

---

1 가치관적 요소가 적은 대상에 대해 의견이 일치하지 않는 것은 크게 문제되지 않습니다. 아침형 인간이 저녁형 인간을 만났다고 기분이 나빠져 서로를 적대시하는 경우는 없지요. 또한 방 청소는 일주일에 몇 번 해야만 하는지에 대해 친구들과 열띤 논쟁을 해본 적 없으시지요? 물론 어머니나 아내와는 그런 논쟁을 해보셨겠지만, 그건 가치관 논쟁이라기보다는 아마 야단맞는 분위기였을 겁니다.

우파 권위주의와 사회 지배 지향성

정치적 태도를 연구하는 심리학자들은 사회적 이슈, 예컨대 낙태 합법화에서부터 제3세계 식량 지원 문제 등에 관한 태도들이 단지 두 가지 심리학적 개념으로 아주 잘 예언된다고 믿고 있습니다. 이 개념들은 우파 권위주의(Right-Wing Authoritarianism)와 사회 지배 지향성(Social Dominance Orientation)이라고 불려왔습니다. 이 척도들은 대개 자기 보고 설문지로 측정되는데, 이 개념들의 내용을 이해하기 위해서는 그 설문지에 실린 문항을 보는 것이 도움이 될 것 같아서 표 4-1에 문항 몇 가지를 제시했습니다.

우파 권위주의 먼저 살펴보겠습니다. 이 척도는 캐나다 매니토바대학의 밥 알트마이어(Bob Altemeyer)가 개발하고 발전시켰는데,[2] 우파 권위주의에서 높은 점수를 받는 사람들은 다음과 같은 성향을 지니고 있습니다. 그들은 관습적 규범에 동조하고 확립된 권위 체계에 복종하는 편이며, 이를 따르지 않는 사람들을 권위적으로(때로는 공격적으로) 억압하는 것을 마다하지 않는 편입니다. 즉 우파 권위주의 척도에서 높은 점수를 보이는 사람들은 통상적인 규범과 관습에 도전하는 사람과 그들의 급진적 생각을 배척합니다. 이들이 16세기에 태어났다면 아마 코페르니쿠스의 지동설을 아주 싫어했을 것입니다. 이들이 19세기에 태어났다면 다윈의 진화론을 아주 싫어했을 것이고요(하긴 진화론을 받아

2 Altemeyer(1981, 1996).

표 4-1 우파 권위주의와 사회 지배 지향성 척도에서 사용되는 문항의 예

우파 권위주의
• 우리의 관습과 다른 신념이나 성적 지향성 등을 지니고 있는 사람들이라도 그들의 삶의 방식은 존중되어야 한다.(역)
• 우리 나라가 위기를 극복하는 유일한 길은 전통적 가치로 돌아가고 강력한 지도자를 내세워 나쁜 사상을 유포하는 사람들을 침묵하게 하는 것이다.
• 범죄, 성적 문란, 공공질서의 파괴를 볼 때, 우리 나라의 전통 도덕과 법질서를 바로잡기 위해서는 사람들을 엄격하게 다스려야 한다.
• 지금 우리 나라에는 급진적이고 비도덕적인 세력이 우리의 전통 가치를 훼손하려 하므로 정부는 이들의 행동을 막아야 한다.
• 현재 우리 나라에서 가장 필요한 사람은 현 체제와 일상적 '관례'에 의문을 제기하는 사람이다.(역)
사회 지배 지향성
• 어떤 집단/계층은 다른 집단/계층보다 열등한 것이 사실이다.
• 출세하기 위해서라면 다른 집단/계층에 속한 사람을 밟고 올라가야 한다.
• 어떤 집단/계층은 분수를 알고 제자리를 지키고 있어야 한다.
• 우리는 사회적 평등을 증진하도록 애써야 한다.(역)
• 모든 집단/계층에 동등한 기회가 주어져야 한다.(역)

* '역'이라고 표시된 문항은 이 문항에 동의하지 않을 때 그 척도에서 더 높은 점수를 받게 되는 문항.

들이지 못하는 사람들은 지금 21세기에조차도 아주 많지요). 21세기 미국에 사는 사람 중에 우파 권위주의적인 사람들이 몇 가지 정치적 이슈에서 어떤 태도를 가질 것인지도 아주 잘 예언할 수 있습니다. 이들 중 대부분은 동성 결혼, 낙태 합법화, 안락사, 마리화나 소량 소지 합법화에 반대할 가능성이 매우 높습니다.

사회 지배 지향성은 펠리샤 프라토(Felicia Pratto)와 짐 사이더니어스

(Jim Sidanius)가 개발한 개념입니다.[3] 사회 지배성에서 높은 점수를 받는 사람들은 특정 집단(특히 자기가 속한 집단)의 사람들이 더 높은 지위, 더 많은 부와 권력을 갖는 것에 큰 문제를 느끼지 못하고, 오히려 그런 사회 체계를 더 선호하는 경향이 있습니다. 사회 지배 지향성이 높은 사람들은 한 사회 안에서나 여러 사회들 간에 평등을 이루는 것보다 위계가 있는 것을 더 좋아하는 편입니다.

아마 이들이 19세기 미국에서 태어났다면, 노예제도에 찬성했을 가능성이 크고, 20세기 초에는 산업안전보건법 등을 반대했을 가능성이 큽니다. 21세기 미국에서 살고 있는 사람 중에 사회 지배 지향성이 높은 사람들은 국가 재정으로 복지를 확충하는 정책이나 공공의료보건정책, 공공고등교육정책에 반대할 것입니다. 또한 소수 인종이나 외국에 대한 원조에도 냉담하게 반응할 가능성이 높습니다. 이들은 교육받은 자와 그렇지 않은 자, 잘사는 자와 그렇지 않은 자들이 다르게 대접받는 것이 크게 잘못된 것이라고 여기지 않을 것입니다. 그러므로 이들은 중·고·대학교들이 서열화되어야 한다고 주장할 가능성이 높고(특히 그들과 그들의 가족이 그 엘리트 집단에 들어갈 수 있다면 더 그렇지요), 비정규직 고용 문제나 양극화 문제 등을 심각한 사회 문제로 느끼지 않을 것입니다. 그들은 이 세상이 어차피 약육강식·적자생존 원칙이 지배하는 곳이라는 신념을 지니고 있고, 따라서 그들에게 '승자 독식'은 논리적으로 당연한 귀결입니다.

---

3 Pratto, Sidamius, Stallworth & Malle(1994).

우파 권위주의와 사회 지배 지향성은 서로 깊게 관련되어 있지 않지만 사람들의 정치적 성향에는 둘 다 큰 영향을 줍니다. 사람들에게 자신들의 정치적 성향을 '좌-우' 또는 '진보-보수'라는 연결선 위에 나타내달라고 했을 때, 진보적이고 좌파적인 사람들은 우파 권위주의와 사회 지배 지향성 모두에서 낮은 점수를 보이고, 보수적이고 우파적인 사람들은 우파 권위주의와 사회 지배 지향성 모두에서 높은 점수를 보입니다.[4]

우파 권위주의의 척도가 어떤 사람이 '우파'에 속하게 될 가능성을 예언하는 것은 그렇게 놀라운 일은 아닌데, 재미있는 것은 사회 지배 지향성 척도도 거의 같은 정도로 예언력을 보인다는 것입니다. 예를 들면 미국 시민을 대상으로 한 상당히 큰 규모의 연구에서 진보와 보수라는 두 유형을 보이는 사람들의 정치적 지향성에 대해 우파 권위주의는 0.5의 상관을, 사회 지배 지향성은 0.4의 상관을 보였습니다.

흥미로운 사실은 우파 권위주의와 사회 지배 지향성 둘 간에는 상관이 그렇게 크지 않다는 것입니다. 이는 흔히 진보 및 보수라는 단일 지표로 나타내는 정치적 성향이 기실은 다른 두 심리적 개념에 의해 결정된다는 것을 의미합니다.[5]

이러한 연구 결과가 정치적으로 보수라 자처하시는 분들을 좀 부정적으로 묘사한 것이 아닐까 걱정입니다. 보수적 관점을 가진 분들 중에

---

4 '좌파'와 '우파'라는 말은 여러 나라에서 꽤 비슷한 의미로 쓰입니다. 그러나 '진보'나 '보수'의 의미는 유럽과 미국에서 약간 다를 수 있습니다. 북미에서는 '진보'와 '보수'를 '좌파'와 '우파'의 개념과 거의 비슷한 방식으로 사용하며, 이 책에서도 그런 방식으로 이 용어들을 사용할 것입니다.

5 Federico, Hunt & Ergun(2009).

는 우파 권위주의와 사회 지배 지향성에서 특별히 높은 점수를 받지 않는 사람도 많습니다. 왜냐하면 정치적 지향성을 결정하는 데는 심리학적 요인 말고도 다른 많은 요인이 영향을 줄 테니까요. 가정교육 및 환경, 사회적 · 경제적 지위, 지역적 기반 등 수많은 요인이 우리의 정치적 성향에 영향을 줍니다. 그리고 정치적 보수성과 관련된 특성 중에 사회적으로 긍정적인 것들도 많이 있습니다. 예를 들면 정치적 보수주의자가 진보주의자보다 자신의 인생에 만족하며 행복하다고 느끼고, 자기 통제력이나 자기 책임감이 진보주의자보다 약간 더 높다는 보고도 있습니다.[6]

다시 우파 권위주의와 사회 지배 지향성으로 돌아가보지요. 이 두 개념은 정치적 성향을 결정할 뿐 아니라 다른 여러 태도와도 관련됩니다.[7] 예컨대 우파 권위주의와 사회 지배 지향성 점수가 모두 높은 사람들은 맹목적 애국주의(무조건 '우리 나라 만세' 같은 태도)를 보일 가능성이 높고, 바로 이런 이유로 인해 다른 나라에 대한 침략을 지지할 가능성이 높습니다. 재미있는 건 우파 권위주의적인 사람과 사회 지배 지향적인 사람이 다른 나라와의 전쟁을 지지하는 이유가 약간 다르다는 것입니다. 전자는 이 세상을 자신의 집단 가치와 안전을 위협하는 세력으로 가득 차 있는 '위험한' 곳이라고 보는 경향이 있습니다. 반면에 후자는 이 세상을 자기 자신이 속한 집단의 부와 권력, 지위를 보호하기 위해서 적들을 패배시켜야 하는 양육강식의 원리가 지배하는 곳으로 바라봅니다. 그러나 이 둘의 종착점은 매우 비슷하며, 미국에서 실시된 연

---

6 Schlenker, Chambers & Le(2012).

7 Duckitt, Wagner, du Plessis & Birum(2002) ; McFarland(2005).

구에 따르면 이들 모두는 조지 부시의 이라크전쟁을 지지할 가능성이 높았던 것으로 나타났습니다.

우파 권위주의와 사회 지배 지향성에서 높은 점수를 받는 사람들은 소수 인종, 외국인, 성 소수자, 여성 인권의 고양—당사자가 남자라면—을 쌍수를 들고 반대할 가능성이 높습니다. 이런 사람들은 이들 소수자에 대한 편견을 가장 크게 가진 것으로 조사되었습니다.[8] 알트마이어는 "'편견' 올림픽이 있다면, 금메달은 우파 권위주의와 사회 지배 지향성이 모두 높은 사람들이 차지할 것이고, 은메달과 동메달은 둘 중에 하나만 높은 사람들이 가져갈 것"이라고 표현한 적이 있습니다. 아마 우파 권위주의와 사회 지배 지향성이 모두 낮은 사람들은 아무런 메달 없이 집으로 돌아가겠지만, 세계 각지에서 모인 사람들을 만나고 우정을 나누는 것으로 그저 행복해하겠지요.

우파 권위주의와 개방성의 관계

우파 권위주의는 어떤 성격 요인과 관련될까요? 아마 눈치채고 계셨겠지만, 우파 권위주의는 낮은 개방성과 관련됩니다. 사회적·정치적으로 보수적인 사람, 즉 관습적인 사회구조나 규범을 따르는 사람은 개방성에서 낮은 점수를 받는 경향이 있습니다. 1부에서 살펴보았듯이, 반대

8 Altemeyer(2004 ; 2006).

로 개방성이 높은 사람은 새롭고 신기한 것을 좋아하는 경향이 있습니다. 이들은 안 먹어본 나라의 음식, 안 가본 나라로의 여행, 새로 개발된 기술 등을 좋아하지요. 또한 이들은 특이한 '생각'들도 좋아합니다. 그러니까 이 사회는 '어떠어떠해야 한다'는 관습적 생각들이 이들에게는 잘 안 먹히는 경향이 있지요.

물론 우파 권위주의와 개방성이 관련된 정도가 완벽하다는 것은 아닙니다. 그러니까 여러분 주위에는 개방성은 낮지만 그렇게 보수적이지 않은 사람이 있을 수 있고, 개방성이 높아도 상당히 보수적으로 보이는 사람도 있을 것입니다(여담이지만 전자의 경우는 라스베이거스에 많고, 후자의 경우는 바티칸에서 찾을 수 있을 것입니다). 개방성이 높은 사람들이 사회적 변화를 좋아하는 기질을 가지고 있다 하더라도 그들의 정치적 성향에 영향을 주는 변수는 아주 많습니다. 예컨대 개방성이 높은 사람 중에 극단적으로 혼란스러운 나라에서 살고 있는 사람이라면, 개인의 자유가 보장된 사회가 자신의 취향에 맞다고 느끼지만 결국 사회질서를 유지하는 데는 전통적 가치가 꼭 필요하다고 느낄 수도 있습니다. 하지만 평균적으로 우파 권위주의와 개방성이 부적으로 관련되어 있다는 사실은 여러 연구에서 반복적으로 확인되어왔습니다.

재미있는 발견 중 하나는 개방성과 우파 권위주의의 부적인 관련은 나이가 들어갈수록 점점 강해진다는 사실입니다. 즉 10대나 20대 초반에는 낮은 개방성과 사회적·정치적 보수성의 상관이 상대적으로 약한 편입니다. 그러나 중년을 넘어 나이를 더 먹을수록 이 관계는 점점 강해집니다. 개방성이 낮은 사람은 보수주의로 점점 접근하고, 개방성이 높은 사람은 보수주의에서 점점 떨어져 나오는 경향이 있다는 것이지요.

우리는 성격과 정치적 태도의 관계를 캐나다, 한국, 미국, 이렇게 세 나라에서 연구한 바 있습니다.[9] 우리의 가설은 당연히 '낮은 개방성은 국적을 불문하고 우파 권위주의적 성향과 관련되어 있을 것이다'였습니다. 그 가설은 지지되었지만, 우파 권위주의와 개방성의 관련성이 세 나라에서 획일적으로 비슷하게 나온 것은 아니었습니다. 한국과 캐나다 표집에서는 그 부적 관계가 상대적으로 적어서 -0.2 정도를 보였는데, 미국 표집에서는 그 부적 관계가 훨씬 더 커서 약 -0.5 정도에 이르는 상관을 보였습니다. 이 차이는 무언가 더 설명이 필요할 정도로 큰 차이였고, 더 놀라운 건 이 차이가 문화적 차이로는 설명되기 어려웠다는 것입니다. 상식적으로 미국의 문화는 한국보다는 캐나다와 더 비슷하니까요. 문화적 차이가 큰 역할을 했다면, 한국에서 나온 연구 결과가 나머지 두 나라에서 나온 결과와 달라야 했거든요.

그런데 이 연구에서는 미국 표집이 한국 및 캐나다 표집과 구분되는 두드러진 차이가 하나 있었습니다. 미국에서 연구에 참여한 사람들은 훨씬 나이가 많았습니다. 이들은 대부분 대학을 졸업하고 평균 나이가 50쯤 되는 중년 어른이었고, 캐나다와 한국에서 연구에 참여한 사람들은 평균 20살 정도 되는 대학생들이었습니다. 그러므로 이 결과는 나이가 들어갈수록 개방성이 사회적·정치적 성향에 점점 더 큰 영향을 발휘하기 시작한다는 사실을 나타내는 것 같았습니다.

---

9 Lee, Ashton, Ogunfowora, Bourdage & Shin(2010).

그렇다면 왜 낮은 개방성과 우파 권위주의의 관계가 성인기를 지나면서 더 강해질까요? 이에 대한 답은 사람들의 개인 차이를 유전과 환경의 영향으로 설명하려고 하는 행동유전학적 연구에서 찾을 수 있습니다.(Scene 1-4 참조) 이들 연구에 따르면, 청소년기나 초기 성인기에는 사회적·정치적 태도가 그들이 자라난 가정환경에 큰 영향을 받는 것으로 나타납니다.[10] 아마 이 글을 읽는 중년 몇 분은 고등학교 때 지녔던 정치적·종교적 관점이 지금 지니고 있는 관점과 다소 다르다고, 또 그때 지녔던 관점은 부모님이 지녔던 관점과 비슷했다고 느낄 것입니다. 이렇듯 사회적·정치적 태도의 경우 청소년기나 초기 성인기까지는 부모의 태도에 큰 영향을 받습니다.

또한 이들 연구에 따르면, 흥미롭게도 초기 성인기가 지나고 나이가 들어가면서 사회적·정치적 태도에 대한 부모의 영향은 점점 줄어들고, 대신 유전적 영향이 점차 커지기 시작합니다. 이것은 유전적 지배를 많이 받게 되는 성격의 영향력이 더 커져감을 의미하는 것이지요. 그러므로 나이가 많은 집단을 대상으로 한 연구들에서는 낮은 개방성이 우파 권위주의와 훨씬 더 큰 관련성을 보이게 됩니다. 예컨대 부모님의 태도에 영향을 받아 보수적 태도를 견지했던 10대 후반의 청년이 있다고 합시다. 이 청년이 개방성이 높은 성격을 지니고 태어났다면, 성인기를 거치면서 점점 진보적 태도로 변화할 공산이 큽니다. 그러나 이 청년이 개방성이 낮은 성격을 가지고 태어났다면, 아마 나이가 들어서도 사회

10 Koenig et al.(2005) ; Eaves et al.(1997).

적으로 보수적인 태도를 계속 유지할 가능성이 클 것입니다.

우파 권위주의와 낮은 개방성의 관련성은 여러분이 이미 일상생활에서 감지하고 있던 몇 가지 현상을 이해하는 데 도움이 됩니다. 예를 들면 대학교수들(특히 인문 사회 계열 교수들)과 예술 계통 종사자들이 정치적으로 좌파인 경우가 더 많다고 느끼시지 않으셨나요? 대학교수들을 한번 살펴봅시다. 미국 대학교수들을 대상으로 정당 지지도를 조사해 보면 44% 정도에 달하는 교수들은 민주당을 지지하고, 단지 9% 정도만 공화당을 지지하는 것으로 나타납니다(47%는 무당파). 같은 조사를 미국의 일반 대중을 대상으로 실시하면 22%는 민주당, 35%는 공화당, 43%는 무당파입니다.[11] 상당히 뚜렷한 차이를 보이지요.

왜 학자들 중에 유독 좌파나 진보주의자들이 많을까요? 개방성의 한 특성이 지적 호기심이고, 바로 이것이 많은 학자가 공통적으로 지니고 있는 특성 중에 하나입니다(물론 지적 호기심이 없이 대학교수라는 직업을 지위나 명예를 얻기 위한 수단으로만 사용하는 사람들도 있기는 합니다. 많지 않기를 바랄 뿐이지요). 또한 개방성이 높은 사람은 자유주의적 태도를 옹호하고 전통적 관습을 거부할 가능성이 큽니다. 이런 경우 미국 사회에서 정치적으로 민주당을 지지하는 것은 이상한 일이 아니지요.

학문 분야에 따라 정치적 성향에서 나타나는 차이를 보는 것도 재밌습니다. 첫째, 가장 좌파에 치우친 분야는 인문 사회 분야, 즉 사회학, 영문학, 철학 분야 등입니다.[12] 이 분야에서 연구하는 학자들은 개방성

11 Pew Research Center for the People and the Press(2009).

12 Nakhaie & Brym(1999).

이 매우 높은 것으로 알려져 있습니다.[13] 또한 좌파 성향을 지닌 교수가 많은 분야는 '이론적'이고 '순수한' 분야인 반면, 우파 성향을 지닌 교수가 많은 분야는 '실용적'이고 '응용적'인 분야입니다. 예컨대 경제학 교수가 금융 및 재정 분야의 교수보다 더 진보적이고, 물리학 교수가 공과 대학교수보다 더 진보적인 경향이 있지요. 아마도 개방성이 높은 것이 이론적인 학문 분야에 큰 매력을 느끼게 하고, 그들을 정치적 좌파로 치우치게 했을 가능성이 높습니다.

대학교수처럼 예술가도 정치적 성향에 있어서 매우 좌파적입니다(대학교수 중에서 미술이나 행위 예술을 가르치는 교수들이 대체로 가장 좌파적입니다).[14] 예술가 중에 좌파인 사람이 많은 것도 개방성으로 설명이 가능한 것 같습니다. 예술 활동은 사실 개방성을 드러내는 여러 특성(심미성, 창조성, 지적 호기심)이 가장 크게 요구되는 직업군입니다. 그러므로 예술가가 정치적 좌파가 되는 건 그렇게 이상한 일이 아니지요. 물론 개방성이 낮은 사람 중에도 탁월한 예술적 재능을 지닌 사람이 있습니다. 그러나 이런 재능과 더불어 높은 개방성은 훌륭한 예술가로 성공하기 위한 필수 요소입니다. 왜냐하면 예술가와 창작자가 하는 일의 핵심은 작품을 창조함으로써 우리에게 영감과 감흥을 불러일으키는, 말하자면 아주 높은 개방성을 요구하는 활동들이기 때문입니다. 바로 이런 이유로 인해 창의적인 예술 및 창작 활동을 통해 보수적 가치를 강조하는 작품을 생산해내는 경우는 거의 없습니다(군사독재 정부가 후

13 Goldberg의 오레곤 지역 연구 자료(미출간).

14 Nakhaie & Brym(1999).

원하는 영화나 음악은 예외입니다. 70년대 한국에서도 이런 유의 홍보 영화나 건전 가요라 불리는 음악 따위가 창작되기도 했지요). 이렇듯 파블로 피카소에서 찰리 채플린까지 여러 유명 예술가는 거의 언제나 정치적 좌파들입니다.

현대사회에서 가장 높은 창의성과 상상력을 요구하는 직업 중에 하나가 영화감독입니다. 한국에서 잘 알려진 영화감독을 한 명씩 떠올려 보세요. 그들 중 국가에 충성하고 부모에 효도하자는 기치를 걸고 작품 활동을 하는 사람을 찾을 수 있나요? 아마 진보 정당 당원만 수두룩할걸요?

좌파 성향을 지닌 사람과 우파 성향을 지닌 사람은 행동에서 몇 가지 다른 성향을 보이기도 하는데, 이것도 개방성에 의해 설명됩니다. 미국의 한 연구팀은 사람들의 정치적 태도에 따라 이 사람들이 방이나 사무실에 남겨둔 물건들에 차이가 있을지 궁금해졌습니다(심리학자들은 정말 궁금한 게 많습니다).[15] 이 연구자들은 학생들의 기숙사에 가서(물론 무단침입은 아니고 학생들의 허가를 받았지요) 그들이 가지고 있는 물건 목록을 아주 자세히 조사했습니다. 목록 조사가 있기 전에 이미 이 방에서 기숙하는 대학생들은 진보-보수 지수로 자신의 정치적 성향을 기록했습니다. (물론 연구자들은 대학생의 정치 성향을 모르는 상태에서 물건 목록을 조사했습니다.)

흥미롭게도 학생들의 정치적 성향에 따라 물건을 소유한 패턴이 달

---

15 Carney, Jost, Gosling & Potter(2008).

랐습니다. 진보적인 학생들은 무엇을 더 많이 가지고 있었을까요? 그들에게는 책과 음악 앨범이 많았고, 종류도 다양했습니다. 즉 유행가만 듣는 게 아니라 70~80년대 음악, 재즈, 레게, 클래식 등의 앨범이 많았던 것이지요. 진보적인 학생들은 영화 관람이나 여행과 관련된 입장권 등을 많이 가지고 있었습니다. 진보적인 학생들이 가지고 있는 물건은 대체로 높은 지적 관심이나 예술적 관심을 나타내는 것이었고, 이것은 높은 개방성이 겉으로 드러난 것이라고 볼 수 있습니다.

반면에 보수적인 학생들의 방 안에는 깃발(특히 성조기)이나 스포츠와 관련된 장식품 등이 많았습니다. 물론 이런 물건들은 보수적인 학생들이 지닌 관습적 성향을 나타낸다고 볼 수 있습니다. 또 하나 재미있는 것은 보수적인 학생들이 우표, 행사 계획표, 옷 수선용품, 다리미 등을 더 많이 가지고 있었다는 것입니다. 이런 물건은 질서, 계획, 정리정돈과 관련된 성격을 나타내지요. 이 결과는 정치적으로 보수 성향을 갖는 사람들이 성실성 면에서 높은 점수를 보인다는 과거 연구와 일맥상통한다고 볼 수 있습니다.

정치적 · 성적 성향과 개방성의 관련성

정치적 성향은 성적 성향과도 관련이 있습니다. 예컨대 2008년 미국 하원의원 선거에서 성적 소수자(동성애자, 트랜스젠더 등) 중 80%가 민주당에 투표했고 19%만이 공화당에 표를 주었습니다. 이성애자들의 경우 53%가 민주당에, 44%가 공화당에 표를 준 것을 감안하면, 성 소수자들이 민주당을 전폭적으로 지지한다고 볼 수 있지요.* 물론 이런 현상이 나타나는 이유는 미국의 민주당이 공화당에 비해 성 소수자의 권익을 옹호하는 정책을 더 많이 표방하고 있기 때문입니다. 그런데 각 정당마다 이런 정책을 표방하는 데 차이가 없는 경우라도 성 소수자들은 우파 정당보다는 좌파 정당을 지지할 가능성이 더 높을지도 모릅니다. 평균적으로 동성애자는 이성애자보다 개방성이 높은 것으로 보입니다. 물론 그 차이는 그렇게 크지 않고, 개방성이 매우 높은 사람의 대다수는 이성애자이기도 합니다.** 하지만 동성애자들이 개방성이 높은 사람들 중에서 상대적으로 더 많은 비율을 차지하는 것이 사실이고, 특히 예술적 활동에 종사하는 사람들 가운데 많지요.*** 개방성이 높은 것이 정치적 좌파와 관련된다는 점을 감안한다면, 선거에서 성 소수자들의 권익 문제가 큰 이슈가 아니었더라도 이들이 좌파적인 정치 성향을 보일 가능성은 평균적으로 더 높을 것입니다.

---

* CNN(2008).

** Lippa(2005).

*** Lewis & Seaman(2004).

사회 지배 지향성과 정직성의 관계

지금부터 사회 지배 지향성과 성격의 관계를 살펴보겠습니다. 이전에 설명했듯이 사회 지배 지향성이 높은 사람은 한 집단이 다른 집단을 지배하는 위계적 사회구조를 더 좋아하거나 적어도 이런 사회구조에 크게 불만이 없는 사람입니다. 그러므로 사회 지배 지향성과 어떤 성격이 관련될지는 이미 추측하고 계실 것입니다. 사회 지배 지향성은 정직성이 낮은 것과 관련되고, 반대로 정직성이 높은 사람들은 위계 및 계층이 두드러진 사회를 싫어하는 편입니다.[16] 정직성이 높은 사람이 사회 지배 경향성이 낮은 까닭은 정직성이라는 성격 요인이 함의한 내용을 살펴보면 쉽게 이해할 수 있습니다. 정직성이 높은 사람들은 다른 사람과의 관계에서 공정해야 한다고 생각하며, 우월한 지위·부·권력을 가지고 싶은 욕망이 정직성이 낮은 사람들에 비해서 크지 않습니다. 그러므로 '다른 집단을 딛고 출세를 한다'든가 '특정 계층의 사람들은 그들에게 맞는 자리에만 머물러 있어야 한다'는 생각을 좋아할 리 없지요.

정직성이 높은 것과 평등을 지향하는 성향은 서로 관련되지만, 역시 이 관계에 전혀 예외가 없는 것은 아닙니다. 어떤 사람은 자신의 이익을 위해서 평등주의적인 정책을 옹호하기도 합니다. 사실 정직성이 낮은 좌파 정치인 중에 사회적 평등에 대한 진실한 믿음 없이 말로만 복지와 평등을 떠드는 사람들도 적지 않을 것입니다. 반면 정직성이 높은 사람

---

16 Hodson, Hogg & MacInnis(2009) ; Lee et al.(2010).

들 중에서 과다한 경제적 평등과 복지는 원치 않는 더 큰 문제를 가져온다고 믿는 (이런 믿음이 옳건 그르건 간에) 사람도 있을 수 있습니다.

몇몇 연구에 따르면 사회 지배 지향성이 높은 사람들도 정직성이 낮은 사람들처럼 매우 비윤리적으로 의사 결정을 내릴 가능성이 크다고 합니다. 예컨대 공중 보건과 안전에 위해를 줄 수 있는 제품을 개발도상국가에 수출해 큰돈을 벌 수 있다면 그렇게 할 것이냐는 물음에 사회 지배 지향성이 높은 학생들은 그렇게 할 것이라고 응답할 가능성이 높았습니다.[17] (우리도 정직성과 관련해 비슷한 결과를 얻었는데, 이 결과는 이어지는 3장에서 이야기할 것입니다.) 이 연구에서는 학생 두 명에게 임의적으로 한 사람은 지도자 역할을 하게 하고, 다른 한 사람은 지도자를 따르는 추종자 역할을 하도록 했습니다. 가장 비윤리적으로 의사 결정을 내릴 가능성이 높은 쌍은 사회 지배 지향성이 높은 지도자와 우파 권위주의적 성향이 높은 추종자로 구성된 쌍이었습니다. 알트마이어는 이런 구성을 '치명적 연합'이라고 불렀지요. 사회 지배 지향성이 높은 지도자가 우파 권위주의적 성향이 높은 국민에 의해서 지지되는 나라가 바로 위험한 나라입니다. 전쟁과 학살 등을 불러일으켰던 참담한 역사적 사건들의 이면에는 거의 언제나 이런 치명적 연합이 존재했음을 알 수 있지요. 사회 지배 지향성이 높은 지도자들은 국가 안보를 위해 꼭 필요한 전쟁이라고 거짓말로 선동하고, 우파 권위주의적 성향이 높은 국민들은 똘똘 뭉쳐 그 캠페인에 몸과 마음을 바치고 성금을 보내

17 Son Hing, Bobocel, Zanna & McBride(2007).

거나 선전·선동 활동을 하며 반대자들을 색출합니다.

우리는 이전에 언급한 연구, 즉 캐나다, 한국, 미국의 국민을 대상으로 한 연구에서 정직성과 사회 지배 지향성의 관계 역시 살펴보았습니다. 세 나라 모두에서 정직성이 낮을수록 사회 지배 지향성이 높은 것으로 확인되었습니다. 우파 권위주의와 개방성은 젊은 대학생이 위주였던 캐나다 표집과 한국 표집보다 50대가 주축이었던 미국 표집에서 더 강한 관련을 보였다고 했지요? 그러나 사회 지배 지향성과 정직성의 관계에서는 이런 세대별 차이가 발견되지 않았고, 세 표집 모두에서 -0.4 정도에 이르는 상관관계가 얻어졌습니다. 정직성은 나이에 관계없이 사회 평등에 대한 태도에 영향을 주는 것으로 보입니다.

왜 이런 차이가 있을까요? 부모가 자식에게 주는 영향은 주로 동성결혼, 낙태, 인터넷 검열 등과 같은 사회적 이슈와 관련된 태도들입니다만, 사회 평등에 대한 이슈에는 그렇게 큰 영향을 주지 못하는 것 같습니다. 이와 일맥상통하게 우파 권위주의에 관한 한 부모 자식 간에 상당한 유사성이 보이지만, 사회 지배 지향성에 관한 한 부모와 자식의 유사성은 우파 권위주의에서 보이는 유사성보다 훨씬 더 낮은 것으로 보고한 연구도 있습니다.[18] 이러한 사실은 부모가 어린 자식들에게 전통적 가치나 현대적 가치와 관련된 태도에 대해서는 일정 정도 영향을 준다 해도 사회 평등이나 사회계층 문제에 대해서는 그다지 큰 영향을 주지 못하고 있음을 의미합니다.

---

18 Duriez, Soenens & Vansteenkiste(2008).

맥락과 상황에 따른 성격과 정치의 관계

지금 이야기하고 있는 거의 모든 연구들은 현대사회에서 흔히 볼 수 있는 주류 집단에 속하는 사람들을 대상으로 한 것입니다. 그러므로 이런 결과들은 주류 집단을 벗어난 사회에 속한 사람들에게는 적용되지 않을 수 있습니다.

첫째, 사회적으로나 경제적으로, 또 문화적으로 소외된 계층에 속해 있으며 정직성이 낮은 사람들을 생각해봅시다. 이들은 언제나 평등을 외치며 사회 불평등을 큰 목소리로 비난할지 모릅니다. 그러나 이들로서는 '평등주의'가 자신들의 처지를 향상시키기 위해서 사용하는 위선적 주장일 가능성이 높습니다. 이런 사람들은 자신의 집단 내에서는 여전히 계층을 나누는 것을 선호할지도 모릅니다. 사회 불평등에 저주를 내뱉는 폭력 집단 조직원들이 이에 해당합니다.

마찬가지로 소수 집단(주류 사회에서 떨어진 어떤 집단)에 속하며 개방성이 낮은 사람들을 생각해봅시다. 이들은 반정부 · 반체제 인사가 되어 주류 사회의 권위와 관습을 깨려고 할지 모릅니다. 그러나 이들은 자신의 집단 가치에 반기를 드는 '반체제 인사'는 결코 가만두지 않을 것입니다. 그들은 자신의 집단 내에서는 성원들이 집단의 규칙을 따르고 집단의 지도자에게 묵묵히 충성할 것을 요구하겠지요. 교조적으로 행동하며 소통이 불가능한 극좌 정당 정치인 및 그 추종자들이 여기에 속할지 모릅니다.

다른 종류의 사회, 즉 20세기에 맹위를 떨쳤던 공산주의 사회를 생각해보세요. 공산주의 사회에서는 경제적 · 인종적 평등을 강조하므로, 이 사회에 속한 이들 중에 정직성이 낮은 사람들도 인종이나 사회적 계층에 따라 사회적 위계를 나누자는 정책을 대놓고 지지할 수는 없을 것입니다. 그러나 이들은 공산주의 사회 내에 존재하는 지위와 권력, 부를 추구할 것이고, 다른 나라를 지배하기 위해 공격적인 외교 정책을 지지할 것입니다. 또한 공산주의 사회는 기성 종교를 장려하지 않으므로 개방성이 낮은 사람들이라도 종교의 전통적 가르침을 따르지 않을 가능성이 크고, 그러므로 보수적인 종교 성향을 지니지는 않을 것입니다. 그러나 그들은 공산주의 사회에서 확립된 권위를 지지할 것이고, 따라서 당과 지도자가 제시한 교리를 전폭적이고 맹목적으로 지지할 가능성이 큽니다.*

---

* McFarland, Ageyev & Abalakina-Paap(1992)은 구소련에서 드러나는 우파 권위주의적 양태에 대해 논의한 바 있습니다.

성격과 정당 지지도의 연관성

어떤 사람의 우파 권위주의적 성향이나 사회 지배 지향성을 알면 그 사람이 여러 사회적·정치적 이슈에 대해 어떻게 생각하고 있을지 추측해 낼 수 있다고 했습니다. 우파 권위주의적 성향과 사회 지배 지향성이 둘 다 높은 사람은 정치적으로나 사회적으로 보수적 성향을 보일 것이고, 반대로 우파 권위주의적 성향과 사회 지배 지향성이 둘 다 낮은 사람은 반대로 진보적 성향을 보일 것입니다(둘 중 하나만 높다면 일반적으로 중간 수준이겠지만, 우파 권위주의적 성향이 높은지 사회 지배 지향성이 높은지에 따라 정치적 관점은 매우 다를 수 있지요).

이것이 사실이라면 지지하는 정당이 다를 때 그 사람의 성격도 다를 수 있다는 것을 의미합니다. 이처럼 사람들이 지지하는 정당을 살펴봄으로써 그 사람의 성격에 대한 실마리를 아주 조금이라도 풀 수 있을까요? 즉 사회 지배 지향성은 정직성과, 우파 권위주의는 개방성과 관련이 있음을 고려할 때, 우파 정당 지지자가 정직성과 개방성에서 좌파 정당 지지자보다 낮은 점수를 받을까요?

이에 대한 답은 나라에 따라 약간씩 다를 공산이 있습니다. 안토니오 치룸볼로(Antonio Chirumbolo)와 루이지 리오네(Luigi Leone)는 이탈리아 유권자를 대상으로 한 연구에서, 우파 정당 지지자가 평균적으로 정직성과 개방성에서 좌파 정당 지지자보다 약간 더 낮은 점수를 받은 것으로 보고했습니다. 이 결과는 위의 논리와 대체로 합치하는 것이지요. 독일에서 수행된 두 연구에서도 비슷한 결과를 얻었습니다.[19] (물론 이들 연구에서 보인 상관관계의 지수는 크지 않습니다. 정당 지지도 역시 여러 다른 요인의 영향을 받으며, 성격은 그 수많은 요인 중에 하나일 뿐이므로 아주 강력한 관계를 기대할 수는 없습니다.) 그러나 미국 유권자들을 대상으로 한 자료에서는 약간 다른 결과가 나왔습니다. 이 연구 참여자들은 오레곤에 살고 있는 사람들로 기독교를 배경으로 한 백인 중산층이 대부분이었

---

19 Chirumbolo & Leone(2010) ; Zettler & Hilbig(2010) ; Zettler, Hilbig & Haubrich(2011).

지요. 이 연구에서 기대했던 대로 개방성에 대해서는 공화당을 지지했던 유권자들이 더 낮은 점수를 받는 경향이 있었습니다. 그러나 공화당 지지자들과 민주당 지지자들은 정직성에서는 아무런 차이를 보이지 않았습니다.[20]

정직성과 미국 내 정당 지지 성향에 아무 관련이 없다는 발견은 흥미롭습니다. 만일 정직성이 낮다는 것이 사회 지배 지향성이 높은 것과 관련되고, 사회 지배 지향성이 높다는 것이 다시 보수 정당인 공화당을 지지하는 성향에 영향을 준다면, 공화당 지지자는 민주당 지지자보다 적어도 약간은 정직성에서 낮은 점수를 보여야 했거든요. 그런데 왜 두 변수 사이에 아무런 관계가 없다는 결과가 나왔을까요? 다시 말하자면 공화당 지지자들은 사회 지배 지향성이 조금 더 높은 것이 사실이고 사회 지배 지향성이 높다는 것은 정직성이 낮다는 것과 관련되는 것도 사실이므로, 공화당 지지자들은 평균적으로 정직성이 조금이나마 더 낮아야 한다는 것이지요. 그 관계를 상쇄시킨 어떤 베일에 가린 변수가 있는 것은 아닐까요?

조금 쉽게 설명하기 위해 다음과 같은 비유를 해보겠습니다. 여러분이 아주 높이 제자리 뛰기를 할 수 있는 사람이라고 칩시다. 다른 모든 조건이 같다면 제자리 뛰기를 잘하는 사람이 더 좋은 배구 선수가 됩

20 이 연구에서는 공화당 지지자들의 성실성 점수가 민주당 지지자들의 성실성 점수보다 다소 높은 것으로 나타났습니다. 이는 과거의 연구 결과와 일치합니다. 아마도 엄격한 법 적용이나 경제적 자립과 같이 우파 정당에서 지지하는 정책들이 성실성이 높은 사람들에게 호소력을 지닌 것으로 보입니다.

니다. 그런데 이런 좋은 능력을 지녔음에도 여러분이 평균 정도밖에 안 되는 실력을 갖춘 배구 선수라면, 여러분의 우월한 점프 능력을 상쇄시키는 어떤 다른 요인이 있어야 합니다. 예컨대 키는 배구 선수에게 매우 중요한데, 여러분의 신장이 평균을 밑돈다면 그 뛰어난 점프 능력을 상쇄하는 효과가 생기는 것이지요.

그렇다면 과연 사회 지배 지향성의 효과를 상쇄해서 공화당 지지자들의 정직성 수준을 민주당 지지자들의 정직성 수준과 비슷하게 유지하도록 하는 변수는 과연 무엇일까요? 우리는 그 변수가 바로 종교가 아닐까 생각합니다. 미국에서는 종교적인 사람들이 공화당을 지지할 가능성이 매우 큽니다. 그런데 종교적인 미국인들은 비종교적인 미국인들에 비해서 평균적으로 정직성에서 약간 더 높은 점수를 보이는 편입니다. 바로 이런 이유로 인해서 공화당 지지자들과 민주당 지지자들의 정직성 점수는 평균적으로 큰 차이를 보이지 않게 되는 것이지요.

정직성이 높은 사람이 정직성이 낮은 사람에 비해 약간 더 종교적이라는 기밀을 이미 누설했습니다. 그렇다면 과연 종교나 영성은 성격과 일반적으로 어떤 관련을 보일까요? 종교와 성격에 대한 이야기는 다음 장에서 계속됩니다.

FACTOR

2장
종교와 성격

어떤 사람들은 자연법칙으로 설명되지 않는 어떤 권능이나 초자연적 존재를 믿지 않습니다. 이들은 신의 존재, 영성이나 영혼, 기적이나 마술적 힘이 있다는 생각을 부정합니다. 반면에 어떤 사람들은 초자연적인 권능이 있다는 것을 의심의 여지 없는 사실로 받아들이는데, 이런 신념은 그들 삶의 많은 부분에 지대한 영향을 미칩니다. 이 장의 주제는 종교입니다. 우리는 어떤 사람이 종교적인 성향을 지닐 가능성이 높은지, 그들의 종교성은 어떻게 표출되는지, 인간의 성격이 이런 과정에서 어떤 역할을 하는지 논의하게 될 것입니다. 또한 종교가 정직성을 드러내는 행동을 증진시키는 데 도움을 주는지에 대해서도 이야기해볼 것입니다.

종교와 성격에 대한 문제를 논의하기 전에 과연 종교성이라는 것 자체가 인간 성격의 한 측면은 아닌가 하는 문제부터 생각해보도록 하겠습니다. 우리는 종교성이 인간 성격의 한 측면으로 간주되어서는 안 된다고 생각하는데 그 이유는 다음과 같습니다.

첫째, 종교성은 궁극적으로 초자연적 세계나 영적 세계에 대한 사람들의 신념에 의해 결정됩니다. 반면에 성격은 특정 신념이나 믿음에 의해서 결정되는 것이 아닙니다.

둘째, 종교는 신 또는 우주라는 상위 권력과 조화를 이루기 위해 특정 '삶의 방식'을 따를 것을 요구하는 경우가 많습니다. 이러한 종교적 생활 방식은 그 종교가 아니었으면 연관성이 없었을 여러 가지 행동에 영향을 주기도 하지요. 예를 들어 종교적 생활 방식은 누구와 결혼해야 하는지, 무엇을 먹거나 먹지 말아야 하는지, 또는 언제 일해야 하는지 등에 관한 여러 '규칙'을 부과합니다.[21] 반면에 특정 성격에 의해 발현되는 행동들은 그 성격과 언제나 명백한 개념적 유사성을 보여줍니다. 예컨대 외향성은 집단을 주도하고 다른 사람과 교류하고 다른 사람들을 즐겁게 해주는 등의 행동에 영향을 주지요.

---

21 이 장에서 우리는 종교를 초자연적 신념에 근거한 윤리적 체계나 철학적 체계로 간주할 것입니다. 현대사회에서 어떤 사람들에게 종교란 주로 문화적 범주나 인종적 범주만을 나타낼 뿐 초자연적 신념과 별개인 개념일 때가 종종 있습니다. 예컨대 세속적 유대인들이 여기에 해당되겠지요. 또한 어떤 종교운동은 초자연적 신념을 중요한 요소로 포함하지 않는 경우도 있습니다. 예컨대 유교는 초자연적 믿음이 중요한 요소는 아니지만 '삶의 방식'에 대한 독트린을 제공해주는 종교입니다. 예외적으로 유교에서도 초자연적 신념을 포함하는 토속 샤머니즘 전통이 더불어 시행되는 경우도 많습니다.

성격과 종교적 신념

어떤 성격을 가진 사람들이 초자연적 신념에 더 열려 있고, 또 어떤 성격을 가진 사람들이 그런 신념을 부정할 가능성이 높을까요? 초자연적 믿음을 받아들이는 사람들은 그렇지 않은 사람들에 비해 '착하고 따뜻한' 마음을 가진 편입니다. 우리의 연구 동료 바바툰데 오군포오라(Babatunde Ogunfowora)와 같이 수행한 한 연구에서 초자연적 믿음을 갖는 사람들은 더 높은 수준에 달하는 정직성, 원만성, 정서성을 보이는 것으로 나타났습니다.[22]

이런 관련성이 나타나는 이유는 아마도 마음이 착하고 따뜻한 사람들이 단순한 물리적 존재 너머에 있는 무언가가 우리 삶에 존재한다는 믿음을 간직하고 싶어 하기 때문인 것 같습니다. 이들은 사람의 육체를 초월해서 존재하는 영혼이 있다고 보며, 그래서 죽음은 끝이 아니라 영원한 세계로 들어가는 것이라는 생각에 큰 위안을 느낍니다.

반면에 정직성, 원만성, 정서성에서 낮은 점수를 받은 사람들은 사후 세계가 있다는 것을 믿어야 할 동기가 상대적으로 적은 사람들이고, 이들 중 일부는 이런 '따뜻한' 생각을 다소 매정하게 거부하는 것도 개의치 않을 것입니다. 그러나 이런 따뜻한 성격과 초자연적 믿음의 관련은 그렇게 강하지 않다는 것을 염두에 두어야 합니다(정직성, 원만성, 정서성과 초자연적 믿음의 상관은 각각 0.2 정도에 머무릅니다). 그러므로 여러분은

---

22 Lee, Ogunfowora & Ashton(2005).

착하고 따뜻한 무신론자를 종종 만나게 될 것이고, 매정하고 차가운 종교인 역시 종종 만나게 될 것입니다.

따뜻한 성격과 초자연적 신념의 관계는 우리의 연구 자료에서만 관찰되는 것은 아닙니다. 루뱅가톨릭대학의 바실리스 사로글로(Vassilis Saroglou)는 60여 건에 이르는 관련 연구를 검토한 결과, 평균적으로 종교적인 사람이 더 온정적인 마음을 가진 사람이라고 결론지은 바 있습니다.[23]

성격과 종교가 관련되는 것이 사실이라면 여러분은 이렇게 물어보게 될 것입니다. 특정 성격이 사람들로 하여금 종교에 귀의하도록 만드는 것인가, 아니면 종교가 교인들의 성격을 특정 방향으로 바꾸는 것인가? 이에 대해 명백하게 답하기에는 아직 경험적 자료가 압도적일 만큼 많이 축적되어 있지는 않습니다만, 몇 가지 증거는 성격이 종교성에 영향을 주는 선행 원인이라는 가설을 지지해주는 듯합니다. 예컨대 한 집단에 속한 사람들의 성격과 종교성을 몇 년간 간격을 두고 측정해 분석한 연구에서, 인생 전반기에 측정된 성격 특성이 인생 후반기에 측정된 종교성을 (그 반대의 경우보다는) 더 잘 예언한다는 결과를 보여주기도 했습니다.[24]

---

23 Saroglou(2010). 사로글로는 종교적인 사람들이 성실성에서도 더 높은 점수를 보인다고 보고했습니다. 즉 종교적인 사람들이 규율을 잘 지키고 치밀하고 계획적인 사람일 가능성이 더 높다는 것이지요. 이것은 질서 있고 근면한 삶을 중요시하는 종교적 가르침과 성실성이 높은 사람들이 궁합이 잘 맞기 때문에 나타난 결과일 수 있습니다. 혹은 종교가 교인에게 성실성에 따른 행동을 장려했기 때문에 나타난 결과일 수도 있습니다.

24 Wink, Ciciolla, Dillon & Tracy(2007).

성격 특성이 종교적 성향의 선행 원인이라는 가설과 부합하는 또 한 증거는 남녀 차이에 따른 분석에서도 보입니다. 평균적으로 여성이 남성보다 따뜻한 마음을 가지고 있습니다. 즉 여성의 정직성과 정서성이 남성보다 높은 편입니다. 그리고 여성이 남성보다 초자연적 믿음을 가질 가능성이 큽니다. 그런데 온정성(따뜻한 마음)에서 성차가 나타나지 않도록 연구자 표본을 인위적으로 구하면, 이 표본에서는 초자연적 믿음에서 나타나는 성차가 거의 반으로 줄어듭니다. 그러나 반대로 초자연적 신념에서 성차가 나타나지 않도록 인위적으로 연구자 표본을 구하면, 온정성에서 나타나는 성차가 거의 줄어들지 않고 그대로 관찰됩니다. 이런 결과는 여성이 남성보다 초자연적 믿음을 더 많이 갖는 것은 여성이 남성보다 더 온정적인 성격을 지니고 있기 때문이라는 가설과 잘 부합합니다.[25]

종교적인 사람들이 따뜻한 마음을 가졌다는 것은 사회과학자 아서 브룩스(Arthur Brooks)가 2006년에 발표한 책에서 한 주장과 부분적으로 일치합니다.[26] 그는 종교적인 미국인을 교회, 절, 사원에 거의 매주 참석하는 사람들로 정의하면서, 이들은 나머지 비종교적인 미국인에 비해서 자선단체에 3.5배나 더 많이 기부한다는 자료를 제시했습니다($ 2210 vs $ 642).

---

25 성격이 따뜻한 사람들이 더 종교적이라는 것은 남녀 차이에서 오는 효과를 제거한 후에도 존재하는 특성으로, 남자만을 대상으로 하거나 여자만을 대상으로 한 연구에서도 발견됩니다. 즉 남자 중에서도 따뜻한 성격을 지닌 남자가 그렇지 않은 남자보다 종교적인 사람이 될 가능성이 더 큰 것이지요. 물론 여자도 마찬가지입니다.

26 Brooks(2006).

이 책에서 제시된 종교인과 비종교인의 기부금 액수 차이는 이 두 집단의 '온정적' 성격 특성에서 나타나는 차이로 설명되기에는 너무 큽니다. 그러나 브룩스가 제시한 이 통계치에는 좀 과장된 면이 있습니다. 이 통계치는 종교적 기부와 비종교적 기부를 모두 포함한 결과이기 때문입니다. 브룩스는 종교성이 강한 미국인들과 그렇지 않은 미국인들이 비종교적인 자선단체에 기부한 액수도 제시했는데, 이 경우에는 종교적인 미국인이 약 10% 정도 더 많이 기부하는 경향을 보여주었습니다($ 532 vs $ 467). 후자에서 나타난 차이는 종교가 있는 사람이 그렇지 않은 사람보다 약간 더 온정적 성격을 지닌다는 심리학적 연구 결과와 잘 부합하는 것으로 보입니다.[27]

초자연적 믿음을 완전히 부정하는 사람들은 오늘날 그렇게 많지 않습니다. 국민 대다수가 기성 종교에 속해 있지 않은 나라에서조차 초자연적 존재나 권능을 믿는 사람들은 많습니다. 성격이 초자연적 믿음을 갖는 사람과 그렇지 않은 사람을 완전히 구분해주지 못한다면, 과연 어떤 특성이 이런 차이를 설명해줄 수 있을까요? 그중 하나가 얼마나 많은 과학 지식을 가지고 있는가 하는 것입니다. 과학자들은 과거에 일

---

27 정직성과 종교의 관련성은 골드버그가 행한 오레곤 지역 연구의 미출간 자료에서도 재미있는 형태로 나타납니다. 이 연구에서 조사한 것 중 하나가 연구 참여자들이 소유하고 있는 여러 물건들이었습니다. 이 목록에 포함된 항목 중에 정직성이 높은 사람과 가장 큰 관련을 보인 것이 바로 성경책이었습니다. 반면에 정직성이 낮은 사람들은 무선전화기를 더 많이 소유했고 신용카드 수가 더 많았으며 집 안에 술병이 더 많았다고 합니다. 물론 이 상관은 그렇게 크지 않았음을 유념하세요. 정직성이 높은 사람 중에도 무선전화기와 신용카드를 많이 가지고 있고 술을 자주 마시는 사람도 꽤 많으며, 성경책을 가지고 있지 않는 사람도 많답니다.

어났거나 현재에 일어나고 있는 많은 사건(예를 들어 인간, 생명, 지구, 우주의 기원 등)을 순전히 자연적 법칙에 의해서 설명하려고 합니다. 그러므로 과학자들이 초자연적 신념을 부정할 가능성이 매우 크다는 것은 그렇게 놀라운 일이 아닙니다.

한 연구의 보고에 따르면, 미국 내 과학자들의 41%가 신과 같은 초자연적 권능을 믿지 않는다고 답했습니다. 흥미롭게도 같은 질문에 이와 같은 응답을 한 일반 미국인들은 약 4%에 불과했습니다.[28] 또 다른 연구에서는 초자연적 권능을 믿지 않는 사람의 비율이 일반 과학자들에게서는 45%로 나타났고, 미국립과학원 펠로우(과학적 업적이 뚜렷한 과학자들에게 주어지는 칭호)들에게서는 72%로 나타났습니다.[29] 이 결과를 보면 여전히 많은 과학자들이 초자연적 존재나 권능에 대한 믿음을 가지고 있음을 알 수 있지만, 과학자 집단에서 나타나는 종교성의 차이는 일반 대중 사이에서 볼 수 있는 차이와는 천양지차라는 것 또한 명백합니다.

그렇다면 과학을 공부했다는 것 자체가 이들이 자연주의적 세계관을 채택하게 된 계기가 된 것일까요? 과학자들은 혹시 과학적 지식이 풍부하다는 사실에 더해서 종교를 배척하게 하는 또 다른 특성들을 지니고 있지는 않을까요? 과학자들의 성격이 매몰찬 편이라면, 그 성격으로 인해 이들이 종교와 멀어지게 되었을 수도 있습니다. 그러나 이 설명은 그렇게 설득력이 있어 보이지 않습니다. 이전에 논의한 대로 온

28 http://people-press.org/report/?pageid=1549

29 Larson & Witham(1997, 1998).

정적 성격이 종교성에 주는 영향은 과학자와 비과학자의 종교성 사이에서 나타나는 두드러진 차이를 설명할 정도로 크지 않습니다. 또한 과학자가 비과학자보다 특별히 매몰차고 차가운 성격을 지닌 것도 아닙니다. 골드버그의 자료를 보면 과학과 관련된 직업에 관심이 많은 사람들은 개방성에서 다른 사람에 비해 높은 점수를 보입니다만 정직성, 원만성, 정서성에서는 차이가 없었습니다. 과학자는 비과학자보다 매정하거나 차가운 사람들이 아닙니다.

과학자 집단에서 유독 많이 관찰되는 무신론과 회의론이 그들의 성격 때문이 아니라면, 혹시 그들의 지적 능력과 관련이 있을지 생각해볼 수도 있습니다. 과학자들이 일반 대중보다 평균적으로 더 똑똑한 게 사실이거든요. 그러나 지적 능력과 초자연적 믿음의 관련성 역시 과학자와 비과학자의 종교성에서 나타나는 두드러진 차이를 설명할 정도로 크지 않습니다.

최근 미국 청년을 대상으로 하는 대규모 연구에서는 무신론자들의 평균 IQ가 일반 대중의 평균 IQ보다 약 5점가량 높다고 보고했습니다. 즉 무신론자들의 지적 능력이 종교인들의 지적 능력보다 좀 높은 것은 사실이지만, 그 차이가 두드러지게 큰 것은 아니라는 거죠. (한편 이 연구에서는 불가지론자들의 IQ가 전체 표본의 평균 IQ보다 3점 정도 높았고, 유대교 및 성공회 신자들은 무신론자 집단보다 1~2점 정도 높았습니다. 가톨릭 신자의 평균 IQ는 일반 평균과 비슷했습니다. 자유주의적인 성향을 지닌 개신교 분파들은 평균을 약간 웃도는 IQ를 가졌고, 원리주의적인 개신교 분파들은 평균보다 조금 낮은 IQ를 나타냈습니다.)[30]

이런 연구 결과들을 종합적으로 고려하면, 과학자들을 특징짓는 개인차 변수, 즉 지능이나 성격은 그들이 왜 종교를 멀리하는 편인지 제대로 설명해주지 못합니다. 아마도 초자연적 현상에 대한 과학자들의 회의주의는 과학 연구에 대한 몰입, 그리고 과학적 연구 방법의 끊임없는 성찰에 기인하는 것으로 보입니다.

개방성과 전통적 종교 및 신비주의적 영성의 관계

이제부터 종교와 성격에 관한 두 번째 물음으로 옮겨갑니다. 과연 성격은 초자연성을 믿는 사람들의 종교적 스타일이나 행태에 영향을 줄 것인가? 즉 성격이 종교성과 영성이 표현되는 방식에 영향을 주는지 살펴볼 것입니다. 이런 문제에는 개방성이 큰 역할을 하는 것으로 알려져 있습니다.

개방성 자체는 어떤 사람이 초자연적 믿음을 가질 것인지, 아니면 엄격히 자연주의적인 세계관을 갖게 될 것인지 말해주는 게 거의 없습니다. 신, 영성, 영혼, 마술, 기적 등 초자연적 실재 및 현상을 거부하는 사람들은 평균보다 개방성이 더 높거나 더 낮지 않습니다. 그러나 개방성은 사람들이 어떤 종류의 초자연적 믿음을 갖게 될 것인지 말해줍니다.

초자연성을 믿는 사람들 중에 개방성이 낮은 사람들은 전통적인 종

---

30 Nyborg(2009). 뉘보르는 이 연구에서 남미 출신의 히스패닉을 제외한 백인 청소년만을 대상으로 분석해 인종 차이가 결과에 미치는 영향을 통제했습니다.

교적 신념을 갖는 경향이 강합니다. 이런 사람들은 주류를 이루는 기성 종교의 신념과 방식을 엄격히 고수하는 걸 선호합니다. 예컨대 기독교 전통을 가진 사회에서 개방성이 낮은 사람들은 성경을 문자적 진실로 받아들일 가능성이 높습니다. 〈창세기〉에 나오는 창조론을 문자 그대로 믿고 신과 사탄의 존재, 지옥과 천당의 실재, 성령에 의한 잉태와 예수 부활을 믿는 것이지요. 이들은 여러 가지 사회적 이슈에 보수적인 태도를 보일 가능성이 매우 큽니다.

반면에 초자연적 믿음을 갖는 사람들 중에 개방성이 높은 사람들은 소위 신비주의적 영성을 추구하는 사람들입니다. 서구 사회에서 이런 사람들은 점성술, 마법, 유령, 초감각적 능력, 염력 등 여러 가지 마술적 현상이나 신비주의적인 현상을 믿습니다. 이들은 불교나 힌두교 같은 동양 사상이나 미대륙 원주민들의 영적 전통에 기반을 둔 가르침을 받아들이는 경향이 있습니다. 일반적으로 이런 사람들은 개인의 영적 탐험을 강조하는 새로운 종교운동에 빠져드는 편이지요. 이들은 개방성이 낮은 종교인들과는 달리 사회적 쟁점에 자유주의적인 관점을 견지합니다.

개방성은 다른 두 형태의 초자연적 신념과 반대되는 방향으로 상관관계를 보입니다. 오레곤대학의 소시에(Gerard Saucier)와 스크르지핀스카(Katarzyna Skrzypińska)는 개방성이 전통적인 종교 성향과는 부적으로(-0.25), 신비주의적 영성과는 정적으로(0.4) 관련되는 결과를 보고했습니다.[31] 즉 개방성은 사람들이 초자연적 믿음을 받아들일 것인지 거부

---

31 Saucier & Skrzypińska(2006).

할 것인지는 말해주지 못하지만, 그들이 견지하게 되는 믿음의 종류에 대해서는 어느 정도 예언해줄 수 있습니다.[32]

개방성에 따른 전통적 종교 및 신비주의적 영성에 대한 선호도 차이는 종교운동의 역사를 흥미롭게 통찰하도록 해줍니다. 새로운 종교를 형성하는 데 기여하는 사람들이나 그 종교에 열성적인 초기 신앙인들은 개방성에서 매우 높은 점수를 보일 가능성이 아주 큽니다. 반면에 신앙심이 깊은 기성 종교 수호자들은 개방성에서 상당히 낮은 점수를 보일 가능성이 큽니다.

종교적 의식과 행동의 숨겨진 동기

개방성이 초자연적 권능을 믿는 스타일과 행태(즉 전통적 종교 대 신비적 영성에 대한 선호)를 설명하는 데 중요한 역할을 하는 것에 비해, 정직성은 종교와 관련된 또 다른 행태를 예언하는 데 중요한 역할을 합니다. 앞서 이야기했듯이, 정직성이 높은 사람들은 정직성이 낮은 사람들보다 종교적일 가능성이 약간 더 높은 것이 사실입니다. 그리고 그 이유는 온정적이고 성격이 따뜻한 사람들이 육체를 초월하는 영혼이 존재한다

32 전통적 종교와 신비주의적 영성은 서로 직접적인 관련을 맺지 않습니다. 즉 이 둘은 서로 반대되는 개념이 아니라는 것이지요. 전통적 종교관과 신비적 영성을 함께 지니고 있을 수 있으므로 두 가지에 내재하는 신념을 모두 받아들이는 사람이 있는가 하면, 이 두 가지 종교관을 모두 거부하며 모든 초자연적 신념을 받아들이지 않는 사람도 있습니다.

고 믿고 그래서 다른 사람과 정신적 교류를 영원히 할 수 있다는 생각을 더 편안한 것으로 받아들이기 때문이라고 이야기한 바 있습니다.

이러한 종교적 믿음이나 영적 믿음과의 관련성을 넘어서, 정직성은 사람들이 종교적 헌신의 징표가 되는 행동을 공적으로 표현하려 하는 동기에 대해 말해주기도 합니다. 종교적 의식을 충실하게 따르는 두 사람을 예로 들어보지요. 이 두 사람 모두 교회나 사찰에 정기적으로 나가고, 정기적으로 헌금을 하며, 기도 또는 성전 읽기와 같은 종교적 의식을 정기적으로 준수합니다. 그러나 그 둘이 각기 종교 단체에 보이는 헌신 행위는 완전히 다른 이유에서 생긴 것일 수 있습니다. 이러한 종교적 헌신의 징표는 그 사람이 지닌 순수한 신앙심에 대한 진실한 표현일 수 있습니다. 그러나 이러한 징표가 종교 단체 내에서 높은 지위를 가진 사람들과 교류하거나 혹은 그 단체에서 '명사'로 대접받기 위해 이미지를 관리하는 데서 표출되는 것일 수도 있습니다. 물론 후자를 목적으로 하는 사람들도 종교의 가르침을 진실로 섬길지 모릅니다만, 그 신념이 공적으로 드러나는 종교적 행동의 모든 원인은 아닐 수 있다는 것입니다.

물론 종교 단체에 속한 대부분의 사람들이 위의 두 사례처럼 명백하게 이분법적으로 나눠는 것은 아닙니다. 그보다는 종교적으로 헌신적인 활동이 두 가지 동기 모두에서 비롯되는 경우가 더 많습니다. 그러나 종교적인 헌신에 내재하는 동기가 매우 수단적인 사람이 있고, 이런 사람은 정직성에서 낮은 점수를 얻게 될 가능성이 높습니다.

환경에 따라 정직성이 높은 사람들도 공적으로는 종교적인 사람처럼 '연기'해야 하는 경우도 있을 것입니다. 깊은 신앙심을 표현하지 않는 사람에게 냉대의 눈길을 보내는, 종교적으로 획일적인 사회를 생각해보세요. 이런 사회에서는 종교적으로 신실하지 않지만 정직성이 높은 사람들도 남들 앞에서 종교적인 사람처럼 행동할 가능성이 클 것입니다.

종교적으로 헌신적인 행위가 무언가를 이루기 위한 수단으로 행해지는 예는 일반 신도뿐 아니라 종교 단체의 지도자에게도 적용됩니다. 성직자의 길로 들어선 사람들은 대개 순수한 종교적 헌신성을 보이며, 성직자가 되고 싶어 하는 사람들은 평균적으로 정직성에서 높은 점수를 받는 편입니다.[33]

그럼에도 정직성이 낮은 사람들이 종종 성직자가 되는 것에 큰 매력을 느끼게 되는 데는 몇 가지 이유가 있습니다. 예를 들어 상당히 큰 교파라면, 종교 단체 내에서 높은 지위에 이르는 것이 권력이나 부를 보장해줄 수도 있습니다. 작은 지역사회의 종교 단체도 자신들이 관장하는 종교 활동에서는 상당한 영향력을 지닐 수 있거든요. 정직성이 낮은 성직자들은 이런 영향력을 사용해 자신을 맹목적으로 따르는 사람들을 재정적으로나 성적으로 착취할 절호의 기회를 만들 것입니다(이런 현상은 기성 종교에서도 종종 일어나지만, 신흥 사교들에서 자주 볼 수 있습니다). 또한 정직성이 낮은 성직자들이 뛰어난 카리스마와 더불어 경영인의 자질까지 갖추었다면, 이들은 맹목적인 수많은 추종자들에게 기부를

33 Goldberg의 오레곤 지역 연구 자료(미출간).

종용해 대부호의 반열에 오르거나 차세대 유명 TV 복음주의자가 될 꿈에 부풀어 있을지도 모릅니다. 아니면 보통 사람들을 주눅 들게 할 만큼 거대한 교회 및 사찰을 짓고 재계·관계·정계 인사와 막역하게 교류하며 살 날을 꿈꿀지 모릅니다.

종교는 정직한 인간을 만들 수 있을까?

이제까지 정직성이 종교성을 표출하는 방식에 어떻게 영향을 주는지 논의했습니다. 그러면 반대로 종교적 가르침이 정직한 행동을 증진하는 데 도움이 될 수 있을까요? 실제로 대부분의 종교는 정직하고 겸손하라고, 즉 정직성이 높은 사람이 되라고 가르치는 경우가 많습니다.

거의 모든 기성 종교는 킹 제임스 성경에서 말하는 것처럼 "당신이 대접받기 원하는 대로 남을 대접하라"는 황금률에 해당하는 윤리 법칙을 가지고 있습니다. 그러나 이 황금률을 과연 누구에게 적용할 것인지에 대한 기준에 있어서는 종교 집단마다 큰 차이가 있습니다. 즉 모든 사람을 다 똑같이 공정하게 취급해야 하는지 아니면 자기 자신의 집단에 속한 사람한테만 그렇게 해야 하는지에서 큰 차이를 보이는 것이지요.

어떤 종교의 가르침은 자신과 같은 집단 사람들에게는 정직성이 높은 행동으로 대하고 자기와 다른 집단 사람들에게는 정직성이 낮은 행동으로 대하라고 가르칩니다. 구약에 적힌 구절 몇 가지를 인용하겠습니다. 구약의 〈신명기〉를 보면, 십계명은 살인·절도·간음·위증을 하지 말라고 가르칩니다. 그러나 〈신명기〉의 다른 절에서는 다른 종교를 가진 이방인들을 무자비하게 죽이라고 가르칩니다. 예를 들어 "네 하나님 여호와께서 너를 인도하사 네가 가서 차지할 땅으로 들이시고 네 앞에서 여러 족속을 쫓아내실 때에 네 하나님 여호와께서 그들을 네게 넘겨 치게 하시리니 그때에 너는 그들을 진멸할 것이라. 그들과 어떤 언약도 하지 말 것이요 그들을 불쌍히 여기지도 말 것이며" 또한 "살아 숨 쉬는 어떤 것도 남기지 말 것이다. 여호와께서 명한 일이니 그들을 철저히 진멸시킬지어다"[34]라고 말합니다. (그런데 인종 청소는 종교인들의 전매특허가 아님을 분명히 하고자 합니다. 20세기에 국가가 주도해 벌어진 인종 청소는 대개 비종교적 이념을 가진 자들에 의해서 저질러졌지요.)

반면에 어떤 종교적 전통에서는 타인들을 공정하게 대우하라는 가르침을 자신만의 종교 집단에만 적용하는 것이 아니라 다른 종교 집단에도 적용하는 것을 당연하게 여깁니다. 퀘이커로 더 잘 알려진 '종교 친우회'라는 기독교 분파가 한 예입니다. 퀘이커는 17세기경에 영국 교회에서 갈라져 나온 분파로서 나중에 여러 지역으로 퍼져나가게 되었습니다. 퀘이커 운동의 중요한 특성은 그들이 이 세상을 어떻게 살아나가야 하는지에 대한 원칙을 제공해주는 퀘이커 '증언'에 잘 나타나 있습니다. 예를 들면 '검소함의 증언'은 겉치레를 중시하는 물질주의를 배척하라고 충고합니다. 이들 퀘이커 교도는 그 증언들을 퀘이커 교도들뿐 아니라 비퀘이커 집단의 성원과 살아갈 때도 똑같이 적용하라고

---

34 〈신명기〉 7장 1~2절, 20장 16절(새국제성경). 이에 대한 자세한 논의는 Wilson(2002, pp. 134~135)을 참조하세요.

가르칩니다. '진실 증언'은 진실만을 말하고 남 모르게 속임수를 쓰지 않을 것과 사업을 할 때는 공정하게 거래할 것을 중요한 덕목으로 가르칩니다. 초기 퀘이커 교도들은 자신이 고용하는 비퀘이커 교도들에게도 높은 보수를 주거나, 퀘이커 교도가 아닌 고객들을 상대로 하는 사업에서도 언제나 정가를 지키는 등 상도덕을 보임으로써 윤리적 상인이라는 평판을 얻습니다.

'평화 증언'은 평화주의를 강조하고 외집단에 대한 공격을 삼가라고 가르칩니다. 북미에 정착한 초기 퀘이커 교도들은 북미 원주민들과 평화적이고 공정한 관계를 유지하려고 노력한 것으로 잘 알려져 있습니다. 18세기 초에 퀘이커 교도들은 노예제도를 거부하고 노예 매매를 공식적으로 반대한다고 표명합니다. 현대에 살고 있는 퀘이커 교도들 역시 여러 인권 문제를 열성적으로 옹호하는 경향을 보이고 있습니다.

어떤 집단의 종교는 정직성이 높은 행동을 자신의 동료 종교 집단에만 한정하라고 가르치고, 어떤 종교는 그런 행동을 모든 사람에게 베풀라고 가르칩니다. 이것은 아마도 그 종교가 개방성이 높은 사람들에게 잘 맞는 종교인지 아니면 개방성이 낮은 사람들에게 잘 맞는 종교인지에 따라 달라질 것입니다. 도그마로 가득 찬 원리주의적 종교운동(즉 개방성이 낮은 종교운동)은 복종과 동조를 요구합니다. 이들은 '그들'과 '우리'를 예리하게 구분하며, 도덕적 의무는 '우리'에게만 적용되고 '그들'에게는 허술하게 적용됩니다. 반면에 자유주의적이고 진보적인 종교운동(즉 개방성이 높은 종교운동)에서는 종교 권위에 대한 복종과 동조가 중요하지 않으며 '그들'과 '우리'의 구분이 강하지 않습니다. 이들에게

도덕적 의무는 같은 시대를 살아가고 있는 지구촌의 모든 사람에게 적용됩니다.

이 장에서는 정직성이 (개방성과 더불어) 종교의 여러 측면에서 어떤 역할을 하는지 살펴보았습니다. 다음 장에서는 정직성이 더 발군의 역할을 할 것으로 기대되는 세 가지 분야인 돈, 권력, 섹스에 대해 이야기할 것입니다.

FACTOR

3장

돈, 권력, 섹스

낮은 정직성은 삶의 여러 구석구석에서 다양하게 표출됩니다. 이 장에서는 정직성이 아주 낮은 사람들이 진정으로 두각을 나타내는 세 가지 분야를 다루어 볼 것입니다. 이 분야들은 바로 돈, 권력, 섹스입니다.

돈과 낮은 정직성

실제로 정직성에서 상당히 낮은 점수를 보이는 사람들도 대부분 노동에 종사하거나 투자를 하는 등 합법적 방식으로 생활을 꾸려나갑니다. 범죄라는 것이 언제나 성공적으로 실행될 수 없다는 현실을 반영하는 것이지요. 정직성이 낮은 사람 중 대부분이 절도나 사기 등을 저지르고 오랫동안 탈 없이 살기가 쉽지 않다는 걸 잘 알고 있기 때문에 안정적인 방법으로 벌어들이는 수입이 있어야 한다고 생각합니다. 그러나 이들이 불로소득을 누구보다 좋아하는 것도 사실입니다. 또한 이들은 자신의 부를 창출하는 데 다른 사람에게 피해가 가더라도 크게 개의치 않는 편입니다. 그러므로 상황이 허락한다면 남의 것을 가로채거나 다른 사람을 속일 가능성이 큰 사람들은 당연히 정직성에서 낮은 점수를 보이는 사람들입니다.

몇몇 연구에서 우리는 대학생들에게 그들이 이전에 훔친 물건이나 돈의 액수를 물어보았습니다(물론 익명성과 비밀이 보장되는 조사였지요). 자신이 일하는 가게나 빈집에서 상당한 액수의 물건과 현금을 슬쩍한 적이 있다고 보고한 학생들은 정직성에서 꽤 낮은 점수를 보입니다. 일반적으로 조사된 절도의 대부분은 10% 정도를 차지하는 소수 학생에 의해서 저질러졌는데, 이들은 평균적으로 하위 10~20% 정도에 머무는 정직성 점수를 보였던 것이지요.[35]

자신의 정직성이 낮다고 '보고'한 학생들이 또한 과거에 더 많이 훔쳤다고 '보고'한 이 결과가 여러분에게 그다지 인상적이지 않을 수도 있습니다. 이런 결과는 자신의 비정직성을 과장하거나 고백하는 성향에 의해 나타난 것에 지나지 않느냐고 반문할 수 있는 것이지요. 그러나 실제로 그렇지 않습니다. 우리가 학생들의 성격을 그들을 잘 아는 사람, 즉 룸메이트, 친한 친구, 또는 애인이 평가하도록 해서 타인 보고 결과를 얻었을 때도 낮은 정직성은 절도 경력에 대한 자기 보고와 상

---

35 정직성과 절도의 관계는 여러 나라에서 발견되었습니다. 동료인 드 브리스(Reinout de Vries)와 같이 한 연구에서 캐나다, 호주, 네덜란드의 사례 모두 비슷한 결과를 보여주었습니다.(Lee, Ashton & de Vries, 2005)

당한 관련을 보입니다. 그리고 절도 경험에 대한 자기 보고는 절도와 직접적으로 관련될 것으로 생각되는 측면의 정직성, 예컨대 타인 착취 성향뿐 아니라 절도와 직접적으로 관련되지 않는 정직성의 다른 측면과도 높은 관련을 보입니다. 즉 과거에 절도한 경험이 많이 있다고 보고한 학생들은 자신이 남보다 우월하다고 생각하고 있었으며, 명품과 사치품을 '숭상'하고, 타인을 조종하기를 즐긴다고 생각하는 학생들이었습니다.

정직성과 절도의 관련성이 자기 보고 방식을 사용한 연구에서만 나타날 것이라고 의심하시는 분들을 위해 속임수 행동 연구를 Scene 4-3에 제시해놓았습니다.

심리학 실험실에서의 속임수 행동 연구

최근 한 연구에서 허쉬필드(Hal Hershfield), 코헨(Taya Cohen), 톰슨(Leigh Thompson)은 HEXACO 성격검사로 측정된 정직성과 연구 참여자들의 실제 속임수 행동의 관련성을 연구했습니다. 이 연구에서는 연구 참여자들에게 8개의 낱말 맞추기 문제를 주었습니다. 즉 EFLWOR라는 철자가 주어지면 FLOWER로 재배열하여 정답을 맞추는 과제입니다. 연구 참여자들에게는 낱말 맞추기 문제를 하나 풀면 50센트씩 줄 것이라고 말해두었습니다. 게임의 규칙은 이 낱말 맞추기 문제를 주어진 대로 차례차례 풀어야 한다는 것이었습니다.

즉 첫 번째 문제를 풀지 못하면 두 번째 문제로 이동할 수 없고, 이 경우 나머지 문제를 풀 기회를 가질 수 없으며 단 한 푼의 상금도 받지 못합니다. 두 번째 문제까지 풀고 세 번째 문제를 풀지 못했다면, 1달러만을 챙겨갈 수 있습니다. 그런데 연구 참여자들에게 말해주지 않은 실험의 비밀이 하나 있었습니다. 문제 8개 중 두 번째와 일곱 번째 문제는 거의 풀 수 없는 문제였습니다. 왜냐하면 이 낱말들은 대학생 대부분이 모르고 있을 만한 단어였거든요(예를 들어 MENALD, CAPRIC 같은 단어였습니다).

문제를 준 지 15분 정도 되어서 연구 참여자들은 자신이 풀 수 있었던 문제 개수를 적어낸 후, 그에 해당하는 금액을 앞에 놓인 봉투에서 꺼내가라는 지시를 듣습니다(즉 상금을 스스로 가져가라고 지시한 것입니다). 자기가 풀 수 없었던 문제도 풀었다고 대답하고 싶은 사람은 그렇게 해도 아무런 문제가 되지 않았는데, 왜냐하면 그들이 속이고 있다는 사실을 연구자가 알아낼 방법이 전혀 없었기 때문입니다. 즉 그들의 양심만이 속임수 행동의 유일한 억제 장치였습니다. 앞서 말한 대로 두 번째 문제와 일곱 번째 문제는 풀릴 수가 없었기 때문에, 문제를 2~6개 풀었다고 대답한 사람은 적어도 속임수를 한 번 사용한 것이고, 7~8개를 풀었다고 한 사람은 적어도 두 번 속였음을 나타냅니다.

연구자들은 정직성이 낮은 사람들이 더 많은 문제를 풀었다고 보고하고 그 대가로 더 많은 돈을 가져갔음을 발견했습니다. 정직성과 속임수와의 상관은 -0.35 정도였습니다. 매우 적은 상금이 걸려 있었다는 점과 다른 많은 요인들이 이 특정 상황에서 속임수 행동에 영향을 줄 수 있었음을 고려해보면, 이 연구에서 보고된 관련성 정도는 상당히 인상적인 결과라고 볼 수 있습니다.*

* Hershfield, Cohen & Thompson(2012).

정직성이 낮은 것이 범죄 및 비행과 큰 관계를 맺고 있다 하더라도, 이 관계는 완전하지 않다는 것을 강조하고자 합니다. 정직성이 낮은 사람들 중에 몇몇은 훔칠 기회가 별로 없었을 수도 있고, 이미 큰 부자라서 굳이 물건을 훔칠 동기를 가지고 있지 않을 수도 있습니다. 또 정직성이 낮은 사람들 중 어떤 사람은 이런 비행 및 범죄에 대한 유혹을 조절하는 데 도움이 되는 다른 성격 특성을 갖고 있기도 합니다. 2부에서 이야기했듯이, 정직성이 낮은 사람이 성실성 및 정서성이 매우 높다면, 이들은 그들의 비정직성을 아주 조심스럽게만 드러내며, 무모하고 위험하고 대담한 일탈 행동은 잘 하지 않는 편입니다.

반면에 정직성이 높은 사람들이 비정직한 행동을 하게 되는 상황이 있을 수도 있습니다. 처한 상황 자체가 너무 매혹적이라면 아무리 정직한 사람도 비정직한 행동을 하고 싶은 유혹을 뿌리치기 어려울 수가 있으니까요. 그리고 어떤 경우에는 비정직한 행동이 정직성 수준에 따라서가 아니라 다른 상황 요인에 의해서 유발될 때도 있습니다. 정상적으로는 절도나 시험에서의 부정행위 같은 부정직한 행동을 하지 않을 젊은 사람들이 종종 친구들의 압력에 굴복해 이런 행위를 하기도 합니다. 또 가끔은 부모나 기성세대에 불만을 표출하기 위한 반항적 행위로 반사회적 행동을 하는 젊은이들도 있습니다. 이렇듯 상황이 갖는 압력의 정도가 매번 다르기 때문에 비정직한 행동이 정직성이 낮은 것에서 기인한 것이라고 확정적으로 말하기가 쉽지 않습니다.

예를 들어 매우 정직한 성격을 가진 사람도 가족이 아프거나 먹지 못하거나 추위의 고통에 시달린다면 할 수 없이 물건을 훔치는 경우가 있습니다. 물론 이런 상황은 현대사회에서는 소수의 사람들만이 경험하지만, 같은 행동이라도 그것을 행하는 사람의 성격에 기인한 것인지 아니면 상황의 압력에 의한 것인지를 잘 고려해보고 판단하는 것이 중요합니다. 불행한 처지에 있는 사람들을 너무 가혹하게 판단하지 않도록 신중해야 하는 것이지요.

상황적인 압력을 배제하고 낮은 정직성과 부정직한 행동의 관계를 살펴볼 수 있는 한 가지 방법은 가설적 시나리오를 이용하는 것입니다. 이런 연구에서는 자신의 이득을 위해서 부정직한 방법을 사용할 수 있는 기회를 가설적으로 설정하고, 이 경우 부정직한 행동을 할 가능성이 얼마나 되는지 표시하도록 합니다. 즉 나쁜 행동을 해도 잡힐 가능성이 없고, 다른 대안이 없어 절망적인 것도 아니며 동료들의 압력을 받지도 않는 상황을 만들어 사람들의 부정직한 행동 성향을 알아내는 것이지요. 어떤 사람에게서 아주 드물게 행해지는 행동이 성격과 어떤 관계가 있는지 알아내고 싶을 때 심리학자들은 이런 방법을 사용합니다.

회사나 자신의 이익을 위해 회사 간부가 저지르는 '기업 범죄'가 이런 방식으로 연구될 수 있습니다. 이런 범죄는 통상적인 범죄와 꽤 다른 양상을 띤다는 점에서 흥미롭습니다. 일상적인 강절도와 달리 소득, 교육, 지위 수준이 높은 사람들이 기업 범죄를 저지릅니다. 또한 강절도와는 달리 이런 범죄는 대중의 재정적 파탄을 초래하거나 환경 파괴 및 안전 보건을 위협하는 상황을 초래하곤 합니다.

이런 범죄를 저지를 수 있는 위치에 있는 사람은 많지 않습니다. 그러나 만약 그런 위치에 있게 된다면 자신이 그렇게 비윤리적인 기업 의사 결정을 할 수 있다고 생각하는 사람은 몇이나 될까요? 또 이렇게 비윤리적인 의사 결정을 할 수 있다고 '고백'하는 사람들은 정직성에서 얼마나 낮은 점수를 받을까요? 우리는 학부 학생 몇백 명에게 그들이 기업의 간부 역할을 하고 있다고 가정하는 몇 가지 시나리오를 읽게 한 후 각 상황에서 어떻게 대응할 것인지를 물어보았습니다. 각 시나리오는 회사나 개인의 이익을 극대화하기 위해 아주 비윤리적인 쪽의 의사 결정을 할 의향이 있는지(뇌물 공여, 공해 산업 수출, 공공 보건을 침해하는 식약품 개발 등) 물어보는 것이었습니다. 이 연구에서 사용된 사니리오 중에 하나를 예로 들겠습니다.

여러분이 전 세계로 텔레콤 장비를 수출하는 큰 회사의 사장 또는 임원이라고 생각해보세요. 최근에 산업화를 시작한 한 개발도상국에 새로운 텔레콤 시스템을 공급하기 위한 계약에 현재 사운을 걸고 있습니다.

이 나라의 각료 및 대통령과 직접 협상을 하는 와중에 여러분의 회사가 입찰한 가격이 제일 낮지 않다는 것을 넌지시 암시받았습니다. 두 경쟁 회사가 더 낮은 입찰 가격을 냈지요. 그러나 그 나라의 대통령과 대통령의 친인척이자 장관인 몇 사람의 스위스 개인 구좌에 계약 중개료 명목으로 5%를 입금하면 여전히 계약을 체결할 수 있다는 정보를 건네받았습니다. 그러니까 뇌물을 5%만 제공하면 여러분의 회사는 막대한 이윤을 남길 수 있고, 여러분은 이런 계약을 따낸 일등 공신으로 인정받게 됩니다.

여러분이라면 이 조건에 동의하고 계약 체결을 추진하시겠습니까?

① 절대 그러지 않을 것이다	② 그러지 않을 가능성이 크다
③ 그럴 가능성이 크다	④ 당연히 그렇게 할 것이다

캐나다 대학생 중 회사 이윤을 추구하기 위해 도덕성을 배반할 것이라고 답한 사람이 몇이나 될까요? 약 15%에 달하는 학생들이 이러한 시나리오들에 대해 '그럴 가능성이 크다'와 '당연히 그렇게 할 것이다'에 응답했습니다. 반대로 15% 정도에 달하는 학생은 '절대 그러지 않을 것이다'로 응답했지요. (나머지 70%는 '그러지 않을 가능성이 크다'라고 대답해 윤리적인 결정을 내리는 쪽으로 치우쳤지만, 우리가 장래 지도자가 될 사람들에게 기대했던 것만큼 확고한 신념을 보여주지는 못했습니다.)

이 학생들의 성격은 어땠을까요? 우리는 이들의 성격을 HEXACO 성격검사지의 자기 보고 결과와 그들의 친구들이 제공한 타인 보고 결과를 사용하여 측정했습니다. 공공의 가치를 희생해서라도 자신의 이익이나 회사의 이윤을 추구하겠다는 학생들 중 약 75%가 정직성에서 평균을 밑도는 점수를 받았습니다. 반면에 절대 그런 비윤리적인 결정을 내리지 않겠다는 학생들 중 75%가 정직성에서 평균을 웃도는 점수를 받았지요.[36]

물론 이 연구는 비윤리적 결정을 내리는 사람들의 수를 과대평가했다고 볼 수도 있습니다. 어차피 가설적인 상황이라 실제로 공공에 미치는 해악도 없고, 더군다나 그 결정을 책임져야 할 필요도 없으니 사람들이 비윤리적인 결정 쪽으로 치우치게 될 수도 있기 때문이죠. 하지만 오히려 실제 상황에서는 그 돈을 정말로 얻을 수 있다는 것 때문에 돈에 대한 유혹을 못 이기고 비윤리적 결정을 하게 될 가능성이 더 커질지도 모르는 일입니다.

비윤리적 기업 행위는 현대 시장경제에서 정직성이 낮은 사람들이 자신의 성격을 적나라하게 드러내는 방법 가운데 하나입니다. 그렇지만 시장경제 체제는 그들의 이기심을 억제하기도 합니다. 시장경제 체제하에서는 남들이 원하는 물건이나 서비스를 창출해야만 돈을 벌고, 그래야 자신들의 욕구를 충족시킬 수 있기 때문이지요. 즉 법이 잘 지켜지는 안정적인 사회에서는 범죄 행위가 안정적으로 수입을 보장하지 못하기 때문에 정직성이 낮은 사람도 시장경제 규칙에 따라 남들이 필요로 하는 물건을 만들거나 용역을 제공해 먹고살아야 합니다. 우리가 저녁을 해결할 수 있는 이유는 정육점 주인, 술집 주인, 빵집 주인들의 '자비심' 때문이 아니라 그들의 '이기심' 때문이라고 한 애덤 스미스

36 Ashton & Lee(2008) ; Lee, Ashton, Morrison, Cordery & Dunlop(2008).

의 말과 상통하는 이야기입니다.[37] 애덤 스미스식 자유시장경제의 미학은 (적어도 원칙적으로는) 정직성이 낮은 사람들도 먹고살기 위해 무언가 일을 해야 한다는 점에 있습니다. 요식 관련 업계에서라도 말이지요.

하지만 정직성이 낮은 사람들은 이런 자유시장경제 규칙을 무력화하는 방법을 나름대로 찾습니다. 정직성이 낮은 사람의 정수는 다른 사람을 딛고 서서 자신의 이익을 취하는 것으로, 이런 성격을 지닌 사람은 경제적 거래 관계에서 음으로 양으로 다른 사람들을 이용할 준비가 되어 있습니다.

'잘못 산 책임은 구매자에게 있다'는 원칙을 가지고 물건을 파는 상인들이 바로 낮은 정직성을 전략으로 장사하는 사람들입니다. 하자 있는 중고차를 속여 팔거나 겉만 번지르르하게 고쳐주는 건축업자들에 대해 우리는 이런 고정관념을 갖지요. 사람들을 꼬드겨서 좋지 않은 거래를 성사시키는 사람들도 정직성이 낮은 사람들의 전형입니다. 돈을 갚을 수 없을 걸 뻔히 아는 사람들에게 담보를 잡고 돈을 빌려주는 '약탈적 대출' 따위가 여기에 포함됩니다.

정직성이 낮은 사람들이 즐기는 또 하나의 예는 제3자에게 비용을 떠넘기는 행위입니다. 자신의 비즈니스가 창출한 외적 비용을 공공에서 처리하도록 하는 행위가 여기에 포함됩니다. 독성이 있는 폐기물을 공공장소에 버리거나 중독성이 강한 마약이나 위험한 무기를 파는 행위도 이에 해당합니다. 이러한 예들은 모두 사업 운영으로 인해 초래되

---

37 Smith(1776).

는 사회적 손실을 다른 사람에게 고스란히 떠넘기는 행위들입니다.

세금 탈루도 정직성이 낮은 사람들이 즐겨 사용하는 것으로 시장경제가 운용되는 것을 방해하는 한 방법입니다. 세율 적용 방식은 나라에 따라 각양각색이지만, 모든 사회는 세금을 거두어 사회의 모든 구성원들이 중요하게 생각하는 공공재를 위해 사용합니다. 정직성이 낮은 사람은 세금을 적게 내려고 애쓰는 사람들 중에 많이 분포해 있습니다. 이들 중 어떤 경우는 명백하게 불법적인 방식으로 세금 절도를 합니다. 아니면 불법은 아니지만 세법의 정신에 명백히 모순되는 행위를 함으로써 세금을 '절약'하려고 합니다.

예를 들어 소득세는 대체로 여러 가지 공제를 허락한 후 남는 소득에 근거해서 부과됩니다. 어떤 공제는 명백하므로 모든 사람들이 이견 없이 대부분 공제합니다. 그러나 어떤 것은 모호한 경우도 있고, 절대 탄로 날 염려가 없는 명백한 '허위' 공제도 있을 수 있습니다. 정직성이 낮은 사람들은 후자의 경우 공제하지 않는 걸 도저히 이해하지 못합니다. 문제는 이렇게 부도덕한 방식으로 세금을 '절약'하거나 '절도'하는 사람들 때문에 정직하게 세금을 꼬박꼬박 내는 사람들의 부담이 더 늘어난다는 것이지요. 이것은 정직한 사람이 부정직한 사람을 금전적으로 보조하게 되는 아주 기분 나쁜 상황이 벌어지고 있음을 의미합니다. 물론 정직성이 높은 사람들 중에는 자신의 세금이 침략 전쟁 따위와 같은 부도덕한 목적으로 사용되는 것에 반대해 공개적으로 세금 납부를 거부하는 경우도 있습니다. 그러나 세금을 훔치는 사람들 대부분이 마하트마 간디나 헨리 소로에 영향을 받은 평화 운동가들은 아닐 것입니다. 정직성이 낮은 사람들의 '무임승차'는 세금 포탈이라는 형태로만 나타나는 것은 아닙니다. 이들은 사회보장제도를 악용하는 사기나 각종 보험 사기 등을 저지름으로써 다른 사람에게 돌아가야 할 재원을 가로채기도 합니다.

정직한 사회가 효율적임을 보여주는 '공공재 게임' 실험

최근 독일에서 수행된 한 연구는 정직성이 낮은 사람들에게서 나타나는 무임 승차 문제를 잘 나타내줍니다. 힐빅(Benjamin Hilbig), 제틀러(Ingo Zettler), 헤이다슈(Timo Heydasch)는 행동경제학자들이 말하는 소위 '공공재 게임(public goods game)'을 통해서 사람들의 행동을 연구했습니다.* 이 공공재 게임에서는 게임을 시작할 때 게임 참여자들에게 일정 점수를 배당합니다. 그리고 이들은 게임에 함께 참여하고 있는 다른 사람들과 공동으로 사용할 수 있는 통장에 자신이 가지고 있는 점수를 기부할 수 있습니다. 공동 통장에 기부된 모든 점수는 특정 이자가 붙어서 불어나게 되고(통장에 점수가 많을수록 이자가 많지요), 이렇게 불어난 이자와 원금은 게임에 참여한 사람 모두에게 균등하게 분배됩니다. 즉 개인이 처음에 기부한 점수를 전혀 따지지 않고 무조건 균등 분배하는 것이지요.

이러한 상황에서 집단적으로 이득을 극대화하려면 모든 개인이 공동 통장에 아주 많은 점수를 기부해야 합니다. 그러나 개인으로서

* Hilbig, Zettler & Heydasch(2012).

는 무임승차하고 싶은 유혹을 느낄 수 있는 상황입니다. 즉 어떤 사람들은 자신의 재산(즉 여기서는 점수)을 그냥 간직하고 남들이 기부한 것에서 이익을 취하고 싶어지게 되는 거죠. 이런 게임 규칙은 우리 실생활에서 일어나는 다양한 무임승차 상황을 잘 나타내줍니다. 즉 세금을 공정하게 내는 것, 환경을 더럽히지 않는 것, 공공요금을 잘 내는 것, 가뭄이 심할 때 자신의 잔디에 물을 주지 않는 것 등이 이 연구에 적용된 공공재 게임 상황과 매우 비슷하지요.

힐빅, 제틀러, 헤이다슈는 정직성이 낮은 사람들은 평균적으로 자신이 가진 총 점수에서 30% 정도만을 공동 통장에 기부한 것에 반해, 정직성이 높은 사람들은 자기가 가진 총 점수에서 70% 정도를 기부했음을 발견했습니다. 이런 결과에 근거해서 이들은 (1) 정직성 점수가 평균을 밑도는 사람들로만 구성된 집단과 (2) 정직성 점수가 평균을 웃도는 사람들로만 구성된 집단을 비교해보았습니다. 그 결과 정직성이 높은 사람 5명이 속한 집단은 정직성이 낮은 사람 5명이 속한 집단보다 25% 정도 더 많은 이득을 보는 것으로 나타났지요.

정직성이 높은 사람들로 구성된 사회가 정직성이 낮은 사람들로 구성된 사회보다 더 효율적으로 작동한다는 걸 보여주는 유용한 심리학 실험입니다. 정직성이 높은 사람으로만 가득 찬 사회는 과연 어떤 모습일까요? 다음 Scene 4-5에서는 정직성이 높은 사람들이 만드는 이상 사회가 어떠할지 상상의 나래를 펴볼 것입니다.

정직성이 낮은 사람들이 시장경제 원칙에 완전히 순응한다 하더라도, 이들은 여전히 해악을 끼칠지 모릅니다. 예컨대 정직성이 낮은 사람을 특징짓는 핵심 행동 중 하나가 과소비, 사치, 물신 풍조입니다. 일견 보기에는 이 문제가 심각한 사회문제로 보이지 않을지도 모릅니다. 정직성이 낮은 사람들이 값비싸고 요란한 물건들을 사들이느라 자신의 돈을 낭비하는데, 그게 무슨 문제란 말입니까? 그러나 몇 사람이 저지르는 과소비는 우리 모두에게 해로운 결과를 줄 수도 있습니다.

경제학자 로버트 프랭크(Robert H. Frank)는 이런 문제를 다음과 같이 설명합니다.[38] 첫째, 사람들은 특정 물건에 대해서만 다른 사람보다 돈을 더 많이 쓰고 싶어 합니다. 예컨대 사람들은 제일 비싼 차, 큰 집, 유명 디자이너의 의류나 보석을 사고 싶어 하고 고급 식당에 가거나 호화 여행을 하고 싶어 하며 주로 이런 쪽의 과소비를 자랑하고 싶어 하지만, 보험 상품을 구입하면서 이런 식으로 경쟁하지는 않지요. 정직성이 낮은 사람이 '내 자동차 보험료는 우리 나라에서 제일 비싼 거야'라고 자랑하는 것을 본 적은 없을 겁니다. 하지만 보석이나 차 같은 사치품 경쟁은 비유하자면 소비자 간에 '군비경쟁'을 유도하여 '지위재(地位財)'라고 불리는 물건들에 사람들이 점점 더 많은 돈을 쓰게 합니다. 이런 사치품에 대한 경쟁은 사람들이 더 많은 빚을 지게 하거나 여가 시간을 희생해서라도 더 많은 돈을 벌게 합니다. 이들은 물론 감세를 주장하기도 할 것입니다. 감세는 도로, 학교, 병원 등 공공재에 사용되어

---

38 Frank(1999).

야 할 재원을 줄이고 사람들이 그 돈으로 과소비를 하게끔 할 가능성을 키웁니다.

문제는 이런 방식으로 늘어난 지출이 이들을 더 행복하게 해주지 못한다는 데 있습니다. 이런 소비 경쟁에서는 얼마나 많은 돈을 쓰든지 간에 사람들의 상대적 위치가 거의 언제나 제자리에 머물게 되거든요. 예컨대 10년 전에는 성대한 것으로 여겼던 아이들 생일 잔치가 요즘 시대에는 아마 중간도 못 가는 정도일 테고, 아이들은 시시한 생일 잔치를 하는 건 안 하느니만 못하다고 보이콧을 할지도 모릅니다. 과소비 경쟁에서는 어차피 승자가 있을 수 없습니다. 극소수 '그분들'만 빼면 말이죠.

정직성이 높은 사람들은 과소비에 관심이 없기 때문에 이런 문제들에 신경 쓸 필요가 없다고 생각할 수도 있습니다. 그러나 그렇지 않습니다. 정직성이 낮은 사람들이 투기 거품을 만들어냈을 때 그 경제적 위기로 인해 직장을 잃는 사람들은 정직성이 낮은 사람들뿐 아니라 높은 사람들까지 포함합니다. 정직성이 낮은 사람들이 세금을 내리는 정책에 표를 던질 때 그 결과로 인해 공공재에 사용되는 지출이 적어서 피해를 보는 것 또한 정직성이 낮은 사람뿐 아니라 정직성이 높은 사람들까지 포함합니다. 사치품에 대한 경쟁적 소비는 자랑하고 싶은 동기가 적은 정직성이 높은 사람들까지도 더 부가적인 지출을 하도록 만들 수 있습니다. 예를 들어 정직성이 낮은 사람들이 과시형으로 구매하는 대형 자동차들은 작은 차를 선호하는 정직성이 높은 사람들로 하여금 사고 시 안전에 대한 우려 때문에 더 큰 자동차를 사게 만드는 요인으로 작용할 수 있습니다. 또는 정직성이 낮은 사람들이 '명품' 양복만 구매한다면 검소한 사람들도 혹시 면접 등에서 불이익을 받을까 봐 우려되는 마음에서 비싼 양복을 구매할지 모릅니다. 이렇듯 정직성이 높은 사람들도 '성공하는 사람의 옷차림'이란 주문에 빠져들 수 있습니다.

권력과 낮은 정직성

영국의 액튼 경은 "권력은 부패하기 마련이다"라고 하여 누구나 권력을 갖게 되면 부정부패의 위험에 빠진다고 경고했습니다. 그러나 이는 권력과 부패가 맺는 관계의 반쪽만을 이야기하고 있습니다. "부패한 사람들이 권력을 좇는다"가 다른 반쪽의 이야기를 요약해주지요. "나는 다른 사람보다 더 많은 권력을 가지고 싶다"라는 단순한 문항이 골드버그가 관리하는 미국 오레곤 지역 연구의 한 질문지에 포함되어 있습니다. 이 문항에 동의하지 않은 사람들(권력 냉담자)의 대다수(80% 이상)가 정직성에서 평균을 웃도는 점수를 보였지요. 이 문항에 동의한 사람들(권력 추종자)의 대부분(80% 이상)은 정직성에서 평균을 밑도는 점수를 보였습니다.

정직성과 권력욕의 관계는 오레곤 지역 연구 자료에 포함된 다른 문항에서도 나타납니다. 골드버그는 여러 직업에 대한 흥미를 평가하는 캠벨 직업 흥미 검사를 실시했습니다. 이 검사는 개개인의 직업 흥미 패턴이 각종 직업 종사자들에게서 도출한 평균적 직업 흥미 패턴들과 얼마나 잘 부합하는지를 양화해 개개인의 직업 흥미를 평가해줍니다.

예컨대 이 검사에서 여러분의 흥미 패턴이 회계사의 흥미 패턴과 매우 비슷하면 여러분은 '회계사' 척도에서 높은 점수를 받을 것이라는 이야기입니다. 이 직업 흥미 검사지에는 직업 척도 59개가 포함되어 있었고, 그중 하나가 'CEO/사장' 척도였습니다. 흥미롭게도 바로 이 척도가 정직성과 가장 큰 부적 상관을 보이고 있었습니다(상관은 약 -0.35 정도입니다). 즉 CEO 및 사장들의 평균적인 흥미는 정직성이 낮은 사람들이 지닌 흥미와 패턴이 상당히 비슷했습니다. 물론 이 세상에는 윤리적이고 자선적인 CEO가 아주 많기 때문에 이런 심리학적 연구 결과가 전체 CEO를 도매금으로 평가하는 근거로 사용되어서는 안 될 것입니다. 일부 CEO와 그 가족들의 탐욕과 비윤리적 행태도 떠오르지만, 이런 연구 자료들을 해석하고 일반화하는 것에는 신중을 기해야겠지요.

현대사회에서 한 가지 문제는 권력을 쫓는 사람들(즉 정직성이 낮은 사람들)이 바로 그 권력을 오용할 가능성이 애당초 많은 사람들이라는 것입니다. 이런 권력 남용 및 오용을 해결할 수 있는 근간은 아마도 민주주의와 권력분립일 것입니다. 민주주의 사회에서는 투표권을 갖는 사람들에게 믿을 만한 공약을 제시함으로써 권력을 가질 수 있고 그 약속을 실행했음을 보여주어야만 권력을 유지할 수 있습니다(물론 원칙적으로 그렇다는 이야기입니다). 그리고 권력분립 체계에서는 다른 권력에게서 균형과 점검을 끊임없이 요구받는 조건에서만 권력을 사용할 수 있습니다.

물론 민주주의와 권력분립 체제에서도 정직성이 낮은 사람들은 권력 쟁취 및 권력 오용에서 여전히 발군의 모습을 보일 것입니다. 국민들이 조심 또 조심을 해야 하는 이유이기도 하지요. 노련한 정치인들은 권력을 쟁취하기 위해 국민들을 속이기도 하는데, 정치판에서의 속임수는 시장경제에서의 속임수보다 그렇게 심하게 규제되지 않습니다. 정치 후보자가 만든 광고는 상업광고에 비해서 법적 구속을 훨씬 더 적게 받지요. 정치인들의 공약은 공식적 계약과는 완전히 다른 개념입니다. 아마 '속임수'를 전혀 사용하지 않고 국민이 듣고 싶어 하지 않는 말도 거침없이 하고 다니는 정치인들은 정치생명이 그렇게 길지 못할지도 모릅니다.

선거에서 이겨 의회 사무실을 접수한 정치인들 중에 정직성이 낮은 사람들은 걸리지 않을 자신이 있으면 권력을 개인적으로 이용하려고 할 것입니다. 세계에서 제일 깨끗한 나라라고 알려진 곳에서도 뇌물을 받고 지인들에게 공적 계약을 몰아주는 정치인이나 관료는 여전히 존재합니다. 또 공금을 쓸데없이 낭비하는 경우도 많습니다. 정치인들이나 공기업 사장들이 특급 호텔, 일등석 항공 좌석 등을 위한 지출을 당연시 여기는 것도 이들의 정직성이 낮다는 것을 적나라하게 드러냅니다.

정직성이 낮은 정치인들이나 정부 관료들이 저지르는 권력 남용은 그들의 개인적 치부를 넘어서는 심각한 문제입니다. 최악의 권력 남용은 침략 전쟁을 통한 대량 인명 살상으로 나타나기도 합니다. 정직성이 낮은 사람이 권력을 무제한으로 가지고 어떤 이념으로 무장하게 되면, 그 결과는 참혹합니다. 히틀러나 스탈린 같은 극단적인 경우에서 볼 수 있듯이 몇천만 명에 이르는 무고한 사상자를 초래할 수도 있습니다.

그보다는 덜 무시무시한 형태로 나타나는 권력 오용을 한번 생각해보지요. 현대사회에서 경제적 권력은 단일 국가 정부에 집중되기보다는 민간 부문에 분산됩니다. 경제적 활동을 담당하는 기업들에서 수단과 방법을 가리지 않고 기업 내 최고 위치로 나아가는 사람들은 대체로 정직성이 낮은 사람입니다. 정치인들이 유권자들이 듣고 싶어 하는 이야기만 하는 것처럼, 많은 회사 사원들은 '예스맨'이 되고 상관에게 잘 보이기 위해 수단과 방법을 가리지 않습니다. 그러나 정직성이 낮은 회사원들이 출세하기 위해 아부만 하는 것은 아닙니다. 앞서 논의한 직장 내 인상 관리 행동에서 알 수 있듯이 이들은 아주 폭넓은 마키아벨리적 전략을 구사합니다. 이들은 다른 사원들의 재능이나 노력으로 이룩한 업적을 자신들의 것인 양 꾸미기도 합니다. 더 나아가서 이들은 동료 사원의 평판을 깎아내리기 위해 그들이 수행한 업무를 곡해하여 비판하거나 악성 루머를 퍼뜨리기도 합니다. 또는 동료 경쟁자들을 왕따시키거나 위협하여 그들을 굴복시키고 그들 위로 올라서고자 합니다.

회사에서 일어나는 이런 마키아벨리적 전략은 초등학교부터 대학교에 이르기까지 학교생활에서도 찾을 수 있습니다. 학생들이 이런 행동을 하는 것은 선생님들에게 잘 보이기 위해서이기도 하지만, 대부분은 친구나 동료 사이에서 그들의 지위를 유지하기 위해서이기도 합니다. 정직성이 낮은 소년 소녀들은 주로 소년들 사이에서 일어나는 신체적 위협 또는 주로 소녀들 사이에서 일어나는 사회적 왕따 등과 같은 집단 괴롭힘을 저지를 가능성이 훨씬 높은 것으로 보고되어왔습니다.[39]

---

39 Book, Volk & Hosker(2012).

정직성이 낮은 소년 소녀들도 사회적 관계를 제로섬 게임으로 보고 또래 집단 안에서 자신들의 지위를 유지하거나 상승시키기 위해 남들을 딛고 가는 전략을 구사합니다.

섹스와 낮은 정직성

섹스라는 것은 상대방에게 쾌락과 기쁨을 주는 것이기도 하지만, 상대방을 철저하게 착취하는 것이기도 합니다. 현대사회에서는 정직성이 낮은 사람들이 범할 수 있는 성적인 착취들, 예컨대 아동 성 학대나 성범죄 등을 법으로 처벌하고 있습니다. 그러나 형사 처분 대상은 아니더라도 흔히 볼 수 있는 성 착취 행동도 셀 수 없이 많습니다.

특히 몇몇 바람둥이 남성들이 취하는 '하룻밤 보내고 헤어지기' 철학을 생각해보지요(물론 이들은 이 말을 이렇게 점잖게 하지는 않습니다). 이들(대개는 남자)은 다른 사람(대개는 여자)을 거짓 사랑과 거짓 약속으로 포장된 온갖 감언이설로 사로잡습니다. 물론 재산 정도, 직업, 교육 수준 등도 거짓으로 포장할 때가 많지요. 이렇게 거짓말을 하는 유일한 목적은 상대방을 잠자리로 끌어들이는 것입니다. 이는 사실 동서고금을 막론하고 고전적으로 존재해왔던 부정직한 행동인데, 이것이 바로 정직성이 낮은 성격 유전자를 다음 세대로 전달하는 데 중요한 역할을 해왔습니다. 아주 뛰어난 작업 기술을 가진 바람둥이들은 여러 여자들을 동시에 임신시킬 수 있으니까요. 문제는 이렇게 정직성이 낮은 아버지들의 특징 중 하나가 아이를 돌보거나 양육을 지원하는 일에 별로 관심이 없다는 것입니다.

정직성이 낮은 남성들이 저지르는 또 다른 착취의 형태는 일부다처제입니다. 이런 사회에서 일부 남자들은 많은 아내를 가지고 있고, 그로 인해 결혼을 하지 못하는 남자도 있게 됩니다. 이런 사회에서는 전형적으로 여성들의 권리가 열악한 것이 사실이지만 그렇다고 모든 여성들이 일부다처제에 반대하는 것은 아닙니다. 조지 버나드 쇼의 말을 빌리면 여성들은 삼류 남성을 독차지하는 것보다는 일류 남성의 10분의 1을 차지하는 걸 더 좋아한다는군요(여러 아내와 결혼할 수 있는 자원을 갖춘 남성을 '일류' 남자로 정의한다면 그렇다는 말입니다). 그러나 일부다처제는 어떤 이유로든 결혼을 할 수 없는 남성들에게는 매우 착취적인 구조가 아닐 수 없습니다. 이런 사회에서는 많은 남성이 아내와 아이들을 가질 수 없고, 그래서 누구나 누려야만 하는 정상적인 가족생활을 박탈당합니다.

물론 이런 사회에서 아내를 여럿 가진 남자가 반드시 정직성이 낮다는 뜻은 아닙니다. 그러나 아마 이런 사회 내에서 이 제도를 가장 열렬히 옹호하는 남자는 정직성이 낮은 사람일 가능성이 매우 높습니다(4부 1장에서 이야기했지만 사회적 위계를 옹호하는 사람들은 일반적으로 정직성에서 낮은 점수를 보이는 편입니다).

일부일처제 사회에서도 정직성이 낮은 사람들은 남녀 관계에서 이런저런 물의를 일으킵니다. 그중 하나는 배우자를 속이고 바람을 피우는 것이지요. 정직성이 낮은 사람들(여자든 남자든)은 자신이 저지른 부정으로 배우자의 신뢰를 저버린 것에 대해 죄책감을 느끼거나 크게 괴로워하지 않습니다. 더 섹시(외모뿐 아니라 더 높은 지위나 더 많은 재산에서 오는 '섹시함'을 포함해서)한 사람과 바람피울 수 있는 기회가 왔다면, 정직성이 낮은 사람들은 그 기회를 그냥 지나치는 법이 없습니다. 물론 정직성이 낮은 것과 외도의 관계가 완전한 것은 아닙니다. 정직성이 낮은 사람 중에 어떤 사람들은 섹스 자체에 별로 관심이 없습니다. 사나운 아내가 너무 무서워서 감히 바람피울 엄두를 내지 못하는 사람도 있지요. 정직성이 높은 사람 중에도 어떤 사람들은 배우자에게 냉대를 받거나 그들의 결혼이 행복하지 못한 경우 외도라는 유혹에 빠질 수 있습니다. 그러나 정직성이 낮은 사람들의 기본 정신 상태는 '기회가 되면—그리고 들통이 나지 않을 것 같으면—바람을 피운다'입니다.

특히 남자인 경우에 정직성이 낮은 사람과 정직성이 높은 사람은 연애 행태에서 뚜렷이 다른 양상을 보입니다. 정직성이 낮은 사람들은 훨씬 더 단기적인 관계를 추구하고, 지인들의 배우자 및 애인을 찔러보며, 동시에 더 많은 섹스 상대를 가질 가능성이 높습니다. 우리는 한 연구에서 대학생들에게 앞으로 5년 동안 얼마나 많은 섹스 상대를 가지게 될 것 같은지 예측해보라고 했습니다. 약 10%에 이르는 학생들이 9명은 넘을 것 같다고 답했는데 이들 중 75%가 정직성에서 평균을 밑도는 점수를 보였지요.[40] 다른 어떤 성격 요인도 정직성만큼 강력한 관련성

40 Bourdage, Lee, Ashton & Perry(2007).

을 보여주지 못했습니다. 물론 이 연구에서 측정한 것은 학생들이 예측한 섹스 파트너의 수입니다. 그들의 꿈이 언제나 이루어지는 것은 아니지요(물론 우리는 정직성이 낮은 사람의 섹스 파트너가 정직성이 높은 사람보다 더 많을 것이라고 생각합니다). 그런데 정직성이 낮은 학생들이 더 많은 섹스 파트너를 가지게 될 것으로 예측한다는 것 자체는 아주 흥미로운 현상입니다.

자신들의 성적 만족을 위해서 거짓된 약속과 감정을 표현하는 것이 껄렁한 남성들의 고전적 행태라면 정직성이 낮은 여성들의 성적 행동은 어떻게 표현될까요? 껄렁한 남성에 비견되는 정직성이 낮은 여성들은 아마 '섹스를 도구로 애태우는 형'일 것입니다. 돈, 신발, 가방, 보석 따위의 선물을 받거나 학교나 직장에서 도움을 받을 요량으로 남자들에게 매력적으로 다가가서 이들을 헷갈리게 하는 것이지요. 정직성이 낮은 여성들은 섹스와 연애를 자신들이 원하는 것을 남자에게 얻어내기 위한 수단으로 보는 경우가 많습니다. 이런 여성들이 남녀 관계에서 흔히 구사하는 또 하나의 전략은 속된 말로 '된장녀'적인 접근, 즉 남자 배우자가 가져다줄 부, 명예, 지위를 위해 사귀는 것입니다. 정직성이 낮은 여성 중 특히 애착 형성이 잘 안 되는 여성들(즉 정서성이 낮은 여성)은 사랑 때문에 결혼한다는 것은 터무니없이 순진한 생각이고, 재산과 지위를 보고 결혼하는 것이 동서고금을 통해 이어져 내려오는 인류의 보편적 상식이라고 믿는 경향이 있습니다.

정직성이 낮은 사람들은 '주고받는' 형태의 성적 행동을 보이기도 합니다. 이런 성적 교환 관계에서는 높은 지위에 있는 사람(주로 남자)이 그 밑에 있는 어떤 사람(주로 여자)에게 승진이나 임금 인상 등의 보상을 대가로 성적 관계를 요구합니다. 보상보다는 처벌을 면제하는 것이 성 교환의 대가가 되는 경우도 있습니다. 해고를 시키지 않는다든가 하는 조건 등이 이에 해당합니다.

우리는 한 연구에서 기회가 된다면 이런 성적 교환에 참여할 의향이 있는지 가설적 형태로 물어보았습니다.[41] 그리고 이에 응답하는 사람들의 성격을 비교했습니다. 이 연구에서 우리는 '성 교환'의 양쪽 측면을 모두 물어보았습니다. 즉 성 상납을 받아낼 의향이 있는 사람은 어떤 성격 프로필을 가지고 있을까? 그리고 보상을 얻어내기 위해 섹스를 제공할 의향이 있는 사람들의 성격 프로필은 무엇일까?

남녀 대학생들은 그런 가설적 상황에서 어떻게 행동할지에 대해 질문을 받았는데, 그중 한 가지 시나리오를 예로 들어보겠습니다.

> 여러분이 높은 정부 관료라고 생각해보세요. 정부가 주도하는 꽤 큰 사업의 계약자를 선정하려 하고 있고, 회사 몇 곳이 이 계약 수주를 위해 사업자 신청을 했습니다. 당신은 이들 중 한 회사의 담당자에게 매력을 느끼고 있습니다. 물론 이 담당자로선 사업자로 선정되는 것이 경력 측면에서나 재정적 측면에서 엄청 중요합니다. 계약서에 서명만 할 수 있다면 이 사람은 당신과 잠자리를 같이해줄 것이 확실하며, 이것을 다른 사람이 알 수 있을 가능성은 없습니다.

---

41 Ashton & Lee(2008) ; Lee, Gizzarone & Ashton(2003).

이런 상황에서 당신은 이 담당자와 잠자리를 같이 하는 조건으로 사업자 선정을 승인할 가능성이 있으십니까?

① 그럴 가능성은 절대 없다　② 그럴 가능성이 별로 없다
③ 그럴 가능성이 조금 있다　④ 그럴 가능성이 매우 크다

자, 그럼 이제 처지를 바꾸어 당신이 그 회사의 담당자라고 가정해보세요. 어떤 정부 관료와 잠자리를 하는 조건으로 계약을 따낼 수 있고, 그에 따라 승진은 물론 거액의 보너스까지 챙길 수 있다고 생각해보세요. 그리고 누구도 이런 모종의 거래를 알아낼 수 없다고 가정해보세요.

사업자 선정을 대가로 그 정부 관료와 잠자리를 같이 할 가능성이 있습니까?

① 그럴 가능성은 절대 없다　② 그럴 가능성이 별로 없다
③ 그럴 가능성이 조금 있다　④ 그럴 가능성이 매우 크다

첫 번째 시나리오는 성을 상납받는 대가로 보상을 제공할 의향을 묻고 있고, 두 번째는 반대 상황을 묻고 있습니다. 우리가 제시한 모든 가설적 상황은 어떤 절망적인 상황을 수반하지 않습니다. 즉 먹고살 수 없어서, 또는 병든 아이의 치료비를 위해서 행하는 성적 교환은 아니었습니다.

몇 명이나 성적 교환에 긍정적인 답을 했을까요? 소수이긴 하지만

그렇다고 극소수는 아니었습니다. 각 시나리오에서 '그럴 가능성은 절대 없다'고 잘라 말한 응답자는 여성 중에서는 75%, 남성 중에서는 50% 정도였습니다. 여성의 10% 미만, 그리고 남성의 20% 정도가 '그럴 가능성이 조금 있다' 또는 '그럴 가능성이 매우 크다'라고 응답했지요. 잘 알려진 바와 같이 남성이 여성보다 성적 교환이라는 아이디어에 더 '열려' 있었습니다.

앞의 결과에서 보이는 남녀 간의 차가 그렇게 놀라운 것은 아닌데, 예상치 않았던 것은 각 시나리오에서 남녀 간 반응 패턴이 그렇게 다르지 않았다는 것입니다. 우리는 남자들이 첫 번째 시나리오에서 더 강한 반응을 하고 여성들이 후자에서 더 강한 반응을 하리라고 생각했습니다. 여성 참여자들이 첫 번째 시나리오보다 두 번째 시나리오에서 '예' 반응을 약간 더 많이 했다는 걸 빼면 남녀 간 반응 패턴에는 큰 차이가 없었습니다.

성을 교환 대상으로 보는 생각에 더 열려 있는 사람들의 성격 특성은 어떨까요? 가장 큰 차이는 역시 정직성이었습니다. '절대 그렇게 하지 않겠다'라고 답한 사람 가운데 3분의 1 정도만이 정직성에서 평균을 밑돌았는데, '성 교환을 할 가능성이 있다'라고 대답한 사람들 가운데서는 4분의 3이나 정직성에서 평균을 밑도는 낮은 점수를 보였습니다. 다른 HEXACO 성격 요인들은 이렇게 큰 차이를 보여주지 못했습니다. 6개 요인 중에 사업 관계로 성 교환을 생각해볼 것인지를 가장 잘 예언해주는 것은 바로 정직성입니다.

돈·권력·섹스와 정직성이 맺는 관계에서 보면 알 수 있듯이, 정직성이 낮은 사람들과 같이 살아간다는 건 상당히 불쾌한 일일 수 있습니다. 5부에서는 정직성이 낮은 사람들을 어떻게 식별할 수 있는지, 그리고 그들과 어떻게 살아가는 게 현명한 것인지 이야기해보려고 합니다.

휴토피아(Hutopia), 정직한 사람들의 이상 사회?

한 사회를 구성하고 있는 성원 대부분이 정직성이 매우 높은 이상 사회를 한번 생각해보려고 합니다. 이런 사회는 과연 어떤 특성을 갖게 될까요? 정직성이 높고 낮음에 따라 달라지는 정치적 태도를 고려해봄으로써, 이런 '정직한 사람들의 이상 사회'를 부분적으로나마 그려볼 수 있을 것입니다.

첫째, 이 사회는 민주적이고 완전한 자유가 보장되는 사회일 것입니다. 정직성이 높은 사람들은 권력에 대한 욕구가 적고, 이들 중에는 군주적 지도자가 되겠다는 과대망상증 환자도 별로 없습니다. 이런 사회에서는 시민적 자유를 보장하는 기본권이 어떤 경우에도 침해되지 않고, 정부의 권력은 여러 수준(예컨대 지방자치, 국회, 사법, 행정)으로 분산될 것입니다. 국가의 부패지수는 언제나 아주 낮은 수준을 보일 것입니다.

둘째, 이 사회는 다 같이 잘사는 것을 이상으로 추구할 것입니다. 정직성이 높은 사람들은 물질적 부와 과시성 소비를 멀리하고 사회적 위계를 혐오합니다. 그러므로 이들이 사는 사회에서는 부자와 빈자의 차이가 크지 않으며, 학력 수준이나 직업의 귀천 따위로 사회계층을 나누지 않을 것입니다. CEO들의 월급은 회사 노동자들의 월급보다 조금은 더 많겠지만 몇십 배, 몇백 배 정도로 엄청난 차이가 나진 않을 것입니다. 학력 및 소득 차이로 계층을 서열화하려는 집단들이 있다면, 그들은 교양 없는 천박한 사람 취급을 받을 것입니다. 또한 이런 사회에서는 '무임승차'를 추구하는 세금 회피자 및 탈루자들이 적고 조세에 대한 정의가 확립되어 있으므로, 국민 대부분은 모든 사람에게 혜택이 돌아가는 보편적 사회복지의 확장을 지지할 것입니다. 따라서 이런 사회의 구성원들은 실업수당, 극빈자 보조, 국민의료보험, 공교육, 노인 연금 등과 같은 제도를 지지할 것입니다. 그리고 이런 제도를 지탱하는 세금은 소득이나 재산보다는 과다 소비에 의거해서 산출하는 것이 더 이상적이라고 볼 것입니다.*

셋째, 이 사회는 윤리적으로 엄격한 기준을 가질 것입니다. 정직성이 높은 사람들은 윤리적 행동이 무엇인지에 대한 확실한 기준을 가지고 있고, 이것은 정직성이 높은 사회의 법과 규칙에 잘 반영되어 있을 것입니다. 이런 사회는 개인을 착취하거나 사회에 부과되는 '부적 외부 비용'을 초래하는 활동들을 처벌하고 규제할 것입니다. 이들은 공해, 중독성 상품, 무기, 위험 상품(물건 및 금융의 형태), 동물 학대 등을 엄격히 통제할 것입니다. 성 관련 행동에 대한 태도 자체가 반드시 엄격하지는 않겠지만, 성적 착취에 대한 우려는 중시될 것이므로 성 매매 및 성 관련 출판 행위에 대한 합리적 규제가 뒤따를 것입니다. 일상 범죄 역시 강력하게 대처되고, 검거율을 높이기 위한 노

* 누진적 소비세의 개념에 대해서는 Frank(1999) 참조.

력이 배가될 것입니다. 법을 엄격하게 집행하기 위해서 검경의 자의적 권력을 강화하거나 처벌을 가혹하게 적용하지는 않을 것입니다. 후자들은 정직성이 높은 사람들이 지지하지 않는 것들입니다.

넷째, 이런 사회는 자비로운 사회가 될 것입니다. 정직성이 높은 사람들은 남을 지배하기보다는 그들과 협력하기를 원합니다. 이런 이상 사회에서는 아무런 조건 없이 인본주의적으로 해외에서 일어나는 어려운 일에 도움의 손길을 보낼 것입니다. 이런 사회는 언제나 평화를 지향합니다. 이들은 자국민들끼리 강한 믿음과 그에 기반한 가치를 공유하므로 자국의 자위에 만반을 기하겠지만, 자신들의 가치를 관철하거나 자국의 이익을 보호하기 위한 목적으로 다른 나라를 침략하지 않으며 또한 침략 국가를 지원하지 않을 것입니다.

이렇게 정직성이 높은 사회는 그 사회의 성공 자체로 인해 문제를 안게 될 수도 있습니다. 이 사회에서 나타나는 높은 삶의 질은 정직성이 높은 사람들뿐 아니라 정직성이 낮은 사람들에게도 매력적으로 보일 것이며, 이들의 유입 또한 피할 수 없을 것이기 때문입니다.

5부

부정직한 사람 골라내기, 그리고 그들과 살아가는 방법

어떤 사람이 신실한 선의를 지니고 있고 어떤 사람이 이중적 교활함을 지니고 있는지 정확히 판단하는 것은 아주 유용한 기술입니다. 5부에서는 정직성에 대한 과학적 연구 결과를 토대로 이런 판단을 정확하게 하게 해주는 지침을 제공합니다. 또한 정직성이 낮은 사람들과 함께 살아가는 방식에 대해서도 이야기합니다.

• • •

정직성이 낮은 사람들을 식별할 수 있다는 것은 살아가는 데 아주 유용한 기술입니다. 그들이 누군지 안다면, 현재와 미래에 그 사람들에게 이용당하지 않게끔 방어하기 쉽지요. 다행인 것은 정직성이 낮다는 것을 나타내는 단서들 중에는 사람들이 숨기고 싶어 할 정도로 명백히 부정적인 것이 아닌 경우도 많다는 것입니다. 정직성이 낮은 사람들이 이런 특성을 특별히 숨기려고 하지 않기 때문에 그들의 성격이 슬금슬금 드러나기도 하거든요.

여러분이 다른 사람들의 정직성을 정확히 판단하고 싶다면, 정직성이 표출되는 다양한 행태를 전반적으로 고려해야만 합니다. 그 사람의 광범위한 행동 방식을 여러 맥락에서 일관되게 관찰하고 난 후에 비로소 여러분이 내린 판단에 확신을 가지게 되는 것이지요. 상대방에 대해 여러분이 갖는 첫 번째 인상은 잘못된 것일 수 있고, 여러 가지로 해석될 수 있는 애매한 행동 몇 번을 근거로 잘못 진단하는 경우도 아주 다

반사로 일어납니다. 특히 긍정적이건 부정적이건 그 사람에 대해 사전에 편견을 가지고 있을 때는 이런 오류가 더 잘 일어납니다. 그러나 많은 것을 관찰할 수 있을 정도로 시간적 여유가 없을 때도 우리는 어떤 사람의 정직성을 알아내고 싶어 할 때가 많습니다. 이런 경우에는 현재 가지고 있는 정보만을 사용해서 최선의 결정을 내려야겠지요.

이 장에서는 정직성이 낮은 사람들을 조금이나마 더 정확하게 식별하는 데 도움이 되는 단서들, 그리고 그들과 살아가는 방법에 대해 이야기하려고 합니다(이 사람들이 존재하지 않는 사회는 이 세상에서 찾아볼 수 없거든요). 우선 많은 사람들이 정직성을 나타내주는 단서라고 생각할 수 있지만 실제로는 그렇지 않은 몇 가지 단서부터 이야기해보겠습니다.

정직성의 단서가 되지 못하는 요소들

◆ 높은 지위와 신분

높은 지위 및 신분과 정직성이 맺는 관계는 실제보다 과장되어 지각되는 경우가 많습니다. 많은 사람들은 말을 품위 있게 하고 옷을 잘 입고 세련되게 행동하는 사람들이 선한 마음을 가지고 있을 거라고 가정하는 경향이 있습니다. 높은 지위와 신분을 나타내는 이런 외형적 단서들은 성실성과 관련되는 자기 규율적 성격에 대해서는 잘 알려주는 경향이 있지만 정직성과는 크게 관련되지 않습니다. (물론 욕을 입에 달고 살고, 예의 없고, 무서운 모습을 하고 다니는 사람들이 있다면 조심해야 되겠지요.) 2부에서 이야기했다시피 문제는, 정직성이 낮은 사람들도 상당히 높은 수준으로 자기를 통제하고 규율할 수 있다는 점입니다. 더 큰 문제는 정직성이 낮은 사람 중에 어떤 이들은 세련된 사람처럼 보이는 것이 사람들을 이용하는 데 유리하다는 것을 알고 있고, 그것을 적극 이용한다는 것입니다. 그러므로 높은 지위 및 신분을 나타내는 듯한 외향적 단서는 그 사람을 신뢰할 만한 단서가 아닙니다.

또한 우리 사회에서 소위 '존경받을 만한 위치'에 있는 사람들이 정직성이 높다고 가정하는 것도 그렇게 지혜로운 일이 아닙니다. 어떤 사람이 존중받는 직업을 가지고 있고, 지역사회에서 큰 역할을 수행하는 명사이며, 종교 단체 내에서 지도자 역할을 하는 사람들이라면, 아마 이들 역시 자기 통제력(즉 성실성과 관련되는)이 꽤 높은 사람들일 것입니다. 그러나 정직성이 낮은 사람 중 많은 이들이 아주 성공적으로 사회적 관계를 유지하는 능력을 지니고 있고, 우리 사회 내에서 '존중받는 위치'에 올라가려고 애씁니다. 정직성이 낮은 사람들은 사회적으로 높은 지위에 오르는 것을 매우 갈망하며, 또 이런 위치에서 자신들의 욕심을 채우기가 더 쉽다는 것을 압니다. 번듯한 사회적 위치나 외향 등은 그 사람의 목표 지향성, 자기 통제력 등을 나타내주기는 하지만 그들이 반드시 정직할 것이라는 것을 나타내주지는 못합니다.

◆ 사회적 반(反)동조성

이 특성은 어떤 면에서는 '높은 지위와 신분'에 대비됩니다. 이런 특성을 가지고 있는 이들은 사회의 여러 가지 규범과 규율에 반하는 행동을 함으로써 보통 사람보다 돋보이는 사람이 되기 위해 계산된 노력을 합니다.

여기서는 '계산된 노력'이 핵심입니다. 어떤 사람은 애초부터 획일적인 규범을 좋아하지 않는 성격을 지니고 태어날 수 있고, 이 경우에 보이는 반동조성은 자연적인 것입니다. 예컨대 옷을 아주 이상하게 입고 다니는 것은 단순히 그 사람의 독특한 개인적 취향을 나타내는 것일 수 있지만, 특별하게 보임으로써 타인의 관심을 끌고 인상을 남기려는 시도일 수도 있습니다. 즉 여기서 말하려고 하는 것은 사회적 반동조성 및 비관습성이 언제나 그 사람의 참된 자기 성격을 나타낼 것이라고 착각해서는 안 될 것이라는 점입니다. 이런 특성도 목적에 따라서는 '위조'될 수 있고, 그러므로 그것이 반드시 그 사람의 본모습을 나타내지 않을 수 있음에 주의해야 합니다.

◆ 종교적 신실성

4부에서 설명한 것처럼, 진실로 종교적인 사람들이 정직성에서 다소 높은 편이라는 것은 사실입니다. 그러나 교회나 절 등에서 행해지는 종교 행사에 헌신적으로 참석하고 정기적으로 종교적 의식을 행하는 것 등으로 그들의 종교성을 공공연히 드러내는 사람들 중에는 정직성이 낮은 사람들도 많음을 기억해야 합니다. 이런 헌신적인 종교 행동은 종교 단체에서 자신의 지위를 유지하고 자신이 존경받을 만한 신분을 가지고 있다는 이미지를 창출하기 위한 수단적 행위일 수도 있습니다. 겉으로 드러나는 종교적 신실성은 결코 정직성이 높다는 것에 대한 믿을 만한 단서가 되지 못합니다.

◆ 약자 및 소수자 옹호

사회적 약자나 소수자를 열렬히 방어하는 사람들이 있는데 이들 중 많은 사람들은 사회정의를 증진하기 위한 순수한 동기에서 그렇게 합니다. 그러나 단체 내에서 더 높은 지위를 획득하거나 유명해지기 위한 수단으로 그러한 일을 하는 사람도 있습니다. 억압받는 소수자들을 열렬히 방어하는 사람들을 모두 다 정직성이 높은 사람으로 가정할 때도 신중한 판단이 요구됩니다.

◆ 직설적인 비판

사람들은 비판을 할 때 종종 그 비판을 하기에 앞서 자신의 정직성을 강조하기도 합니다. 예컨대 "솔직히 말해서… (그러고는 매우 상처 주는 비판을 한 뒤에) 나는 정직하게 말할 뿐이야…"라고 하는 경우입니다. 이런 비판은 정당할 수도 있고, 어떤 경우 상대방을 위한 진실한 마음에서 우러나온 충고일 수도 있습니다. 그러나 어떤 사람들에게 이런 '솔직히 말해서' 전략은 다른 사람들에게 상처 주는 말을 하기 위한 습관일 뿐입니다.

다른 사람이 쉽게 상처받을 정도로 매서운 비판을 하는 것은 정직성이 낮아서 나타나는 행동 특성이 아닙니다. 이런 행동은 주로 이 사람의 원만성이 낮다는 것을 의미할 뿐이지요. 그러나 이렇게 직설적인 코멘트가 듣는 사람의 자존심이나 어떤 집단의 자존심에 의도적으로 상처를 주기 위한 것이었다면, 이것은 오히려 그 사람의 정직성이 낮다는 것을 밝혀주는 단서가 될지도 모릅니다. 직설적인 비판을 하기 전에

'솔직히 말해서'를 연발하는 사람들을 '솔직한' 사람으로 받아들여서는 안 될 것입니다.

◆ 공개적 기부

가치 있는 어떤 대의를 위해서 자신의 재산을 기부하는 행위는 명백히 정직성이 높다는 것을 드러내는 단서로 보입니다. 문제는 이런 행위가 언제나 정직성이 높은 데 따른 것이 아닐 수 있다는 것입니다.

중요한 것은 그런 자선적 활동이 공적으로 표출되는지 아닌지입니다. 거창한 의식 속에서 커다란 팡파르를 울리며 신문 지면을 장식하는 기부를 하는 것이 반드시 그 사람의 정직성이 높기 때문이라고 볼 필요는 없습니다. 단지 사회적 지위와 돈을 교환하기 위해 기부를 한 것일 수도 있으니까요.

사치스러운 생활이 부담되지 않을 정도로 부유한 사람이 '유명한' 사람들이 받는 존경을 받지 못한다고 생각해보세요. 이들은 병원이나 학교, 박물관이나 공원 등에 거액을 기부함으로써 대중에게 많은 관심을 얻고 싶어 할 것입니다. 그러므로 정직하지 못한 부자들이 깜짝 놀랄 정도로 규모가 큰 자선 기부를 하는 것은 그리 드문 일이 아닙니다.

처음에 자신을 '자선가'나 '박애주의자'로 소개하고 다니던 부자들 중에서 훗날 철창 신세를 진 사람들을 떠올려보세요.(이들은 주로 화이트 컬러 범죄로 감옥에 가지요). 잘 생각이 안 나신다고요? 영어판 위키피디아에서 'philanthropist'와 'convicted'라는 검색어로 찾아보세요. 얼마나 많은 사람들이 검색되는지 놀라실 것입니다. 몇백만 원짜리 명품 가방을 들고 값비싼 보석을 두르고 고급 외제차를 타고 나와 자선 기금 행사에서 자비로이 연설하는 사모님들은 정직성에서 절대로 높은 점수를 보여주지 않을 것입니다.

물론 정직성이 높은 사람들은 자선 활동을 할 때 다른 사람에게 알려지기를 꺼려합니다. 이런 종류의 자선은 사회적 지위를 구매하는 자선이 아니며 진실된 이타성 외의 다른 방법으로는 설명할 수 없는 행동입니다. 주변에 알리지 않고 불우한 노인이나 아동을 정기적으로 돌보는 형태의 자선, 매달 신용카드에서 일정 금액이 인출되는 형태의 자선, 한국에서 흔히 '김밥 할머니'나 '젓갈 할머니'로 상징되는 자선이 정직성이 높은 사람들의 진심이 담긴 오늘날의 자선 형태일 것입니다.

물론 우리 사회에서 잘 알려진 자선 활동 모두가 정직성이 낮은 것에서 비롯된 것이라고 단정해서는 안 됩니다. 정직성이 높은 부자라면 공공 기부에 대한 보이지 않는 사회적 압력을 느낄 수 있고, 또 어떤 이들은 자신들이 중시하는 어떤 대의에 더 많은 사람들의 관심을 유도하기 위해 의도적으로 공적 기부를 할 수도 있습니다.

그런데 공개적인 기부가 높은 정직성에 따른 것은 아닐지라도, 기부는 엄연히 기부이며 이것은 사회에 도움이 됩니다. 사회에 도움이 되는 기부를 통해 사회적 지위를 '구매'한다는 사실 자체는 사실 고무적인 일입니다. 왜냐하면 이것은 정직성이 낮은 사람들이 자신이 그토록 원하는 '존경'을 획득하기 위해서 대중들에게 잘 보이려 하는 걸 의미하기 때문입니다. 가령 군사 독재치하에서 정직성이 낮은 지도자들이 대중을 겁박해 자신들이 원하는 것을 차지하던 시절에 비하면 훨씬 기분 좋은 일이지요. 그렇지만 다른 한편으로 정직성이 낮은 자선가들이 가진 부와 재산이 정직하지 못하게 축적되었을 가능성이 농후함을 고려해보면, 실제로 이들이 우리 사회에 주는 순수 기여도는 그래도 아직 '마이너스'일 가능성이 높습니다.

정직성의 단서가 되는 요소들

◆ 법과 제도를 속이기

다양한 방법으로 법망을 피해 이득을 보았다고 말하고 다니는 사람을 신뢰해선 안되는 건 당연하지요. 하지만 제도나 법망을 교묘하게 피하는 방법을 알아내서 세금 납부를 회피하고 회사 돈을 은밀히 횡령하는 사람들이 그 치밀하고 영악한 방법을 자랑하면서 떠벌일 때, 오히려 이들이 재미있는 이야기꾼으로 느껴지기도 하는 것이 사실입니다. 그리고 이런 사람들은 주로 정부나 회사를 상대로 속이기 때문에 마치 여러분에게는 해를 줄 수 없는 사람처럼 느껴질 수도 있고요. 또 이들 자신도 이런 행동으로 인해 누구도 직접적으로 손해를 본 사람이 없으니 그렇게 잘못되지 않은 행동이라고 강변하기도 하고, 때로는 여러분에게 그렇게 하라고 권하기까지 합니다. 그러나 속지 마세요. 제도를 속이는 사람은 개인도 속일 가능성이 아주 크고, 그 피해자가 바로 여러분이 될 수도 있습니다.

◆ 수단적 아부

어떤 사람들은 중요한 지위에 있는 사람이나 자신에게 필요한 무언가를 가진 사람에게 매우 다정하고 예의 바르고 기분 좋게 행동합니다. 아마 이런 사람을 수없이 보아오셨을 것입니다. 아무런 애정 없이 섹스 파트너를 만들려는 목적으로 작업에 들어간 남자, 어떤 이익집단과도 친구가 될 수 있는 정치인 등 이루 헤아릴 수 없이 많은 사람들이 있습니다. 3부에서 이야기했던 것처럼, 어떤 사람을 아주 잘 알기 전에는 수단적 아부와 진실된 다정함을 구분하는 것이 그렇게 쉬운 일은 아닙니다. 하지만 자신에게 필요하거나 사회적으로 지위가 있는 사람들에게만 선택적으로 친절한 사람들은 장기적으로 보았을 때 여러분의 충실한 친구가 될 가능성이 높지 않다는 것을 염두에 두어야 할 것입니다.

정직성이 낮은 사람 중에 어떤 이들은 "이런 식으로 행동하지 않는 사람이 있는가"라고 반문할 수 있지만, 이들의 이런 냉소주의는 자신들의 정직성이 낮다는 것을 다시 한번 드러낼 뿐입니다. 이런 아부가 실제로 자신이 원하는 것을 얻는 데 도움이 되고, 대부분 종종 그렇게 하고 싶은 유혹을 느끼기도 합니다만, 모두가 이런 전략을 인생의 원칙으로 삼지는 않습니다. 아주 극단적인 상황, 예컨대 사람들의 생계나 생명이 어떤 권력자의 변덕에 의해 결정되는 독재 사회가 아니라면, 현대사회에서 아부를 반복적으로 하는 행태는 주로 정직성에 의해 결정됩니다.

◆ **도박과 부동산 투기**

카지노, 카드 게임, 스포츠 도박 등에 거액의 돈을 거는 사람들은 정직성이 낮은 편입니다(이들은 정서성도 낮은 편입니다. 도박 중독인 사람들은 성실성도 낮습니다).[1] 부동산이든 주식이든 환매매든 단기간에 치고 빠지는 식의 투기를 즐기는 사람들도 비슷한 성격 프로필을 갖습니다. 물론 정직성이 높은 사람들도 로또 복권을 몇 장씩 사기도 하고 오락으로 포커 게임을 즐기기도 하고 주식시장에 투자하기도 합니다. 그러나 큰돈이 걸려 있는 도박과 투기를 정기적으로 즐기는 사람들은 아무 일도 하지 않고 한 방에 부자가 되고자 하는 강한 열망이 있는 사람들로 이들은 정직성에서 낮은 점수를 받을 가능성이 큽니다. 이들이 돈을 빌려달라는 요구를 할 때는 딱 잘라 거절하는 것이 정답입니다.

◆ **문란한 성생활**

4부에서도 언급했지만, 자신들의 배우자나 애인을 속이는 사람들은 정직성에서 낮은 점수를 보입니다. 남의 배우자를 가로채려고 하는 사람들도 마찬가지입니다. 은밀하고 교묘하게 이런 행동을 하는 사람들도 있지만, 대체로 자신들의 성적 문란함을 요란하게 떠들고 다니면서도 아무런 문제를 느끼지 못합니다. 정직성이 낮은 남자들은 자신이 '정복한' 여자에 대한 경험을 요란하게 떠들고 다니고, 정직성이 낮은 여자들은 여러 남자가 자신에게 안겨준 물건(보석, 가방, 신발, 자동차 등)을 요

1 Twigger(2010).

란하게 자랑하고 다닙니다. 배우자나 애인 몰래 끊임없이 바람을 피우는 사람들, 이성 간의 관계를 '수단적' 방법으로 사용하는 사람들은 정직성이 낮을 가능성이 농후합니다.

◆ 사치 및 과소비

과소비를 일삼는 사람들이 원하는 것은 자신들이 부유하고 높은 지위에 있다는 사실을 남들에게 알리는 것입니다. 그러나 그들 자신은 모르고 있지만 그들의 과소비는 또 다른 한 가지를 나타내줍니다. 바로 그들의 정직성이 낮다는 사실입니다. 물질 만능 주의에 휘둘리는 사람들은 이기적이고 남을 기만하며 충실하지 못한 사람일 가능성이 아주 높습니다. 남들보다 더 많이 갖고 싶어 하는 사람들은 자신은 남보다 우월하므로 그렇게 해도 된다는 특권 의식을 가진 사람들이고, 잡혀가지 않을 자신만 있다면 남을 속여 착취하는 행위를 마다하지 않을 사람들입니다. 그러므로 어떤 사람이 집, 자동차, 옷, 보석 등 화려하고 비싼 물건을 많이 가지고 있다는 자랑을 끊임없이 늘어놓는다면, 그들과 사업을 같이 하거나 애정 관계로 맺어질 때 조심할 것을 권하고 싶습니다.

이런 판단을 내릴 때 고려해야 할 것은 그 사람의 사치스러운 생활이 모든 영역에 고르게 퍼져 있는가 하는 것입니다. 한두 개의 '사치스러운' 물건으로 판단해서는 안 된다는 것이지요. 예를 들면 정직한 사람 중에서 조류를 관찰하는 것에 심취한 사람은 매우 비싼 망원경을 가지고 있을 수도 있고, 골동품 애호가는 매우 비싼 골동품을, 자동차 마니아는 비싼 자동차를 가지고 있을 수 있습니다. 그들이 이 물건들을 구입하는 것은 물건 본연의 가치 때문이지 남에게 과시하려는 목적 때문이 아닙니다. 따라서 정직성이 높은 사람은 이런 물건을 가지고 있다는 사실 자체를 사람들에게 이야기하고 다니지도 않을 것입니다. 반면 정직성이 낮은 사람은 무수히 다양한 사치품을 그 물건 각각이 지닌 본연의 가치 때문에 보유하고 있을 가능성이 낮지요. 또한 이들은 자신이 이런 '명품'을 보유하고 있다는 사실을 기회가 날 때마다 여러분에게 확인시켜줄 것입니다. 그러므로 더 효율적인 설명은 그들이 그 사치품들을 구매한 목적이 과시에 있다는 것이며, 이는 낮은 정직성의 적나라한 표출로 알려져 있습니다.

정직성이 낮은 사람들은 자신의 '탐욕'이 열심히, 창의적으로 일하게 하는 원동력이고, 그러므로 경제성장의 바탕이 된다고 강변하기도 합니다. (1980년대 영화 〈월 스트리트〉에서 마이클 더글러스의 그 유명한 "탐욕은 선이다"라는 연설 생각나시는지요?)

사실 모든 사람들은(정직성이 높은 사람이라도) 더 많은 부와 지위를 갖는 것을 선호합니다. 그리고 열심히 또는 창의적으로 일을 해도 그에 따른 보상이 없다면, 그다지 열심히 일하고 싶지 않을 것입니다. 그러나 돈, 명예, 사치, 권력을 유독 갈망한다고 해서 그 사람들이 더 부지런하거나 창의적인 것은 아닙니다. 여러 성격심리학 연구는 사회적 신분 상승에 대한 열망과 탐욕(낮은 정직성)이 그들이 부지런할 것인지(성실성) 아니면 창의적일 것인지(개방성)와는 거의 아무런 관련이 없다고 보여주고 있습니다.

나아가 탐욕스러운 사람들은 불로소득을 좋아하기까지 합니다. 그들은 잡히지 않는다는 보장만 있다면 여러분에게 필요하지 않은 물건이나 고장 난 물건도 팔아치우려 생각할 것이며, 어떤 경우엔 위험하고 해를 주는 것까지도 팔아넘기려 할 것입니다. 따라서 이들이 열심히 일한다 해도 그것이 경제 성장의 원동력으로 직결되는 것은 아닙니다.

정직성이 낮은 사람들은 자신을 비판하는 사람들이 오히려 자신의 성공과 부유함을 부러워하는 것이라고 역공을 펼치기도 합니다. 이건 사실 역공이라고 하기도 좀 민망합니다. 탐욕에 대해 싫은 소리를 하는 사람들은 주로 정직한 사람들이고, 이들이 지닌 한 가지 특성은 재력에 대한 열망이 상대적으로 낮다는 것이기 때문입니다. 정직성이 낮은 사람들이 이런 식으로 자신을 변호한다는 것은 이들이 이기심에 기초하지 않는 그 어떤 가치관도 심각하게 고려할 능력이 없다는 것을 반증할 뿐입니다.

인맥이나 학맥을 자랑하는 것도 사실 명품을 자랑하는 것과 비슷한 요소를 갖추고 있습니다. 그러나 여기서 보이려고 하는 것은 물건이 아니라 사회적 명성이나 경험이지요. 똑같이 명문대를 나왔어도 "내가 젊을 때 일인데요…"라고 말하는 사람이 있는가 하면 "내가 ○○대학에 다닐 때 일인데요…"라고 말을 꺼내는 사람도 있습니다. 또 어떤 사람들은 유명한 사람과의 교류나 자신의 집안이 얼마나 명문가인지 사람들에게 넌지시 말해 알게 하지요. (유명 정치인과 찍은 사진을 걸어놓거나 이들과 얼마나 밀접한 관계인지 낱낱이 드러내는 사람들을 만난 적이 있으시죠?)

◆ **법 위에 있다는 사고방식**

어떤 사람들은 자신은 특별한 계급이어서 일상적인 법과 규제는 자신에게 적용되어서는 안 된다고 생각합니다. 자기 마음대로 자신을 특별 계급에 임명하는 것이지요. 이들은 여러분의 '급수'를 직접 매기고 그 결과에 따라서 여러분을 그 엘리트 집단에 끼워줄지 말지 결정할지도 모릅니다.

이 경우에도 자신들은 규칙과 법에 열외인 초인들이므로 같은 집단에 끼워준 여러분조차도 얼마든지 이용하고 착취할 수 있다고 생각할 것입니다. 정치인이나 정부 관료 중에는 공금을 사용해서 호화판 생활을 하는 사람도 있고, 어떤 기업 이사회에서는 투자자들의 돈으로 이사들에게 거액의 보너스를 선사합니다. 부자로 알려진 유명 인사들이 가게에서 물건을 훔치다가 잡힌 경우도 있습니다. 이들은 세상 물건들을 자기 마음대로 다 가져가도 되는 괴상한 자격을 지녔다고 생각하는 것 같습니다.

이렇듯 자기 마음대로 스스로를 초인으로 임명한 사람들은 우리 보통 사람들보다 객관적으로 더 나은 것이 없다는 것이 성격심리학 연구의 결과입니다. 평균적으로 이들은 보통 사람보다 더 똑똑하지도, 더 예쁘거나 잘생기지도, 더 용감하지도 않지요. 또한 더 재능이 있거나 매력적인 사람들도 아닙니다. 정직성이 낮은 사람들은 무엇이건 자신의 장점이라고 생각되는 것을 자신이 우월하고 특권을 지녔다는 증거로 사용할 뿐입니다.

주의할 것은 정직성이 낮은 사람들이 갖는 특권 의식을 과도한 자신감과 혼동하지 말아야 한다는 것입니다. 어떤 사람은 자신이 다른 사람보다 우월하고 특별하다고 생각하지 않지만, 자신의 능력이나 어떤 특성(지능, 매력도, 운동신경 등)을 과장해서 지각하는 성향이 있기도 합니다. 그러나 이런 종류의 '공주병'이나 '왕자병' 증상은 사실 정직성과 관련된 특성은 아닙니다. 정직성이 낮은 사람들은 이런 특성들의 수준을 과장하여 지각하지 않는 경우에도, 다른 사람들은 자기보다 더 저열해서 자신은 그들과 다르게 취급받을 권리가 있다고 느끼는 사람들입니다. 바로 이러한 심리 상태가 타인에 대한 착취 행동으로 직결됩니다.

◆ 다른 집단에 대한 경멸

정직성이 높은 사람들도 모든 사람들이 여러 특성과 능력에서 완전히 동일한 조건으로 태어났다고 믿지는 않습니다. 그러나 정직성이 높은 사람들은 다른 집단에 속한 사람들에게도 존엄성을 느끼고 그들을 공정하게 대우해야 한다고 믿습니다. 그러므로 특정 집단에 대해 경멸적인 언사를 자주 내뱉거나 그런 말을 함으로써 재미를 느끼는 사람들은 정직성이 낮은 사람들일 가능성이 매우 큽니다. 예를 들어 이들은 다른 인종이나 가난한 나라 출신의 외국인, 성 소수자 집단 등에 대한 악질적인 농담을 즐길 가능성이 큽니다. 다른 집단에 속한 사람들을 욕되게 하는 말을 거리낌 없이 하는 사람들, 특정한 계층의 사람들은 나대지 말고 '그들의 자리'에서 맡은 바 임무나 잘하고 있어야 한다고 믿는 심각한 엘리트 의식에 사로잡힌 사람들도 정직성 부분에서 낮은 점수를 받을 가능성이 큽니다.

정직한 사람과 부정직한 사람이 어울려 살아가기

주변에 있는 사람이 정직성이 낮은 것 같다는 생각이 들면 어떻게 해야 될까요? 우선 너무 과민하게 반응할 필요는 없습니다. 그리고 여러분이 내린 진단을 다른 사람들에게 이야기하는 것은 그렇게 좋은 생각이 아닐 것입니다. 더군다나 이 사람들을 졸졸 따라다니면서 감시하거나 개인적으로 벌주고 다니는 일은 더군다나 할 필요가 없습니다. 부정직하다는 것 자체는 결코 범죄가 아니니까요.

이럴 땐 그들과의 개인적 유대 관계를 가급적 제한하라는 것이 가장 좋은 충고가 될 수 있을 겁니다. 동업 파트너나 애인으로 고르지 않아야 함은 물론이고, 가능하면 테니스 친구나 등산 친구로도 멀리하는 것이 좋습니다.

이 글을 읽는 여러분이 정직성이 낮은 사람이라면, 여러분께 어떤 충고를 드려야 할지 조금 막막합니다. 그래도 말씀드리자면, 정직한 사람들은 여러분을 이용하거나 착취하려고 하지 않기 때문에 그들과 같이 어울려 다니면 좋은 점이 있습니다. 그러나 여러분은 정직성이 낮은 사람이 이 세상을 보는 관점과 살아가는 방식을 더 좋아할 가능성이 큽니다. 정직한 사람들은 취미도, 정치적 관점도, 여가를 활용하는 방식도 여러분과 달라서 무척 지루하게 느껴질 가능성이 크거든요. 그러므로 가장 좋은 방법은 정직성이 낮은 사람들 중에 어떤 사람이 여러분의 목적을 달성하는 데 가장 효율적일지를 잘 간파하고 그들과 팀을 짜는 것입니다. 단지 그들을 잘 주시해야 하겠지요.

현재 정직성이 낮은 사람들과 정기적으로 만나고 있다면 어떻게 해야 할까요? 그들을 잘 설득해서 공정한 세상에서 사는 것이 얼마나 기쁜 것인지 쉽게 설파할 수 있다고 생각하지 않는 것이 좋습니다. 더 좋은 방법은 여러분의 이익과 그들의 이익이 서로 양립 가능하게 만들어서 여러분이 원하는 것과 그들이 원하는 것을 같이 이룰 수 있는 환경을 만드는 것이지요. 물론 이게 말처럼 쉬운 일은 아닙니다. 특히 상대방이 음으로 양으로 여러분을 착취하려 한다는 것을 감안한다면 더 어려운 일입니다.

아주 불량한 형태의 착취는 범죄로 다루어지기 때문에 공적인 힘을 빌리면 됩니다. 그러나 앞서 논의한 대로, 부정직함이 심각한 범죄로 이어지려면 사실 다른 성격들과도 잘 조합해야 하기 때문에 정직성이 낮은 사람들 모두가 그런 심각한 범죄를 일으키지는 않고 살아갑니다. 예를 들어 정직성은 상당히 낮지만, 원만성·성실성·정서성이 모두 높다면, 이 사람은 가끔 얌체짓을 하는 부류일 것이고, 위험한 사이코패스 유형이 될 가능성은 매우 낮습니다.

정직성이 낮은 사람을 피해가는 것도 중요하지만, 정직성이 높은 사람을 찾아내는 것도 중요합니다. 3부에서 이야기했지만, 사람들은 은연중에 자신의 가치관과 비슷한 가치관을 지닌 사람과 사회적 관계를 맺고 그 관계를 지속하는 경향이 있습니다. 사람들은 대개 이런 경향 자체도 지각하지 못하지만, 여러분이 정직성이 높은 사람이라면 이미 지인들 중에도 그런 사람이 많을 것입니다.

그럼에도 정직성이 높은 사람들과 교류하도록 더 의식적으로 노력하는 것이 중요합니다. 장기적으로 볼 때, 정직성이 높은 사람들끼리 교류하는 것이 인생에 더 도움이 되는데, 그 이유는 오랫동안 쌍방 간 '협동'을 주고받을 수 있기 때문이지요.

이런 전략은 사람에게만 해당되는 것이 아니고 장소에도 해당됩니다. 여러분이 어떤 회사에서 일할 것인가 또는 어떤 지역에서 살 것인가를 결정해야 할 때, 여러분은 그 회사나 지역에 팽배한 가치 체계가 부정직함과 부합하는지, 아니면 정직함과 부합하는지 여러분 자신에게 물어보고 그에 따라 결정하는 것이 좋습니다. 눈 감으면 코 베어갈 것 같은 믿을 수 없는 이 세상에서 정직한 사람들이 번성할 수 있는 유일한 자산은 서로가 서로에게 베풀고 나누는 '협력'입니다. 이것이 바로 그들이 같이 모여 있어야 하는 이유입니다.

맺는말

정직한 사람이 된다는 것

1990년대 후반부터 '정직성'이라는 성격 요인을 연구해오면서 이 요인을 심리학적 영역에 속한 한 가지 주제로 생각해왔습니다. 그러나 이 연구를 통해 우리 자신들의 행동을 더 성찰하게 된 것 또한 사실입니다. 우리는 지난날을 돌아보게 되었고, 그러다 보면 두말할 나위 없이 부정직하다고 할 수밖에 없는 행동을 했던 기억을 회상하게 되기도 했지요. 그런 순간을 생각한다는 것은 얼굴이 화끈거릴 정도로 불쾌한 기억이었지만, 그로 인해 적어도 우리가 앞으로는 그러지 말아야겠다고 생각하게 된 것도 사실입니다.

정직한 사람이 어떤 상황에서 어떻게 행동할 것인가를 지난 10여 년간 줄곧 생각하다 보니 우리도 예전에 비해서 정직한 사람의 행동 방식을 조금 더 따르게 됨을 느낍니다. 물론 아직도 완전하게 정직한 행동을 '마스터'했다고 생각하지는 않지만, 그래도 약간은 더 솔직해지려 하고, 약간은 더 윤리적이려 하며, 약간은 더 검소하려 하고, 약간은 더 겸손한 행동을 하려 노력한다는 것을 느낍니다.

이런 경험으로 인해 정직성에 대해 느낀 점이 하나 있어서 마지막으로 그 이야기를 해보고자 합니다. 여러분의 정직성은 여러분의 어릴 적 경험이나 여러분의 유전자에 의해서만 **완전히** 결정되는 것은 아닙니다. 여러분의 자유의지에 의해서도 바뀔 수 있습니다.

이 책을 여기까지 읽으셨다면 아마 여러분의 '타고난' 정직성 점수가 그렇게 낮지 않을 것이라고 생각합니다(진짜 정직하지 못한 독자들은 여기까지 오기 훨씬 전에 책을 덮어버렸을 가능성이 크거든요). 우리 생각이 맞았다면, 말하자면 여러분이 선천적으로 적어도 중간 수준의 정직성을 가지고 있다면, 정직한 사람이 되는 것이 더 좋은 것이라는 우리의 생각에 여러분도 동의하실 것으로 생각합니다. 충실하고, 겸손하고, 검소한 것이 기만적이고, 거만하고, 과시적인 것보다 더 나은 삶의 방식이라고 생각하는 것이지요. 그러나 때때로 여러분도 이 책의 글쓴이들처럼 부정직한 행동을 하고 싶은 유혹을 느낀 적이 있을 겁니다. 어떤 때는 남을 조금이나마 조종하고 싶고, 남보다 조금이라도 더 차지하고 싶고, 가끔씩 부와 지위를 자랑해보고 싶은 충동을 느낄 겁니다.

여러분이 진정으로 정직한 사람이 되고 싶다면, 정직성을 이상향으로 삼아 부정직함에 대한 유혹을 다스리는 수밖에는 없습니다. 다른 사람을 속이고 지배하고 착취하고 싶다는 유혹이 생길 때, 그런 유혹에 끊임없이 경계하고 저항하는 것이지요. 정직성을 지향하려고 노력하는 데 있어서 자신만의 몇 가지 규칙과 규정을 정해서 따라하는 것, 그리고 기회가 되면 남들에게 그것을 공개적으로 언명하는 것이 큰 도움이 됩니다. 앞서 이야기한 퀘이커 교도들의 증언 교리 같은 원칙처럼 말이지요. 또한 이런 원칙에 반하는 주변 사람들의 행동을 공개적으로 반대하고 비판하는 것도 도움이 됩니다. 공개적으로 반대한 그 행동들을 자신이 미래에 행하기는 여간 뻔뻔해서는 하기 어려운 일이니까요. 물론 이렇게 '의식적'으로 정직해지려고 하는 행동은 여러분의 유전자와 어릴 적 경험에 의해 형성된 '타고난' 정직성 수준을 바꾸지는 못할 것입니다. 그런 면에서 의식적으로 정직한 행동을 하려고 하는 것은 성격을 성형수술하는 것과 비슷한 것이지요.

그러면 어떻습니까? 여러분이 실제 보여주는 정직한 행동은 정말 정직한 성격을 자연적으로 가지고 태어난 사람이 하는 행동과 차이가 없을 테니까 말이지요. 그 차이는 아마 여러분만이 느낄 수 있는 것이고, 그것은 모든 사람들이 아주 기쁜 마음으로 속아 넘어가줄 수 있는 유일한 '사기'일 것입니다.

부록

HEXACO 성격검사

HEXACO 성격검사는 본문에서 논의된 성격 요인 여섯 가지를 측정해줍니다. 이 책에서는 60문항으로 구성된 단축형 HEXACO 성격검사지(자기 보고용 및 타인 보고용)를 부록으로 제시합니다. 부록 맨 마지막에 여러분의 반응을 채점하고 해석하는 지침을 마련해놓았습니다.

HEXACO 성격검사지(자기 보고용)

이 검사지에는 여러분의 사고나 감정, 행동을 나타내는 여러 진술문들이 제시되어 있습니다. 각 진술문이 여러분을 얼마나 잘 나타내는지 그 동의 정도를 제시된 척도를 사용해 나타내주시기 바랍니다. 258쪽에 제시된 응답지에 여러분의 반응을 기입해주십시오(반응 점수는 괄호 안에 적지 말고, 문항 번호 옆에 있는 밑줄 위에 기입해주십시오). 설령 다소 확신이 서지 않는 경우라도 응답하여 한 문항도 빠짐없이 기입해주십시오.

❶ 전혀 그렇지 않다 ❷ 그렇지 않은 편이다 ❸ 보통이다
❹ 그런 편이다 ❺ 매우 그렇다

1 미술관에 가는 것을 지루하게 느낀다.

2 막판에 서두르는 것을 피하기 위해 미리 계획을 세우는 편이다.

3 나를 부당하게 대우한 사람에게도 큰 원한을 품지 않는 편이다.

4 전반적으로 내 자신에게 만족하는 편이다.

5 기상이 나쁜 날씨에 비행기 여행을 하게 된다면 겁이 날 것이다.

6 승진이나 월급 인상에 도움이 된다 하더라도 상사에게 아부를 하지 않을 것이다.

7 다른 나라의 역사와 정치를 배우는 것에 관심이 많다.

8 정한 목표를 이루기 위해 내 자신을 매우 심하게 다그치는 편이다.

9 나는 가끔씩 다른 사람을 너무 비판적으로 평가한다는 이야기를 듣는다.

10 단체 모임에서 나의 의견을 잘 나타내지 않는 편이다.

11 때때로 사소한 것에 대해 지나치게 걱정한다.

12 잡히지 않을 자신만 있으면 남의 돈 몇천만 원쯤은 훔칠 수도 있다.

13 소설, 음악, 그림 등 예술 작품을 창조하는 것을 좋아하는 편이다.

14 일을 할 때 사소한 부분에는 크게 신경을 안 쓰므로 실수가 잦은 편이다.

15 사람들은 종종 내가 고집이 너무 세다고 말한다.

16 주로 혼자 하는 일보다는 다른 사람들과 적극적으로 상호작용하는 일을 더 좋아한다.

17 내가 고통스럽고 힘들 때 나를 위로해줄 수 있는 사람이 꼭 필요하다.

18 돈을 많이 버는 것은 내 인생에서 그다지 중요하지 않다.

19 급진적 사상에 관심을 갖는 것은 시간 낭비일 뿐이다.

20 주의 깊게 생각하기보다는 순간적인 기분에 따라 결정하는 편이다.

21 내가 화를 잘 내는 편이라는 이야기를 자주 듣는다.

22 거의 매일 명랑하고 낙천적인 편이다.

23 다른 사람이 우는 것을 보면 나도 울고 싶어진다.

24 나는 보통 사람들보다 더 존경받을 만하다고 생각한다.
25 기회만 있다면 클래식 음악회에 가보고 싶다.
26 어떤 일을 할 때 때로 너무 무계획적으로 하기 때문에 어려움을 겪는다.
27 다른 사람이 나를 괴롭혔더라도 신경 쓰지 않고 그냥 용서해주는 편이다.
28 나는 별로 인기가 없는 편이라고 느낀다.
29 위험한 상황에 처하면 다른 사람보다 무서움을 많이 탄다.
30 어떤 사람에게서 얻어낼 것이 있으면 싫더라도 그 사람의 비위를 맞추어 줄 것이다.
31 백과사전을 훑어보면서 시간을 보낸 적이 거의 없다.
32 살아가는 데 요구되는 최소한의 일만을 하면서 살고 싶다.
33 다른 사람을 판단하는 데 매우 관대한 편이다.
34 단체에서 다른 사람의 눈치를 보지 않고 내 의견을 적극적으로 말한다.
35 다른 사람에 비해 쓸데없는 걱정을 하지 않는 편이다.
36 나는 많든 적든 뇌물은 받지 않을 것이다.
37 상상력이 풍부하다는 말을 듣고는 한다.
38 시간이 오래 걸리더라도 항상 일을 정확하게 마무리하고자 한다.
39 내 의견이 다른 사람들과 다를 때 내 의견만을 고집하지 않는다.
40 새로운 환경에서 내가 제일 먼저 하는 일은 친구를 사귀는 것이다.
41 다른 사람들의 정서적 지원이 없더라도 나는 어떤 어려운 상황도 잘 헤쳐 나갈 수 있다.
42 비싸고 호화로운 명품을 갖고 싶어 한다.
43 관습에 얽매이지 않은 관점을 가진 사람을 좋아한다.
44 행동하기 전에 깊게 생각하지 않기 때문에 실수를 많이 저지른다.
45 다른 사람들보다 화를 잘 내지 않는 편이다.
46 다른 사람에 비해 별로 생기가 없고 활동적이지 않다.

47 친한 사람과 오랫동안 떨어져 있어야 한다면 이별의 순간에 매우 슬픈 감정을 느낄 것이다.
48 다른 사람들이 나를 높은 지위를 가진 중요한 사람으로 대접해주기를 바란다.
49 나는 예술적 타입이나 창의적 타입과는 거리가 멀다.
50 사람들이 종종 나를 완벽주의자라고 한다.
51 어떤 사람은 계속해서 실수를 저질러도 싫은 소리를 잘 하지 않는다.
52 나를 가끔 하찮은 인간이라고 생각할 때가 있다.
53 굉장히 위급한 상황에 처해도 공포에 질리지 않는다.
54 무언가를 청탁하기 위해 어떤 사람을 좋아하는 척하지는 않을 것이다.
55 철학을 이야기하는 것은 나에게 지루한 일이다.
56 계획에 따라 행동하기보다는 지금 당장 마음에 내키는 일을 하는 것을 더 좋아한다.
57 누군가 내 의견이 틀렸다고 말하면 즉각 그 사람과 논쟁을 시작할 것이다.
58 나는 종종 내가 속한 집단의 대변인 역할을 한다.
59 대부분의 사람들이 매우 감상적으로 되는 상황에서도 별로 감정적인 동요를 느끼지 않는 편이다.
60 잡히지 않는다는 보장만 있으면 위조지폐를 사용하고 싶은 유혹을 느낀다.

HEXACO 성격검사지(타인 보고용)

ⓒ 이기범, 마이클 애쉬튼

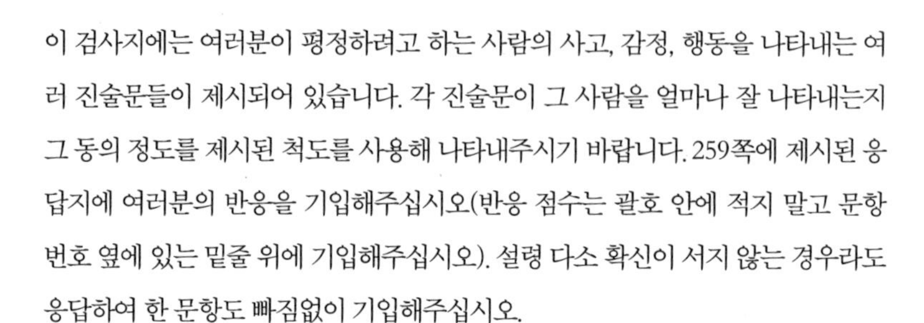

이 검사지에는 여러분이 평정하려고 하는 사람의 사고, 감정, 행동을 나타내는 여러 진술문들이 제시되어 있습니다. 각 진술문이 그 사람을 얼마나 잘 나타내는지 그 동의 정도를 제시된 척도를 사용해 나타내주시기 바랍니다. 259쪽에 제시된 응답지에 여러분의 반응을 기입해주십시오(반응 점수는 괄호 안에 적지 말고 문항 번호 옆에 있는 밑줄 위에 기입해주십시오). 설령 다소 확신이 서지 않는 경우라도 응답하여 한 문항도 빠짐없이 기입해주십시오.

❶ 전혀 그렇지 않다 ❷ 그렇지 않은 편이다 ❸ 보통이다
❹ 그런 편이다 ❺ 매우 그렇다

1 이 사람은 미술관에 가는 것을 지루하게 느낄 것이다.
2 이 사람은 막판에 서두르는 것을 피하기 위해 미리 계획을 세우는 편이다.
3 이 사람은 자신을 부당하게 대한 사람에게도 큰 원한을 품지 않을 것이다.
4 이 사람은 전반적으로 자신에게 만족하는 편이다.
5 기상이 나쁜 날씨에 비행기 여행을 하게 된다면 겁을 먹을 사람이다.
6 승진이나 월급 인상에 도움이 된다 하더라도 상사에게 아부를 하지 않을 사람이다.
7 이 사람은 다른 나라의 역사와 정치를 배우는 것에 관심이 많다.
8 이 사람은 정한 목표를 이루기 위해 자신을 매우 심하게 다그치는 편이다.
9 이 사람은 종종 다른 사람을 너무 비판적으로 평가한다.
10 이 사람은 단체 모임에서 자신의 의견을 잘 나타내지 않는 편이다.
11 이 사람은 때때로 사소한 것에 대해 지나치게 걱정한다.

12 잡히지 않을 자신만 있으면 남의 돈 몇천만 원쯤은 훔칠 수도 있다고 생각할 사람이다.
13 소설, 음악, 그림 등 예술 작품을 창조하는 것을 좋아할 사람이다.
14 이 사람은 일을 할 때 사소한 부분에는 크게 신경을 안 쓰므로 실수가 잦은 편이다.
15 이 사람은 종종 너무 고집이 세다.
16 이 사람은 주로 혼자 하는 일보다는 다른 사람들과 적극적으로 상호작용하는 일을 더 좋아한다.
17 이 사람은 고통스럽고 힘들 때 자신을 위로해줄 수 있는 사람이 필요하다.
18 돈을 많이 버는 것이 인생에서 그다지 중요하지 않다고 생각할 사람이다.
19 이 사람은 급진적인 사상에 관심을 갖는 것은 시간 낭비일 뿐이라고 생각할 것이다.
20 이 사람은 주의 깊게 생각하기보다는 순간적인 기분에 따라 결정하는 편이다.
21 이 사람은 화를 잘 내는 편이다.
22 이 사람은 거의 매일 명랑하고 낙천적이다.
23 다른 사람이 우는 것을 보면 자기도 울고 싶어질 사람이다.
24 자신이 보통 사람들보다 더 존경받아야 한다고 생각한다.
25 이 사람은 클래식 음악회에 가는 것을 좋아할 것이다.
26 이 사람은 때때로 너무 무계획적으로 일을 하기 때문에 어려움을 겪는다.
27 이 사람은 누군가 자신을 괴롭혔더라도 신경 쓰지 않고 그냥 용서해주는 편이다.
28 자신이 별로 인기가 없는 편이라고 느낄 사람이다.
29 위험한 상황에 처하면 다른 사람보다 무서움을 많이 탈 사람이다.
30 어떤 사람에게서 얻어낼 것이 있으면 싫더라도 그 사람의 비위를 맞추어 줄 사람이다.

31 백과사전을 훑어보면서 시간을 보내거나 할 사람은 아니다.

32 살아가는 데 요구되는 최소한의 일만을 하면서 살고 싶어 하는 사람이다.

33 다른 사람을 판단하는 데 있어서 매우 관대한 사람이다.

34 이 사람은 다른 사람의 눈치를 보지 않고 자신의 의견을 적극적으로 말한다.

35 이 사람은 쓸데없는 걱정을 하지 않는 편이다.

36 많든 적든 뇌물은 받지 않을 사람이다.

37 이 사람은 상상력이 풍부하다.

38 시간이 오래 걸리더라도 항상 일을 정확하게 마무리하려고 할 사람이다.

39 이 사람은 자기 의견이 다른 사람들과 다를 때 자기 의견만을 고집하지 않는다.

40 이 사람이 새로운 환경에서 제일 먼저 하는 일은 친구를 사귀는 것이다.

41 다른 사람들의 정서적 지원이 없더라도 어려운 상황을 잘 헤쳐나갈 수 있는 사람이다.

42 이 사람은 비싸고 호화로운 명품을 갖고 싶어 한다.

43 이 사람은 관습에 얽매이지 않은 사람을 좋아한다.

44 이 사람은 행동하기 전에 깊게 생각하지 않기 때문에 실수를 많이 저지른다.

45 이 사람은 다른 사람들에 비해 화를 잘 내지 않는 편이다.

46 다른 사람에 비해 별로 생기가 없고 활동적이지 않은 사람이다.

47 친한 사람과 오랫동안 떨어져 있어야 한다면 이별의 순간에 매우 슬픈 감정을 느낄 사람이다.

48 이 사람은 다른 사람들이 자신을 높은 지위를 가진 중요한 사람으로 대접해주기를 바란다.

49 이 사람은 예술적 타입이나 창의적 타입과는 거리가 멀다.

50 이 사람은 완벽주의자에 가깝다.

51 이 사람은 어떤 사람이 계속해서 실수를 저질러도 싫은 소리를 잘 하지

않는 편이다.

52 이 사람은 자신을 가끔 하찮은 인간이라고 생각할 때가 있다.

53 이 사람은 굉장히 위급한 상황에 처해도 공포에 질리지 않는다.

54 무언가를 청탁하기 위해 어떤 사람을 좋아하는 척할 사람은 아니다.

55 철학을 이야기하는 것은 이 사람에게 무척 지루한 일일 것이다.

56 이 사람은 계획에 따라 행동하기보다는 지금 당장 마음에 내키는 일을 하는 것을 더 좋아한다.

57 누군가 자기 의견이 틀렸다고 말하면 즉각 그 사람과 논쟁을 시작할 사람이다.

58 이 사람은 종종 자신이 속한 집단의 대변인 역할을 한다.

59 사람들 대부분이 매우 감상적으로 되는 상황에서도 별로 감정적인 동요를 느끼지 않는 사람이다.

60 잡히지 않는다는 보장만 있으면 위조지폐를 사용하고 싶은 유혹을 느낄 사람이다.

채점 및 해석

HEXACO 성격검사 결과를 정확하게 채점하기 위해 다음에 제시한 지시문을 잘 읽고 단계별로 정확히 따라해주십시오. 작은 실수가 아주 큰 차이를 만들 수 있으니 유념해주십시오. 여기에 제시되는 채점 및 해석 방법은 자기 보고용 검사와 타인 보고용 검사 모두에 적용됩니다.

① 응답지에서 별표가 표시되지 않는 모든 문항의 점수는 그대로 괄호 안에 옮겨 적으십시오.

② 별표가 있는 문항에 대해서는 여러분의 응답을 다음과 같이 변형해 괄호 안에 옮겨 적으십시오.

1 → 5　2 → 4　3 → 3　4 → 2　5 → 1

③ 모든 괄호 안에 점수가 채워졌다면, 각 열에 따라 점수들을 모두 더하십시오.

④ 각 열의 합산 점수가 HEXACO 성격 요인의 각 점수를 나타내줍니다. 성격 요인의 순서는 각 열의 순서대로 다음과 같습니다.

개방성　성실성　원만성　외향성　정서성　정직-겸손성

⑤ 이 성격 요인이 실제로 무엇을 의미하는지 보시려면 본문의 표 1-2에 제시된 정의들을 보십시오(요인의 이름은 어떤 성격의 범주를 지칭하는 것으로 그 성격의 전체 특성을 정확하게 기술하는 데 한계가 있으므로 표에 제공된 내용을 보는 것이 중요합니다).

⑥ 다음에 제시되는 점수 범주를 보고 여러분의 요인 점수를 해석하십시오. 점수를 해석하는 데 있어서 '평균 이상'이 '평균 이하'보다 반드시 더 좋은

것은 아니라는 점을 염두에 두십시오(1부 2장에서 논의한 각 성격 요인의 높고 낮은 데 따른 득실 관계를 참조하십시오).

평균보다 매우 높음 : 44 이상
평균보다 다소 높음 : 36~43 사이
평균 정도 : 28~35 사이
평균보다 다소 낮음 : 20~27 사이
평균보다 매우 낮음 : 19 이하

⑦ 표준 성격검사에서 나온 점수는 성격 요인에 대한 완벽한 측정치를 나타내줄 수 없습니다. 엄격한 기준을 통해 타당하다고 평가된 성격검사일지라도 응답자의 '참' 성격 수준보다 더 높거나 낮은 점수를 나타낼 수 있습니다. 대부분의 경우 성격에 대해 정확하게 판단하기 위해서는 자기 보고와 더불어 피평정자를 아주 잘 아는 사람에 의해 작성된 타인 보고를 동시에 고려해야 합니다.

HEXACO 성격검사 응답지(자기 보고용)

	*1___(___)	2___(___)	3___(___)	4___(___)	5___(___)	6___(___)
	7___(___)	8___(___)	*9___(___)	*10___(___)	11___(___)	*12___(___)
	13___(___)	*14___(___)	*15___(___)	16___(___)	17___(___)	18___(___)
	*19___(___)	*20___(___)	*21___(___)	22___(___)	23___(___)	*24___(___)
	25___(___)	*26___(___)	27___(___)	*28___(___)	29___(___)	*30___(___)
	*31___(___)	*32___(___)	33___(___)	34___(___)	*35___(___)	36___(___)
	37___(___)	38___(___)	39___(___)	40___(___)	*41___(___)	*42___(___)
	43___(___)	*44___(___)	45___(___)	*46___(___)	47___(___)	*48___(___)
	*49___(___)	50___(___)	51___(___)	*52___(___)	*53___(___)	54___(___)
	*55___(___)	*56___(___)	*57___(___)	58___(___)	*59___(___)	*60___(___)
합계	___	___	___	___	___	___

HEXACO 성격검사 응답지(타인 보고용)

*1___ (___)	2___ (___)	3___ (___)	4___ (___)	5___ (___)	6___ (___)
7___ (___)	8___ (___)	*9___ (___)	*10___ (___)	11___ (___)	*12___ (___)
13___ (___)	*14___ (___)	*15___ (___)	16___ (___)	17___ (___)	18___ (___)
*19___ (___)	*20___ (___)	*21___ (___)	22___ (___)	23___ (___)	*24___ (___)
25___ (___)	*26___ (___)	27___ (___)	*28___ (___)	29___ (___)	*30___ (___)
*31___ (___)	*32___ (___)	33___ (___)	34___ (___)	*35___ (___)	36___ (___)
37___ (___)	38___ (___)	39___ (___)	40___ (___)	*41___ (___)	*42___ (___)
43___ (___)	*44___ (___)	45___ (___)	*46___ (___)	47___ (___)	*48___ (___)
*49___ (___)	50___ (___)	51___ (___)	*52___ (___)	*53___ (___)	54___ (___)
*55___ (___)	*56___ (___)	*57___ (___)	58___ (___)	*59___ (___)	*60___ (___)
합계 ___	___	___	___	___	___

Aiello, L. C. & Wheeler, P.(1995). The expensive-tissue hypothesis : The brain and the digestive system in human and primate evolution. *Current Anthropology, 36*, 199~221.

Altemeyer, B.(1981). *Right-wing authoritarianism*. Winnipeg : University of Manitoba Press.

Altemeyer, B.(1996). *The authoritarian specter*. Cambridge, MA : Harvard University Press.

Altemeyer, B.(2004). Highly dominating, highly authoritarian personalities. *Journal of Social Psychology, 144*, 421~447.

Altemeyer, B.(2006). *The Authoritarians*. Winnipeg: Author.

Anderson, C., John, O. P., Keltner, K. & Kring, A. M.(2001). Who attains social status? Effects of personality and physical attractiveness in social groups. *Journal of Personality and Social Psychology, 81*, 116~132.

Ashton, M. C. & Lee, K.(2005). Honesty-Humility, the Big Five, and the Five-Factor Model. *Journal of Personality, 73*, 1321~1353.

Ashton, M. C. & Lee, K.(2008). The prediction of honesty-humility-related criteria by the HEXACO and Five-Factor models of personality. *Journal of Research in Personality, 42*, 1216~1228.

Ashton, M. C. & Lee, K.(2010). On the cross-language replicability of personality factors. *Journal of Research in Personality, 44*, 436~441.

Ashton, M. C. & Lee, K.(2012). Oddity, schizotypy/dissociation, and personality. *Journal of Personality, 80*, 113~134.

Ashton, M. C., Lee, K. & de Vries, R. E.(2012). *A consideration of two objections to the HEXACO model of personality structure*. Unpublished manuscript.

Ashton, M. C., Lee, K. & Goldberg, L. R.(2004). A hierarchical analysis of 1,710 English personality-descriptive adjectives. *Journal of Personality and Social Psychology*, *87*, 707~721.

Ashton, M. C., Lee, K., Perugini, M., Szarota, P., de Vries, R. E., Di Blas, L., Boies, K. & De Raad, B.(2004). A six-factor structure of personality-descriptive adjectives : Solutions from psycholexical studies in seven languages. *Journal of Personality and Social Psychology*, *86*, 356~366.

Ashton, M. C., Lee, K., Pozzebon, J. A., Visser, B. A. & Worth, N. C.(2010). Status-driven risk taking and the major dimensions of personality. *Journal of Research in Personality*, *44*, 734~737.

Ashton, M. C., Lee, K., Visser, B. A. & Pozzebon, J. A.(2008). Phobic tendency within the HEXACO and Five-Factor Models of personality structure. *Journal of Research in Personality*, *42*, 734~746.

Blickle, G., Schlegel, A., Fassbender, P. & Klein, U.(2006). Some personality correlates of white collar crime. *Applied Psychology : An International Review*, *55*, 220~233.

Boies, K., Lee K., Ashton, M. C., Pascal, S. & Nicol, A. A. M.(2001). The structure of the French personality lexicon. *European Journal of Personality*, *15*, 277~295.

Bolino, M. C. & Turnley, W. H.(1999). Measuring impression management in organizations : A scale development based on the Jones and Pittman taxonomy. *Organizational Research Methods*, *2*, 187~206.

Book, A. S., Volk, A. A. & Hosker, A.(2012). Adolescent bullying and personality : An adaptive approach. *Personality and Individual Differences*, *52*, 218~223.

Borkenau, P. & Liebler, A.(1992). Trait inferences : Sources of validity at zero-acquaintance. *Journal of Personality and Social Psychology*, *62*, 645~657.

Bouchard, T. J. & Loehlin, J. C.(2001). Genes, evolution, and personality.

Behavior Genetics, 31, 243~273.

Bourdage, J. S., Lee, K., Ashton, M. C. & Perry, A.(2007). Big Five and HEXACO model of personality correlates of sexuality. *Personality and Individual Differences, 43*, 1506~1516.

Brooks, A. C.(2006). Who really cares : *The surprising truth about compassionate conservatism*. New York : Basic Books.

Buss, D. M.(1989). Sex differences in human mate preferences : Evolutionary hypotheses tested in 37 cultures. *Behavioral and Brain Sciences, 12*, 1~49.

Campbell, A.(1999). Staying alive : Evolution, culture, and women's intrasexual aggression. *Behavioral and Brain Sciences, 22*, 223~252.

Carnahan, T. & McFarland, S.(2007). Revisiting the Stanford prison experiment : Could participant self-selection have led to the cruelty? *Personality and Social Psychology Bulletin, 55*, 603~614.

Carney, D. R., Jost, J. T., Gosling, S. D. & Potter, J.(2008). The secret lives of liberals and conservatives : Personality profiles, interaction styles, and the things they leave behind. *Political Psychology, 29*, 807~840.

Chida, Y. & Steptoe, A.(2009). The association of anger and hostility with future coronary heart disease : A meta-analytic review of prospective evidence. *Journal of the American College of Cardiology, 53*, 936~946.

Chirumbolo, A. & Leone, L.(2010). Personality and politics : The role of the HEXACO model in predicting personality and voting. *Personality and Individual Differences, 49*, 43~48.

Cohen, D., Nisbett, R. E., Bowdle, R. F. & Schwarz, N.(1996). Insult, aggression, and the "Southern culture of honor" : An experimental ethnography. *Journal of Personality and Social Psychology, 70*, 945~960.

Costa, P. T., Jr. & McCrae, R. R.(1992). *NEO Personality Inventory-Revised (NEO-PI-R) and NEO Five-Factor Inventory (NEO-FFI) Professional Manual*. Odessa, FL : Psychological Assessment Resources.

Daly, M. & Wilson, M.(2001). Risk-taking, intrasexual competition, and homicide. *Nebraska Symposium on Motivation*, *47*, 1~36.

De Raad, B., Barelds, D. P. H., Levert, E., Ostendorf, F., Mlacic, B., Di Blas, L., et al.(2010). Only three factors of personality description are fully replicable across languages : A comparison of fourteen trait taxonomies. *Journal of Personality and Social Psychology*, *98*, 160~173.

De Vries, R. E., De Vries, A. & Feij, J. A.(2009). Sensation seeking, risk taking, and the HEXACO model of personality. *Personality and Individual Differences*, *47*, 536~540.

De Vries, R. E., Lee, K. & Ashton, M. C.(2008). The Dutch HEXACO Personality Inventory : Psychometric properties, self-other agreement and relations with psychopathy among low and high acquaintanceship dyads. *Journal of Personality Assessment*, *90*, 142~151.

Dickman, S. J.(1990). Functional and dysfunctional impulsivity : Personality and cognitive correlates. *Journal of Personality and Social Psychology*, *58*, 95~102.

Duckitt, J., Wagner, C., du Plessis, I. & Birum, I.(2002). The psychological bases of ideology and prejudice : Testing a dual process model. *Journal of Personality and Social Psychology*, *83*, 75~93.

Duriez, B., Soenens, B. & Vansteenkiste, M.(2008). The intergenerational transmission of authoritarianism : The mediating role of parental goal promotion. *Journal of Research in Personality*, *42*, 622~642.

Eaves, L., Martin, N., Heath, A., Schieken, R., Meyer, J., Silberg, J., Neale, M. & Corey, L.(1997). Age changes in the causes of individual differences in conservatism. *Behavioral Genetics*, *27*, 121~124.

Federico, C. M., Hunt, C. V. & Ergun, D.(2009). Political expertise, social worldviews, and ideology : Translating "competitive jungles" and "dangerous worlds" into ideological reality. *Social Justice Research*, *22*,

259~279.

Feng, D. & Baker, L. A.(1994). Spouse similarity in attitudes, personalities, and psychological well-being of American couples. *Behavior Genetics, 24*, 357~364.

Frank, R. H.(1999). Luxury fever : *Why money fails to satisfy in an era of excess*. New York : Free Press.

Frank, R. H. & Cook, P. J.(1995). *The winner-take-all* society. New York : Free Press.

Funder, D. C., Kolar, D. W. & Blackman, M. C.(1995). Agreement among judges of personality: Interpersonal relations, similarity, and acquaintanceship. *Journal of Personality and Social Psychology, 69*, 656~672.

Gailliot, M. T. & Baumeister, R. F.(2007). The physiology of willpower : Linking blood glucose to self-control. *Personality and Social Psychology Review, 11*, 303~327.

Godbold, E. S.(2010). *Jimmy and Rosalynn Carter : The Georgia Years 1924~1974*. New York : Oxford University Press.

Goldberg, L. R.(1990). An alternative "description of personality" : The Big-Five factor structure. *Journal of Personality and Social Psychology, 59*, 1216~1229.

Goldberg, L. R.(1993). The structure of phenotypic personality traits. *American Psychologist, 48*, 26~34.

Gottfredson, M. R. & Hirschi, T.(1990). *A general theory of crime*. Stanford, CA : Stanford University Press.

Hahn, D. W., Lee, K. & Ashton, M. C.(1999). A factor analysis of the most frequently used Korean personality trait adjectives. *European Journal of Personality, 13*, 261~282.

Haney, C., Banks, C. & Zimbardo, P.(1973). Interpersonal dynamics in a simulated prison. *International Journal of Criminology and Penology, 1*, 69~97.

Harris, J. R.(1995). The nurture assumption : *Why children turn out the way they do*. New York : Free Press.

Hershfield, H. E., Cohen, T. R. & Thompson, L.(2012). Short horizon and tempting situations : Lack of continuity to our future selves leads to unethical decision making and behaviour. *Organizational Behavior and Human Decision Processes, 117*, 298~310.

Hilbig, B. E., Zettler, I. & Heydasch, T.(2012). Personality, punishment, and public goods : Strategic shifts toward cooperation as a matter of dispositional Honesty-Humility. *European Journal of Personality, 26*, 245~254.

Hodson, G., Hogg, S. M. & MacInnis, C. C.(2009). The role of "dark personalities" (narcissism, Machiavellianism, Psychopathy), Big Five personality factors, and ideology in explaining prejudice. *Journal of Research in Personality, 43*, 686~690.

Jefferson, T., Jr., Herbst, J. H. & McCrae, R. R.(1998). Associations between birth order and personality traits : Evidence from self-reports and observer ratings. *Journal of Research in Personality, 32*, 498~509.

Johnson, P.(1998). A history of the American people. New York : HarperCollins.

Kandler, C., Riemann, R., Spinath, F. M. & Angleitner, A.(2010). Sources of variance in personality facets : A multiple-rater twin study of self-peer, peer-peer, and self-self (dis)agreement. *Journal of Personality, 78*, 1565~1594.

Koenig, L. B., McGue, M., Krueger, R. F. & Bouchard, T. J., Jr.(2005). Genetic and environmental influences on religiousness : Findings for retrospective and current religiousness ratings. *Journal of Personality, 73*, 471~488.

Kruger, D. J.(2007). Economic transition, male competition, and sex differences in mortality rates. *Evolutionary Psychology, 5*, 411~427.

Kruger, D. J. & Nesse, R. M.(2004). Sexual selection and the male : female mortality ratio. *Evolutionary Psychology, 2*, 66~85.

Larson, J. & Witham, L.(1997). *Scientists are still keeping the faith.* Nature, 386, 435~436.

Larson, J. & Witham, L.(1998). *Leading scientists still reject god.* Nature, 394, 313.

Lee, K. & Ashton, M. C.(2006). Further assessment of the HEXACO Personality Inventory : Two new facet scales and an observer report form. *Psychological Assessment 18*, 182~191.

Lee, K. & Ashton, M. C.(2008). The HEXACO personality factors in the indigenous personality lexicons of English and 11 other languages. *Journal of Personality, 76*, 1001~1053.

Lee, K. & Ashton, M. C.(2012). Getting mad and getting even : Agreeableness and Honesty-Humility as predictors of revenge intentions. *Personality and Individual Differences, 52*, 596~600.

Lee, K., Ashton, M. C. & de Vries, R. E.(2005). Predicting workplace delinquency and integrity with the HEXACO and Five-Factor Models of personality structure. *Human Performance, 18*, 179~197.

Lee, K., Ashton, M. C., Morrison, D. L., Cordery, J. & Dunlop, P.(2008). Predicting integrity with the HEXACO personality model : Use of self- and observer reports. *Journal of Occupational and Organizational Psychology, 81*, 147~167.

Lee, K., Ashton, M. C., Ogunfowora, B., Bourdage, J. & Shin, K. H.(2010). The personality bases of socio-political attitudes : The role of honesty-humility and openness to experience. *Journal of Research in Personality, 44*, 115~119.

Lee, K., Ashton, M. C., Pozzebon, J. A., Visser, B.A., Bourdage, J. S. & Ogunfowora, B.(2009). Similarity and assumed similarity of personality reports of well-acquainted persons. *Journal of Personality and Social Psychology, 96*, 460~472.

Lee, K., Gizzarone, M. & Ashton, M. C.(2003). Personality and the likelihood to sexually harass. *Sex Roles, 49*, 59~69.

Lee, K., Ogunfowora, B. & Ashton, M. C.(2005). Personality traits beyond the Big Five : Are they within the HEXACO space? *Journal of Personality, 73*, 1437~1463.

Lewis, G. B. & Seaman, B. A.(2004). Sexual orientation and demand for the arts. *Social Science Quarterly, 85*, 523~538.

Lippa, R.(2005). Sexual orientation and personality. *Annual Review of Sex Research, 16*, 119~153.

Loehlin, J. C.(1997). A test of J. R. Harris's theory of peer influences in personality. *Journal of Personality and Social Psychology, 72*, 1197~1201.

Loehlin, J. C.(2005). Resemblance in personality and attitudes between parents and their children : Genetic and environmental contributions. In S. Bowles, H. Gintis & M. Osborne Groves (Eds.), *Unequal chances : Family background and economic success* (pp. 192~207). Princeton, NJ : Princeton University Press.

Lykken, D. T. & Tellegen, A.(1993). Is human mating adventitious or the result of lawful choice? A twin study of mate selection. *Journal of Personality and Social Psychology, 65*, 56~68.

Marcus, B.(2004). Self-control in the general theory of crime : Theoretical implications of a measurement problem. *Theoretical Criminology, 8*, 33~55.

Marcus, B., Lee, K. & Ashton, M. C.(2007). Personality dimensions explaining relationships between integrity tests and counterproductive behavior : Big Five, or one in addition? *Personnel Psychology, 60*, 1~34.

McFarland, S. G.(2005). On the eve of war : Authoritarianism, social dominance, and American students' attitudes toward attacking Iraq.

Personality and Social Psychology Bulletin, 31, 360~367.

McFarland, S. G., Ageyev, V. S. & Abalakina-Paap, M.(1992). Authoritarianism in the former Soviet Union. *Journal of Personality and Social Psychology, 63*, 1004~1010.

Nakhaie, M. R. & Brym, R. J.(1999). The political attitudes of Canadian professors. Canadian Journal of Sociology, 24, 329~353.

Noftle, E. E., Robins, R. W.(2007). Personality predictors of academicoutcomes : Big Five correlates of GPA and SAT scores. *Journal of Personality and Social Psychology, 93*, 116~130.

Nyborg, H.(2009). The intelligence-religiosity nexus : A representative study of white adolescent Americans. *Intelligence, 37*, 81~93.

Paulhus, D. L., Bruce, M. N. & Trapnell, P. D.(1995). Effects of self-presentation strategies on personality profiles and their structure. *Personality and Social Psychology Bulletin, 21*, 100~108.

Pew Research Center for the People and the Press(2009). *Public praises science : Scientists fault public, media*. Retrieved online from http://people-press.org/reports/pdf/528.pdf

Plomin, R. & Caspi, A.(1999). Behavioral genetics and personality. In L. A. Pervin & O. P. John (Eds.), *Handbook of Personality : Theory and research* (2nd ed.) (pp. 251~276). New York : Guilford Press.

Plomin, R. & Spinath, F. M.(2004). Intelligence : Genetics, genes, and genomics. *Journal of Personality and Social Psychology, 86*, 112~129.

Pratto, F., Sidanius, J., Stallworth, L. M. & Malle, B. F.(1994). Social dominance orientation : A personality variable predicting social and political attitudes. *Journal of Personality and Social Psychology, 67*, 741~763.

Riemann, R., Angleitner, A. & Strelau, J.(1997). Genetic and environmental influences on personality : A study of twins reared together using the self- and peer-report NEO-FFI scales. *Journal of Personality, 65*, 449~475.

Riemann, R. & Kandler, C.(2010). Construct validation using multitrait-multimethod twin data : The case of a general factor of personality. *European Journal of Personality, 78*, 1565~1594.

Roberts, B. W., Kuncel, N. R., Shiner, R., Caspi, A. & Goldberg, L. R.(2007). The power of personality : The comparative validity of personality traits, socioeconomic status, and cognitive ability for predicting important life outcomes. *Perspective on Psychological Science, 2*, 313~345.

Roberts, B. W., Walton, K. E. & Viechtbauer, W.(2006). Patterns of mean-level change in personality traits across the life course : A meta-analysis of longitudinal studies. *Psychological Bulletin, 132*, 1~25.

Rubenzer, S. J. & Faschingbauer, T. R.(2004). *Personality, character, and leadership in the White House : Psychologists assess the presidents*. Washington, DC : Brassey's.

Saucier, G.(2009). Recurrent personality dimensions in inclusive lexical studies : Indications for a Big Six structure. *Journal of Personality, 77*, 1577~1614.

Saucier, G. & Skrzypińska, K.(2006). Spiritual but not religious? Evidence for two independent dimensions. *Journal of Personality, 74*, 1257~1292.

Saroglou, V.(2010). Religiousness as a cultural adaptation of basic traits : A five-factor model perspective. *Personality and Social Psychology Review, 14*, 108~125.

Schlenker, B. R., Chambers, J. R. & Le, B. M.(2012). Conservatives are happier than liberals, but why? Political ideology, personality, and life satisfaction. *Journal of Research in Personality, 46*, 127~146.

Schmitt, D. P. & Buss, D. M.(2000). Sexual dimensions of person description : Beyond or subsumed by the Big Five? *Journal of Research in Personality, 34*, 141~177.

Schwartz, S. H.(1992). Universals in the content and structure of values : Theoretical advances and empirical tests in 20 countries. *Advances in*

Experimental Social Psychology, 25, 1~65.

Silove, D. M., Marnane, C. L., Wagner, R., Manicavasagar, V. L. & Rees, S.(2010). The prevalence and correlates of adult separation anxiety disorder in an anxiety clinic. *BMC Psychiatry, 10*, 21.

Smith, A.(1776). *An inquiry into the nature and causes of the wealth of nations*. London : Strahan & Cadell.

Son Hing, L. S., Bobocel, D. R., Zanna, M. P. & McBride, M. V.(2007). Authoritarian dynamics and unethical decision making : High social dominance orientation leaders and high right-wing authoritarianism followers. *Journal of Personality and Social Psychology, 92*, 67~81.

Sulloway, F. J.(1996). *Born to rebel : Birth order, family dynamics, and creative lives*. New York : Pantheon.

Taylor, S. E., Klein, L. C., Lewis, B. P., Gruenewald, T. L., Gurung, R. A. R. & Updegraff, J. A.(2000). Biobehavioral responses to stress in females : Tend-and-befriend, not fight-or-flight. *Psychological Review, 107*, 411~429.

Terracciano, A., McCrae, R. R. & Costa, P. T. Jr.(2006). Personality plasticity after age 30. *Personality and Social Psychology Bulletin, 32*, 999~1009.

Tupes, E. C. & Christal, R. E.(1961). *Recurrent personality factors based on trait ratings* (USAF Tech. Rep. No. 61~97). US Air Force : Lackland Air Force Base, TX.

Twigger, K.(2010). *An examination of the role of personality and self-regulation in the gambling behaviours of late adolescents and emerging adults*. Unpublished Master's Thesis, Brock University, St. Catharines, ON.

Vazire, S., Naumann, L. P., Rentfrow, P. J. & Gosling S. D.(2008). Portrait of a narcissist : Manifestations of narcissism in physical appearance. *Journal of Research in Personality, 42*, 1439~1447.

Visscher, P. M., Hill, W. G. & Wray, N. R.(2008). Heritability in the genomics era-concepts and misconceptions. *Nature Reviews Genetics, 9*, 255~266.

Watson, D., Klohnen, E. C., Casillas, A., Simms, E., Haig, J. & Berry, D. S.(2004). Match makers and deal breakers : Analyses of assortative mating in newlywed couples. *Journal of Personality*, *72*, 1029~1068.

Weller, J. A. & Tikir, A.(2011). Predicting domain-specific risk taking with the HEXACO personality structure. *Journal of Behavioral Decision Making*, *24*, 180~201.

White, G. L.(1980). Physical attractiveness and courtship progress. *Journal of Persoanlity and Social Psychology*, *39*, 660~668.

Williams, K. M., Paulhus, D. L. & Hare, R. D.(2007). Capturing the four-facet structure of psychopathy in college students via self-report. *Journal of Personality Assessment*, *88*, 205~219.

Wilson, D. S.(2002). *Darwin's Cathedral : Evolution, religion, and the nature of society*. Chicago : University of Chicago Press.

Wilson, M. & Daly, M.(1985). Competitiveness, risk taking, and violence : The young male syndrome. *Ethology and Sociobiology*, *6*, 59~73.

Wink, P., Ciciolla, L., Dillon, M. & Tracy, A.(2007). Religiousness, spiritual seeking, and personality : Findings from a longitudinal study. *Journal of Personality*, *75*, 1051~1070.

Zettler, I. & Hilbig, B. E.(2010). Attitudes of the selfless : Explaining political orientation with altruism. *Personality and Individual Differences*, *48*, 338~342.

Zettler, I., Hilbig, B.E. & Haubrich, J.(2011). Altruism at the ballots : Predicting political attitudes and behavior. *Journal of Research in Personality*, *45*, 130~133.

Zimbardo, P. G., Maslach, C. & Haney, C.(2000). Reflections on the Stanford prison experiment : Genesis, transformations, consequences. In T. Blass (Ed.), *Obedience to authority : Current perspectives on the Milgram paradigm* (pp. 193~237). Mahwah, NJ : Lawrence Erlbaum.

H 팩터의 심리학

1판 1쇄 발행 2013년 7월 20일
1판 3쇄 발행 2014년 7월 10일
2판 1쇄 발행 2021년 5월 30일
2판 3쇄 발행 2022년 8월 20일

지은이 이기범·마이클 애쉬튼
펴낸곳 (주)문예출판사 | 펴낸이 전준배
출판등록 2004. 02. 12. 제 2013-000360호 (1966. 12. 2. 제 1-134호)
주 소 03992 서울시 마포구 월드컵북로 6길 30
전화 393-5681 | 팩스 393-5685
홈페이지 www.moonye.com | 블로그 blog.naver.com/imoonye
페이스북 www.facebook.com/moonyepublishing | 이메일 info@moonye.com

ISBN 978-89-310-2206-3 93180